本书获福州外语外贸学院学术著作出版基金资助

U0595326

闽台妈祖信俗中的

"福"文化

廖钟源 著

中国商务出版社

·北京·

图书在版编目（CIP）数据

闽台妈祖信俗中的"福"文化 / 廖钟源著. -- 北京：
中国商务出版社，2025. 5. -- ISBN 978-7-5103-5703-9

Ⅰ. G127.5

中国国家版本馆CIP数据核字第2025VJ9214号

闽台妈祖信俗中的"福"文化

廖钟源　著

出　　版：中国商务出版社有限公司

地　　址：北京市东城区安定门外大街东后巷 28 号　　邮编：　100710

网　　址：http://www.cctpress.com

联系电话：010-64515150（发行部）　　010-64212247（总编室）
　　　　　010-64243016（事业部）　　010-64248236（印制部）

责任编辑：谢星光

排　　版：德州华朔广告有限公司

印　　刷：北京九州迅驰传媒文化有限公司

开　　本：710 毫米 × 1000 毫米　1/16

印　　张：17.75　　　　　　　　　　　　字　　数：259 千字

版　　次：2025 年 5 月第 1 版　　　　　　印　　次：2025 年 5 月第 1 次印刷

书　　号：ISBN 978-7-5103-5703-9

定　　价：78.00 元

前　言

　　华夏民族以农立国，期盼安宁和睦、风调雨顺，因此产生了对"福"的祈求。同时，儒家、道家等思想流派也对"福"文化产生了深远影响，儒家主张的"福，吾不欲盈"及"祸福无门，惟人自召"，强调福祸相依及人的主观能动性。儒家认为福是德的结果，主张通过奉行美德来实现幸福，体现了德福一致的思想。而道家追求精神超拔、德行至善的融合，强调顺应自然，无为而为，方能真正得福，倡导人们应存善念、行善事，不刻意追求福报，而是使其在日常生活中得到自然显现，这种淡泊名利、注重内在修养的态度，是道家对"福"文化的独特诠释。

　　曾子云："人为善，福虽未至，祸已远离。"这句话鼓励人们行善积德，相信善良的行为会让人们远离祸患，迎来福报。孙中山提出"革命的目的，是为中国谋幸福"，体现出革命者通过斗争和牺牲，旨在推翻压迫和剥削，建立一个更加公正、平等的社会，让人民能够享受到真正的幸福。习近平同志指出"党在任何时候都把群众利益放在第一位"，深刻体现了中国共产党为人民谋福祉的核心理念，并告诉我们：政府的职责在于为人民服务，要始终把人民的利益放在首位，努力满足人民的需求，让人民过上更加美好的生活，这是国家发展的根本目的，也是社会进步的重要标志。放眼现在，以习近平同志为核心的党中央致力于为人民谋幸福，强调坚持在发展中保障和改善民生，解决好人民最关心、最直接、最现实的利益问题，采取许多惠民举措，着力解决人民群众急难愁盼问题，彰显了以人民为中心的执政理念。不难看出，"福"文化在发展过程中已逐渐由过去的"坐等赐福"文化意识形态，逐渐向"奋斗出的幸福"这种主动性较强的文化意识形态转变。

闽台妈祖信俗中的"福"文化发展至今时今日，早已体现在传说、庙宇、祈愿、艺文、礼俗、信俗等各方面。闽台妈祖庙宇中常可见到与"福"文化相关的建筑元素。例如，庙宇的屋脊、檐角、门窗等处，常有雕刻或彩绘的"福"字图案，寓意吉祥如意。此外，庙宇中的福神龛也是重要的"福"文化元素之一，供奉着福神像，信众们在此祈求福气、安康。这些元素不仅体现了妈祖文化中深厚的"福"文化底蕴，也寄托了人们对美好生活的向往和追求。妈祖庙宇中的福字牌匾、福字对联，以及妈祖巡游活动中的福神轿、福灯等，也都融入了"福"文化元素。从书法艺术的角度来讲，康熙帝御笔"天下第一福"堪称经典。这个"福"字不仅体现出精湛的书法造诣，更蕴含了深厚的文化内涵和吉祥寓意，它融合了"子、才、田、福、寿"的字形，寓意"多子、多才、多田、多福、多寿"。由此我们可以看出，"福"文化在发展过程中包含了人们对亲情、友情、爱情、事业、学业、生命等诸多方面的美好追求。民间广泛流传着"妈祖赐福，平安吉祥"等谚语，信众们通过祭祀妈祖、祈求平安、参与庙会等活动，不仅表达了对美好生活的向往，更在实践中践行了"福"文化的精神内涵。同时，妈祖信俗还促进了社区团结、家庭和睦、社会和谐，为构建幸福社会提供了精神动力，与社会主义核心价值观相符，值得深入研究。此外，妈祖信仰还具有重要的历史研究价值，它为我们了解古代海洋文化、研究海上丝绸之路提供了宝贵的资料和线索。

本书的结构设计明确清晰，主要分为八章，每一章都与核心主题紧密相连，内容层次分明。本书从开篇就对闽台妈祖信俗和"福"文化进行了基础性的描述，为读者提供必要的背景信息，之后进一步深入地分析了妈祖信俗和"福"文化的历史背景、独特的表现形式、深厚的价值内涵，以及它们在当代社会中的继承和演变。这样的结构设计不仅让读者有机会全方位、系统性地了解闽台妈祖文化中的"福"概念，还能引发读者对其背后深层含义进行深入的思考。从源头上看，本书强调"福"文化是闽台妈祖信俗中的核心部分，两者在意义上相辅相成，共同构筑了海峡两岸（简称两岸）人民的精神家园。妈祖信俗中所包含的慈悲、勇气和探索精神，与"福"文化追求的幸福、和谐和美好理念有着惊人的一致性。由于这种文化上的高度契合，妈祖信俗在两岸文化交流和融合的过程中成为不可或缺的角色。在探讨研究角度创新的过程中，本书试图从多种视角深入解读和分析闽台妈祖信俗中的"福"文化。例如：从历史学的视角深入研究其历史起源和发展轨迹；从文化学的视角深入探讨其文化含义与形态特点；从社会学的视角探讨其在当代社会的继承和进步；等等。这一跨学科的研究角度不仅拓宽了我们的研究视角，还为深入研究闽台妈祖信俗中的"福"文化提供了全新的思考角度和观点。

本书对闽台妈祖信俗中的"福"文化的研究，首先填补了该领域内的学术空缺，并为闽台之间的文化交流、"福"文化的研究等贡献了全新的学术资料。其次，本书中的研究发现对于促进两岸之间的文化互动和发展具有深远的实际价值。对闽台妈祖信俗中的"福"文化进行深入的研究和解读，将有助于增强两岸人民之间的文化共鸣和民族骄傲，进而推动两岸关系和谐发展和民族团结向前。最后，本书也强调了理论与实践的融合，通过大量的实例分析、图片资料，揭示了闽台妈祖信俗中的"福"文化在日常生活中的实际应用及其价值。例证不仅提升了本书的吸引力和趣味性，同时也为读者展示了珍贵的实践经验和深刻的生活启示。简而言之，本书融合了学术深度、阅读吸引力和社会价值，为读者展示了内容丰富、情感深刻的闽台文化。我们有信心，本书的发布将在促进两岸文化互动以及加强两岸民众之间的相互理解和信任方面起到积极的推动作用。

目　录

第一章

闽台妈祖信俗与"福"文化概述

闽台妈祖信俗与"福"文化紧密相连，共同构筑了两岸人民的精神家园。妈祖信俗，作为闽台地区重要的民间信仰，其祭祀仪式、民间习俗和故事传说无不蕴含着深厚的"福"文化。信众们通过虔诚的祭拜和丰富的节庆活动，祈求妈祖保佑平安、赐予福祉，展现了人们对美好生活的向往和追求。这种信仰与"福"文化的融合，不仅强化了闽台地区的文化认同，也促进了两岸人民的情感交流与心灵契合。同时，妈祖信俗所倡导的立德、行善、大爱精神，更是"福"文化在当代社会中的重要体现，激励着人们积极向善、追求幸福。

第一节　闽台海神信仰概述

闽台地区，即福建与台湾，二者自古以来就有着深厚的文化联系和共同的信仰体系。其中，海神信仰作为两地共有的重要文化现象，不仅体现了沿海民众对海洋的敬畏与依赖，也承载了丰富的历史、文化和民俗内涵。本节从闽台文化特点入手，对海神信仰的起源、发展、传播方式、社会影响、当代价值等进行探究，并对闽台海神信仰加以概述。

一、闽台文化特点

首先，地域性明显。闽台文化主要分布在福建和台湾两省，台湾居民约80%是福建籍，两地有着深厚的历史渊源和地缘关系。其次，历史积淀深厚。闽台文化既包含了中国传统文化的基本特征，又受到了外来文化的浓重影响，是一种多元复合型文化。妈祖是闽台地区最重要的民间信仰对象之一，被誉为"和平女神"，妈祖信仰广泛传播于沿海地区及海外华人社群。妈祖信俗不仅是海洋文化的象征，也寄托了人们对平安、幸福生活的祈愿。最后，信仰类型多样。闽台地区佛教、道教信仰也十分兴盛，如福州开元寺、莆田广化寺、泉州开元寺、厦门南普陀寺等都是著名的佛寺。同时，道教在闽台也有广泛的传播，形成了许多具有地方特色的道观和信仰体系。除了妈祖信仰外，闽台地区还有许多其他的民间信仰，如保生大帝、开漳圣王等，这些信仰在民众中具有较高的认同度，成为他们日常生活中不可或缺的一部分①。

闽台地区的人们尤为重视血缘关系和亲情纽带，宗族组织也在当地社会中发挥着重要作用。许多村落和社区都是以宗族为单位建立起来的，形成了聚族而居的宗族村落现象。另一方面，闽台地区有着悠久的海外移民历史，许多移民虽然身处异国他乡，但始终保持着对故土的深厚情感。他们通过祭祖、修谱等方式维系着与家乡的血缘联系，同时也将闽台文化带到了世界各地。闽台地区地处东南沿海，海洋文化十分发达。当地人民特别注重"开发海洋"，海上贸易和捕捞业发达，形成了独有的海洋文化特色。闽台地区的人们具有强悍不屈、勇于拼搏的精神风格，他们敢于突破海禁、冒险出海，不断拓展生产和生活的空间。这种精神风格不仅体现在古代的海上贸易和捕捞业中，也体现在现代的经济建设和社会发展中②。

二、闽台海神信仰的起源

海神信仰，作为人类文化多样性中的一部分，在闽台地区有着深远的影响。它不仅是人们对海洋力量的敬畏与依赖的体现，也是古代文明中海洋文化的重要组成部分。下面将从自然环境、历史文化、宗教发展等多个角度，探讨海神信仰的起源。

（一）自然环境的塑造

从古至今，海洋既是人类生存的重要资源来源，也是潜在的巨大威胁。在生产力水平较低的古代社会，渔民和航海者完全依赖海洋的恩赐来获取食物、财富和交通的便利。然而，海洋的变幻莫测也使得人们时常面临风暴、海啸、海难等自然灾害的威胁。这种既依赖又畏惧的复杂情感，为海神信仰

---

① 林澜.福文化视域下的福州地域文化探析[J].福州党校学报，2024（3）：94.

② 林澜.福文化视域下的福州地域文化探析[J].福州党校学报，2024（3）：96.

的产生提供了土壤。在古代，海洋的广袤无垠和深不可测，使得人们对其神秘充满了好奇心。海洋中的生物、现象等，都成为人们想象和创作的源泉。这种对海洋的未知和敬畏，促使人们将海洋人格化，并赋予其超自然的力量和属性，从而形成了最初的海神信仰。

（二）历史文化的积淀

在古代神话和传说中，海神往往被描绘为掌管海洋、风雨、雷电等自然现象的神祇。这些神话和传说不仅丰富了人们对海洋的认知和想象，也为海神信仰的形成提供了丰富的素材和灵感。例如，古希腊神话中的波塞冬、北欧神话中的尼约德、中国神话中的四海龙王等，都是具有广泛影响力的海神形象。此外，在中国历史上，帝王祭海是一项重要的国家仪式。自夏商周时期开始，帝王们就通过祭海来祈求海洋的恩赐和保佑[1]。随着朝代的更迭和统治者的需要，祭海仪式逐渐规范化、制度化，并成为国家祭典的重要组成部分。这种官方推崇的祭海活动，不仅加强了人们对海洋的敬畏，也促进了海神信仰在民间的传播和发展。

四海龙王诸神众

资料来源：网易。

---

① 戴国芳.地域语境下的海陆丰妈祖文化探究[J].特区经济，2023（8）：156–160.

（三）宗教发展的推动

在古代社会，民间信仰活动是海神信仰的主要表现形式。渔民、航海者等沿海居民在长期的生产生活中，逐渐形成了对海神的崇拜和祭祀习俗。他们通过修建庙宇、设立祭坛、举行祭祀仪式等方式来表达对海神的敬仰和祈求海神的庇佑。这些民间信仰活动不仅丰富了海神信仰的内涵和形式，也促进了其在沿海地区的广泛传播和深入发展[1]。随着宗教的发展和传播，海神信仰也经历了不断的融合和演变。在佛教、道教等宗教的影响下，海神信仰逐渐与这些宗教的信仰体系相融合，形成了具有地方特色和宗教色彩的海神信仰体系。例如，在福建和台湾等地，妈祖信仰就融合了佛教、道教和民间信仰的元素，成为一种独特的海神信仰文化[2]。

（四）地域差异与社会变迁的影响

由于地理环境、历史文化和社会发展的差异，不同地区形成了各具特色的海神信仰体系[3]。在中国沿海地区，龙王信仰、妈祖信仰、观音信仰等都具有广泛的影响力和深厚的文化底蕴。而在其他国家和地区，如古希腊、北欧等地也形成了各具特色的海神信仰文化。这种地域差异使得海神信仰呈现出多元化的特点和发展趋势。随着社会的变迁和发展，海神信仰也表现出了较强的适应性和生命力。在古代社会，海神信仰主要服务于渔民和航海者的生产生活需要；而在现代社会，海神信仰则更多地成为人们寻求精神寄托和文化认同的重要途径。同时，随着科技的进步和海洋资源的开发利用，海神信仰也面临着新的挑战和机遇。如何在保持传统精髓的基础上进行创新和发展，成为当代海神信仰研究的重要课题。

海神信仰的起源是多方因素共同作用的结果。自然环境的塑造、历史文化的积淀、宗教发展的推动以及地域差异和社会变迁都为其产生和发展提供

---

① 张宁宁.构建文化认同：妈祖文化在海外传播的独特价值[J].福州大学学报（哲学社会科学版），2023，37（1）：29-37.

② 吴承祖.台湾地区妈祖信仰杂谈[J].团结，2023（5）：55-59.

③ 吉峰.闽台妈祖文化传播研究[M].厦门：厦门大学出版，2017：45.

了重要条件。在未来社会的发展中，海神信仰将继续发挥其独特的作用和价值，成为人类文化多样性中不可或缺的一部分，下面将进一步分析海神信仰的发展历程。

三、闽台海神信仰的发展

闽台海神信仰的发展历程不仅见证了人类文明的进步，也反映了人类对自然力量的认知与敬畏。从远古时期的朴素崇拜到现代社会的多元融合，海神信仰经历了漫长而复杂的演变过程。

（一）海神信仰的历史脉络

海神信仰经历了从原始社会的朴素崇拜到古代文明的海神信仰制度化。在远古时期，人类面对浩瀚无垠的海洋，既依赖其提供的丰富资源，又畏惧其不可预测的力量。这种复杂的情感促使人们将海洋人格化，形成了最初的海神崇拜。这些原始的海神信仰往往与部落的图腾崇拜、自然崇拜紧密相连，体现了人类对自然力量的初步认识和敬畏。随着古代文明的发展，海神信仰逐渐走向制度化[1]。在古希腊、古罗马等文明中，海神波塞冬、尼普顿等成为国家宗教体系中的重要神祇，其祭祀仪式和神话传说被广泛传播。在中国，从夏商周时期的帝王祭海到唐宋时期的海神庙宇建设，海神信仰也逐渐融入了国家的政治、经济和文化生活中，形成了具有鲜明地域特色的海神文化[2]。

（二）海神信仰的文化交融

海神信仰在发展过程中，不断受到不同文化的影响和渗透。例如，佛教的传入为中国海神信仰带来了新的元素，观音菩萨等佛教神灵逐渐被纳入海神信仰体系之中。同时，中国的海神信仰也通过海上丝绸之路传播到东南亚、南亚等地区，与当地文化相融合，形成了独具特色的地方海神信仰。在多数文化中，海神信仰都呈现出民间信仰与官方信仰相互交织的特点。民间信仰

---

① 中国国学研究与交流中心.中华福文化[M].福州：福建教育出版社，2023：62.
② 刘芝凤，林江珠，曾晓萍，等.闽台海洋民俗史[M].北京：人民出版社，2018：12.

以其灵活性和多样性，为海神信仰提供了丰富的表现形式和文化内涵；而官方信仰则通过制度化的祭祀仪式和官方推崇，进一步巩固了海神信仰在社会中的地位。这种互动关系不仅促进了海神信仰的广泛传播，也丰富了其文化内涵和表现形式。

（三）海神信仰的社会功能

在古代社会，海神信仰对于渔民和航海者来说具有至关重要的意义。他们通过祭祀海神来祈求出海平安、满载而归，海神信仰成为他们生产生活中不可或缺的精神支柱。同时，海神信仰还促进了对海洋资源的合理开发和利用，推动了沿海地区的经济发展。随着社会的进步和人们生活水平的提高，海神信仰逐渐超越了其原有的生产生活需求功能，成为一种精神寄托和文化认同的象征。在现代社会，人们通过参与海神祭祀、游览海神庙宇等方式来表达对海洋的热爱和敬畏之情，同时也寻找到了属于自己的文化归属感和精神家园。

（四）海神信仰的现代转型

面对现代化的冲击和挑战，海神信仰面临着保护和传承的紧迫任务。许多国家和地区通过立法、建立博物馆、举办文化节等方式来加强对海神信仰这一文化传统的保护和传承工作。同时，学者们也积极开展对海神信仰的研究和挖掘工作，努力揭示其背后的文化内涵和历史价值。在保护和传承文化传统的基础上，海神信仰也积极融入现代元素进行创新和发展。例如：闽台地区将海神妈祖信仰与旅游业相结合，打造具有地方特色的旅游品牌；一些艺术家则将海神信仰作为灵感来源，创作出具有现代审美价值的艺术作品。这些创新实践不仅为海神信仰注入了新的活力，也使其更加符合现代社会的需求和审美标准。

四、闽台海神信仰的传播方式

闽台海神信仰的传播方式多样且复杂，涉及祭祀仪式、口头传说、艺术表现、商贸交流以及现代媒介等多个层面，共同编织了一幅波澜壮阔的文化图景。

（一）祭祀仪式与祭祀活动

祭祀仪式是海神信仰最直接、最传统的传播方式。在古代，渔民们会在出海前举行盛大的祭祀仪式，祈求海神保佑航行平安、满载而归。这些仪式往往伴随着特定的舞蹈、音乐、祈祷词，以及供奉祭品，如鱼类、谷物、酒水等，以表达对海神的虔诚与敬畏。通过定期的祭祀活动，海神信仰得以在渔民群体中代代相传，成为他们生活中不可或缺的一部分。同时，这些活动也加强了社区内部的凝聚力，加深了人们对共同信仰的认同。

（二）口头传说与神话故事

口头传说是海神信仰传播的又一重要途径。在漫长的历史进程中，人们围绕海神创造了许多丰富多彩的神话故事，这些故事往往蕴含着对自然现象的解释、道德教诲以及对美好生活的向往。通过在家族传承、邻里交流、节日庆典等活动场合的讲述，这些传说不断被丰富和完善，成为连接过去与现在、传承文化记忆的重要纽带。这些故事不仅增强了海神信仰的神秘感和吸引力，也促进了不同文化之间的交流与融合[1]。

（三）艺术表现与视觉符号

艺术是海神信仰传播的重要媒介。在绘画、雕塑、建筑、刺绣等艺术形式中，海神形象及其相关元素被赋予了丰富的象征意义，成为表达信仰、寄托情感的重要载体。例如，在东亚地区，龙作为海神的化身，常被使用在宫殿、庙宇的装饰中以及绘画、雕塑作品中，象征着力量、智慧与吉祥。此外，海神信仰还催生了独特的海洋文化符号[2]，如船舵、锚链、波浪纹等，这些符号不

---

① 陈在正.闽台移民史与台湾民间信仰研究[M].北京：九州出版社，2023：67.
② 福建省政协文化文史和学习委员会，福建省炎黄文化研究会.福建传统的福文化[M].福州：福建人民出版社，2022：78.

仅装饰在人们的日常生活用品上，也深刻影响了人们的审美观念和艺术创作。

古典波浪纹图案

资料来源：360doc个人图书馆。

（四）商贸交流与文化传播

商贸活动是推动海神信仰跨地域传播的重要力量。在古代，海上丝绸之路的开辟促进了东西方之间的经济文化交流，同时也加速了海神信仰的传播。商人们在航行过程中，不仅带来了商品和技术，也带来了各自地区的海神信仰和祭祀习俗。这些信仰和习俗在交流过程中相互融合、相互影响，形成了更加多元和包容的海洋文化。随着全球化进程的加速，现代商贸活动继续扮演着海神信仰传播的重要角色，使得这一古老信仰得以跨越国界，影响更广泛的人群。①

（五）现代媒介与数字传播

进入21世纪，随着信息技术的飞速发展，现代媒介成为海神信仰传播的新渠道。互联网、社交媒体、影视作品等新媒体形式，以其强大的传播力和影响力，将海神信仰以更加生动、直观的方式呈现给全球观众②。通过纪录片、电影、电视剧等影视作品，人们可以深入了解不同地区的海神信仰及其背后的文化故事；而社交媒体上的分享与讨论，则进一步扩大了海神信仰的传播范围和影响力。现代媒介的介入，不仅让海神信仰的传播更加便捷高效，也为其注入了新的活力和时代特色。

---

① 林国平.闽台民间信仰源流[M].福州：福建人民出版社，2003：98.

② 张宁宁.构建文化认同：妈祖文化在海外传播的独特价值[J].福州大学学报（哲学社会科学版），2023，37（1）：29-37.

五、闽台海神信仰的社会影响

海神信仰,不仅反映了人类对自然力量的敬畏与崇拜,更在社会生活的多个维度产生了深远的影响。它不仅是信仰体系的一部分,更是塑造社会结构、促进文化交流、增强社区凝聚力的重要力量。

(一)塑造社会结构与道德规范

海神信仰在塑造社会结构方面发挥着重要作用。在传统渔业社会中,渔民们围绕海神信仰形成了紧密的社群关系,共同遵守由海神信仰衍生出的道德规范和行为准则。这些规范往往强调互助合作、诚实守信、尊重自然等价值观念,成为维护社群稳定与和谐的重要基石。例如,渔民们在出海前会进行集体祭祀,这不仅是对海神的虔诚祈祷,也是强化社群凝聚力、提醒彼此遵守海上规则的重要方式。在构建人类文明新形态的过程中,借鉴海神信仰中的积极元素,如强调社区成员间的互助合作和诚实守信,以塑造更加平等、公正、和谐的社群关系。

(二)促进跨文化的交流与融合

海神信仰是不同文化间交流与融合的桥梁。在漫长的历史进程中,随着商贸活动的兴起和海上交通的发展,不同地区的海神信仰相互传播、相互影响,形成了独具特色的海洋文化。这些文化在交流中碰撞、融合,产生了许多新的文化元素和表现形式,如混合了多种海神形象的祭祀仪式、融合了不同地域风格的海洋艺术等。在闽台地区,海神信仰的传播与融合不仅丰富了当地文化的多样性,也促进了不同地区人民之间的理解和尊重,推动形成更加开放、包容、多元的文化格局。在全球化日益加深的今天,跨文化交流已成为推动人类文明进步的重要动力。海神信仰作为海洋文化的重要组成部分,其独特的文化内涵和表现形式为跨文化交流提供了丰富的素材和灵感。这种跨文化的交流与融合,为人类文明新形态的构建提供了重要的文化基础。

（三）增强社区凝聚力与认同感

海神信仰是增强社区凝聚力与认同感的重要纽带。在共同的海神信仰下，闽台渔民们形成了强烈的社区归属感和认同感，他们视彼此为同舟共济的伙伴，共同面对海洋的恩赐与挑战。海神信仰的祭祀活动、节日庆典等场合，为社区居民提供了相互交流、增进感情的机会，进一步强化了社区的凝聚力和向心力。[①] 在闽台地区，渔民们围绕海神信仰形成了紧密的社群关系，这种基于共同信仰的社区凝聚力，对于维护社会稳定、促进经济发展具有不可忽视的作用。在构建人类文明新形态的过程中，我们需要重视社区凝聚力的培养，通过借鉴海神信仰中的社区凝聚机制，推动形成更加紧密、和谐的社区关系，以增进社区居民之间的交流和感情。同时，也可以借鉴海神信仰中的互助合作理念，推动社区居民共同参与社区建设和管理，形成共建共治共享的社区治理格局。

（四）影响经济发展与产业布局

海神信仰对经济发展与产业布局也产生了一定的影响。在闽台地区，海神信仰往往成为推动渔业发展的重要因素。渔民们相信海神能够保佑他们捕获更多的鱼，因此愿意投入更多的精力和资源来发展渔业。同时，海神信仰也促进了相关产业的发展，如造船业、渔业加工、海洋旅游等。这些产业的发展不仅为当地经济注入了新的活力，也带动了就业和促进了人口聚集，进一步推动了地区的繁荣与发展。要关注经济发展与海神信仰之间的互动关系：一方面，可以通过挖掘海神信仰中的经济元素，如渔业文化、海洋旅游等，推动相关产业的发展和升级；另一方面，也需要关注经济发展对海神信仰的影响，避免过度商业化对海神信仰造成侵蚀和破坏。通过实现经济发展与海神信仰的良性互动，我们可以推动形成更加绿色、可持续的经济发展模式。

---

① 叶明生，李玉昆，林蔚文. 闽台民间信俗 [M]. 厦门：鹭江出版社，2019：32.

（五）深化人类对自然的认知态度

海神信仰反映了人类对自然的认知与态度。在古代社会，由于科技水平的限制，人类对海洋中自然现象的认识相对有限，因此产生了对海神的崇拜与敬畏。这种信仰促使人类更加尊重自然、顺应自然规律，形成了与自然和谐共生的生活方式。随着科技的进步和社会的发展，人类对自然的认识不断深化，但海神信仰所蕴含的生态智慧仍然具有重要的启示意义。它提醒我们要珍惜自然资源，保护生态环境，实现可持续发展。通过借鉴海神信仰中的生态理念，推动形成更加绿色、低碳、循环的发展方式，实现人与自然的和谐共生。同时，我们也需要借助现代科技手段来深化对自然的认知。通过科学研究和技术创新更加深入地了解海洋中自然现象的规律和特点，为制定科学合理的环境保护政策提供依据。在尊重自然、顺应自然规律的基础上，形成人与自然和谐共生的现代社会。

六、闽台海神信仰的当代价值

在全球化和现代化浪潮席卷之下，古老而神秘的海神信仰不仅未失去其文化光芒，反而在新时代人类文明新形态的构建中展现出独特的价值与创新潜力。闽台海神信仰以其深厚的文化底蕴和独特的精神内涵，从文化多样性、可持续发展、社区凝聚力到文旅新生态等多个维度，为当代社会提供了宝贵的启示。

（一）文化多样性与身份认同：海神信仰的守护与强化

在全球化的宏大叙事中，文化多样性正面临着前所未有的冲击与挑战。然而，闽台海神信仰作为沿海及岛屿地区独特的文化现象，不仅承载着丰富的历史记忆和地域特色，更是中华民族多元文化宝库中的璀璨明珠。保护和传承海神信仰，不仅有助于维护这些地区的文化独特性，增强当地居民的身份认同感和自豪感，更是对全球文化多样性保护的重要贡献。一是文化记忆的赓续。海神信仰通过世代相传的祭祀仪式、神话传说和民间故事，构建了一条连接过去与现在的文化记忆链条。这些记忆不仅是对海神崇拜和敬仰，更是对海洋生活、渔业生产以及人与自然关系的深刻反思与总结。二是身份认同的强化。在全球化背景下,文化身份认同成为个体与集体自我认知的重要基础。海神信仰作为闽台地区共有的精神纽带,不仅增强了两地居民的文化归属感和自豪感,也促进了不同社群之间的交流与融合,为构建更加包容和谐的社会环境提供了有力支撑。三是文化交流的桥梁。海神信仰作为文化多样性的重要体现,具有跨地域、跨文化的交流价值。通过展示和交流海神信仰,可以促进不同文化之间的理解和尊重,推动构建更加开放、包容的世界文化格局。同时,也为闽台两地乃至国际间的文化交流与合作提供了新的契机与平台。

(二)可持续发展与生态智慧:海神信仰的启示与践行

海神信仰中蕴含着丰富的生态智慧,不仅体现了人类早期对自然环境的敬畏与保护意识,更为当代社会的可持续发展提供了重要的启示与借鉴。在当代社会,随着环境问题的日益严峻,人类迫切需要寻找可持续发展的道路。海神信仰中的祭祀仪式和神话传说,往往蕴含着对自然力量的敬畏与崇拜。这种敬畏之心促使人们尊重自然规律,合理利用海洋资源,避免过度开发和破坏。在当代社会,这种理念对于推动生态文明建设、实现人与自然和谐共生具有重要意义。它提醒我们要尊重自然规律,合理利用海洋资源,保护海洋生态环境,实现经济、社会与环境的协调发展①。海神信仰中的一些传统习俗,如放生、祭海等,实际上是对海洋生态环境的一种保护与修复。这些习俗不仅体现了人们对海洋生命的尊重与关爱,也为现代海洋生态保护提供了有益的借鉴。通过深入挖掘和传承这些传统习俗中的生态智慧,可以为全球环境治理和可持续发展贡献独特的东方智慧。海神信仰所倡导的人与自然和谐共生的理念,与当代绿色发展理念不谋而合。通过弘扬海神信仰中的生态智慧,可以引导人们树立绿色发展意识,推动经济社会全面绿色转型,实现经济、社会与环境的协调发展。

---

① 古小松,方礼刚.海洋文化研究(第3辑)[M].北京:世界图书出版公司,2024:54.

（三）社区凝聚力与社会和谐：海神信仰的纽带与引领

在快速变化的现代社会中，社区凝聚力成为维护社会稳定和谐的重要因素。海神信仰通过定期的祭祀活动、节日庆典等形式，不仅加强了社区成员之间的联系与互动，也促进了社区治理的创新与发展。一是社区文化的塑造。海神信仰作为社区文化的重要组成部分，不仅丰富了社区文化的内涵与外延，也塑造了独有的社区文化特色。通过举办海神祭祀、渔歌渔舞等文化活动，可以增进社区居民之间的情感交流与相互理解，增强社区的凝聚力和向心力。二是社区治理的参与。海神信仰的祭祀活动和节日庆典往往会吸引社区居民的广泛参与。这种参与不仅增强了社区居民的归属感和责任感，也为社区治理提供了宝贵的群众基础和资源。通过引导社区居民积极参与海神信仰相关活动的组织与实施，可以推动社区治理向民主化、科学化和精细化发展。三是社会和谐的促进。海神信仰所倡导的互助合作、诚实守信等价值观念，不仅符合社会主义核心价值观的要求，也是构建和谐社会的重要元素。通过弘扬海神信仰中的优良传统和美德，可以引导社区居民树立正确的价值观和道德观，促进邻里和睦、社会和谐。

（四）文旅新生态与数字经济：海神信仰的创新与拓展

海神信仰作为独特的文化遗产和旅游资源，具有巨大的开发潜力。在数字经济时代，通过挖掘和整理海神信仰相关的文化元素和故事传说，可以开发出具有地方特色的文化旅游产品和线路，推动文旅产业的创新发展。这不仅能够吸引游客前来观光游览、体验传统文化魅力，还能带动当地经济发展、增加居民收入。同时，通过文化旅游的推广和宣传，还可以提高海神信仰的知名度和影响力，促进文化的传承与发展[①]。一是文化旅游产品的开发。依托海神信仰丰富的文化内涵和当地独特的自然景观，可以开发出具有地方特色的文化旅游产品。如建设海神文化主题公园、举办海神文化节等，吸引游客前来观光游览、体验传统文化魅力。同时，也可以结合现代科技手段，如虚

---

① 王荣国.海洋神灵：中国海神信仰与社会经济——海洋中国与世界[M].南昌：江西高校出版社，2003：111.

拟现实（VR）、增强现实（AR）等，打造沉浸式旅游体验项目，提升游客的参与度和满意度。二是数字文旅平台的搭建。利用数字经济平台，可以搭建海神信仰相关的数字文旅平台。通过线上展示海神信仰的历史渊源、文化特色、祭祀仪式等内容，吸引更多游客关注和了解海神信仰。同时，也可以利用数字文旅平台开展线上旅游预订、虚拟游览等服务，拓展旅游市场的广度和深度。三是文旅产业的融合发展。海神信仰相关的文旅产业发展不应仅限于旅游领域，还可以与文化产业、农业、渔业等领域实现融合发展。如通过开发海神信仰相关的文化创意产品、举办渔业文化节等活动，推动文化产业与旅游产业深度融合；通过发展海洋渔业休闲旅游、渔家乐等项目，促进渔业产业的转型升级和可持续发展。四是国际文旅合作的拓展。海神信仰作为中华文化的重要组成部分，具有广泛的国际影响力。通过加强与国际旅游组织、文化机构的合作与交流，推动与海神信仰相关的文旅产业走向世界舞台，如举办国际海神文化节、组织海神信仰文化巡演等活动，展示中华文化的独特魅力，增进国际社会对中华文化的了解和认同。

第二节　闽台妈祖信俗概述

妈祖信俗，又称神女信俗、灵女信俗、天妃信俗等，是中国闽台地区传统民间信仰的重要组成部分。这一信仰起源于宋代福建莆田湄洲岛，历经近千年的发展，已传播至全球46个国家和地区，成为华人社会中的重要精神支撑[①]。妈祖信俗不仅承载着丰富的历史文化内涵，还体现了中华民族乐善好施、扶危济困的传统美德。

---

① 林国良.妈祖文化简明读本[M].福州：海风出版社，2014：21.

一、闽台妈祖信俗的历史起源与传承

（一）历史起源

妈祖，原名林默，生于北宋建隆元年（960年）农历三月二十三日，卒于宋太宗雍熙四年（987年）农历九月初九。林默自幼聪明勇敢，事亲至孝，且精通医术，常于风浪中救助遇险船舶，被当地渔民尊称为"神女"或"龙女"[①]。她逝世后，百姓立庙奉祀，逐渐形成对妈祖的信仰。

福建湄洲妈祖祖庙庙门

资料来源：海峡都市报。

福建湄洲妈祖祖庙内部一景

资料来源：百度百科。

---

① 莆田学院妈祖文化研究院.妈祖文化年鉴[M].北京：人民出版社，2017：43.

妈祖出生时是人，去世后成为神灵。明代以来，关于妈祖生平的记载有很多。虽然历史上确实存在这一人物，但她的名字、出生和去世的年份以及她一生的经历都是由历代文人和信众不断地补充和完善的。以下是福建莆田唯一完整记载有关福建民间妈祖信仰的史料。

南宋时期，仙游籍进士廖鹏飞所著的《圣墩祖庙重建顺济庙记》，其中提到：传说中的通天神女林氏，出生于湄洲屿。最初，她以巫祝的身份为人预测福祸；去世后，人们在此地为她建立了庙宇。书中用大量篇幅介绍了妈祖信仰在莆田民间的传播和发展情况。1151年，来自莆田的诗人黄公度在《题顺济庙》一诗中写下了这样的诗句：“枯木肇灵沧海东，参差宫殿崒晴空。平生不厌混巫媪，已死犹能效国功。万户牲醪无水旱，四时歌舞走儿童。传闻利泽至今在，千里危樯一信风。”可见，当时妈祖就已经有了相当高的知名度和社会影响。1192年，《莆阳志》中提到：“妃为里中巫。”

据史书记载，早在汉代就出现了以巫代神的现象。从这一点可以推断，妈祖在世时可能是一名巫师[①]。北宋年间，福建各地出现了一些以巫术治病为主的民间宗教组织，其主要功能就是招请巫师进行医疗服务。闽地长久以来都有崇巫的传统，巫被视为神秘的存在，掌握着超自然的魔法，能够预测命运、祈求晴雨、祛除邪祟和疾病，因此，从事巫术的人受到了众多信众的敬仰。宋安溪县令陈宓曾经提到：“时人信巫纸多烧，病不求医命自活。”在宋代的兴化地区，众多的巫观非常活跃，可见当时民间对巫有着浓厚的信仰和依赖心理。汾阳陈氏曾说：“生为女巫，殁而人祠之。妇人妊娠者必祷焉，神功尤验。”这些都说明当时当地居民对巫神信仰已相当普遍了。从这些资料中我们可以看出，在宋代，福建莆田的巫术是相当普遍的。因此，宋代文献中提到的妈祖生前是巫媪的事是具有一定可信度的[②]。

随着海事活动的频繁和历代统治者对妈祖的赐封，妈祖信仰逐渐传播开来。南宋高宗在临安郊祭妈祖并褒封其为“灵惠夫人”，标志着妈祖信仰正式

---

① 福建省妈祖文化传承与发展协同创新中心，莆田市湄洲妈祖祖庙董事会.妈祖文化研究论丛（四）[M].北京：人民出版社，2023：94.

② 任清华.妈祖文化导论[M].厦门：厦门大学出版社，2016：79.

得到官方认可。此后，历代皇帝不断加封妈祖，其神格和影响力逐渐扩大。元代时，妈祖被诏封为"护国明著天妃"，成为四海诸神中的至高尊神。明代，妈祖信仰进一步传播至海外，成为航海者心目中的保护神。清代，妈祖信仰达到鼎盛，敕封次数多达七次，妈祖生平记述也更加具体、形象。

（二）文化内涵

妈祖信俗主要由祭祀仪式、民间习俗和故事传说三大系列组成。祭祀仪式是妈祖信俗的核心内容，包括官方祭祀和民间祭祀两大类。官方祭祀由朝廷官员主祭，偏重于儒家礼制，传统祭祀规格定位较高，行祭仪式比较庄严隆重。民间祭祀则由僧人或道士主持，全套祭仪按佛、道二教"法仪"行祭，宗教色彩和气氛都比较浓厚。

妈祖祭祀形式多样，包括郊祭、庙祭、海祭、舟祭等。郊祭是古代帝王在京郊祭天祭神的一种形式；庙祭则是在妈祖庙宇举行的日常祭祀和庙会祭祀；海祭是沿海民众在海边向妈祖焚香祷告，祈求海上平安；舟祭则是船上供奉妈祖神像，在出海、归航或遇大风大浪时祭拜妈祖①。这些祭祀形式不仅体现人们对妈祖的敬仰之情，还蕴含着丰富的文化内涵和民俗特色。

除了祭祀仪式外，妈祖信俗还包括丰富的民间习俗。如："妈祖回娘家"是指由湄洲妈祖祖庙分灵而建的妈祖庙每年在妈祖诞辰或升天之日回到祖庙进行祭拜的民俗活动；"分灵"则是世界各地的妈祖宫庙或团体单位从湄洲妈祖祖庙奉请妈祖神像供奉祭祀的行为。这些习俗不仅丰富了妈祖信俗的文化内涵，还促进了妈祖信仰在全球范围内的传播和发展。

（三）传承与发展

妈祖信俗作为中国传统民俗文化的重要组成部分，具有深厚的历史底蕴和广泛的社会影响力。2009年9月30日，由湄洲妈祖祖庙发起，联合世界各地妈祖分灵宫庙申报的"妈祖信俗"被联合国教科文组织列入《人类非物质文化遗产代表作名录》，成为我国目前首个也是唯一的信俗类世界非物质文化

---

① 黄婕.文化妈祖研究[M].北京：中国文史出版社，2019：46.

遗产①。

妈祖信俗的传承与发展离不开社会各界的共同努力。一方面，政府和相关机构积极采取措施保护和传承妈祖信俗文化，如加强妈祖庙宇的修缮和保护、举办妈祖文化旅游节等活动；另一方面，广大妈祖信众也积极参与妈祖信俗的传承和弘扬工作，如组织妈祖祭祀活动、传播妈祖文化等。随着全球化进程的加速和文化交流的日益频繁，妈祖信俗文化正逐步走向世界舞台。越来越多的国家和地区开始关注和了解妈祖信俗文化，妈祖信俗文化也成为连接不同国家和地区华人同胞的重要纽带。未来，妈祖信俗文化将继续在传承中发展，在发展中创新，为中华文化的繁荣和发展作出更大的贡献。

二、闽台妈祖信俗的主要表现形式

（一）祭祀仪式

妈祖的祭祀仪式是闽台妈祖信俗中最为核心的表现形式。这些仪式通常在妈祖庙宇中举行，分为官方祭祀和民间祭祀两大类。官方祭祀由朝廷或地方政府主持，仪式庄重而严谨，遵循儒家礼制，旨在祈求国泰民安、风调雨顺。民间祭祀则更加灵活多样，由僧道或地方长者主持，融合了佛道两教的元素，充满了浓厚的宗教色彩和民俗风情②。

在祭祀仪式中，信众们会献上鲜花、水果、糕点等供品，点燃香烛，诵读经文或祈祷词，向妈祖表达敬意和祈求。特别是每年的妈祖诞辰和妈祖升天日，祭祀活动尤为隆重，吸引了大量信众和游客前来参与。此外，还有庙会、游神等祭祀活动，通过歌舞、戏曲等形式，将妈祖信仰与民间文化相结合，展现了妈祖信俗的独特魅力。

---

① 宋建晓."一带一路"视野下妈祖文化传承发展研究[M].北京：人民出版社，2021：35.
② 张珣.文化妈祖：台湾妈祖信仰研究论文集[M].台北：民族学研究所，2003：63.

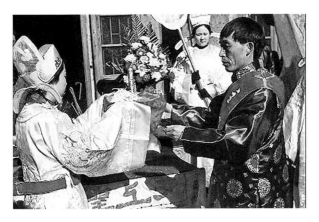

妈祖祭祀活动实景

资料来源：网易。

（二）民间习俗

全国各地的妈祖民间习俗各异，在福建地区，分为庙祭、海祭、分灵与谒祖进香。庙祭：在妈祖诞辰（农历三月廿三）和妈祖升天日（农历九月初九），福建各地的妈祖庙宇会举行盛大的庙会祭祀。庙会期间，不仅有庄重的祭祀仪式，还伴有歌舞、戏剧等民间艺术表演，形成当地的文化盛会。海祭：沿海地区的民众会在妈祖诞辰或升天日聚集海边，举行海祭仪式，祈求海上平安。这种祭祀形式以舟船朝拜为主，形成壮观的千舟朝拜场面。分灵与谒祖进香：世界各地的妈祖宫庙或团体单位会从福建湄洲妈祖祖庙奉请妈祖神像，经过开光、割香掬火等规仪后供奉于本地，并定期或不定期组织信众回祖庙谒祖进香，以表达对妈祖的敬仰与感恩。在台湾地区，大甲镇澜宫的妈祖绕境活动是台湾知名的民俗活动之一，每年农历三月初进行。绕境期间，信众们会步行或乘车跟随妈祖神像巡游各地，沿途举行各种仪式和民俗活动①。

---

① 张宁宁，张敏.妈祖文化传播与转型发展[J].宁德学院学报（哲学社会科学版），2023（2）：69–73.

千舟朝拜场面

资料来源：湄洲微官网。

（三）艺术表现

妈祖信俗还通过艺术表现形式得以传承和发展。这些艺术表现形式包括雕塑、绘画、戏曲、音乐等，它们以妈祖为主题或题材，通过精湛的技艺和独特的艺术风格，展现了妈祖信仰的深厚内涵和独特魅力。例如，2023年在广州红线女大剧院首演的戏曲音乐剧《妈祖》，将神话中的"妈祖"变为真实可感的女主人公林默，通过描写她扶危救困、医病救难、舍身为民的精神，弘扬妈祖文化中"立德、行善、大爱"的中华民族传统美德，通过生动的表演和优美的旋律，将妈祖信仰与民间文化相结合，为民众提供了丰富的精神食粮。

2023年广州红线女大剧院首演的戏曲音乐剧《妈祖》

资料来源：河北演艺网。

（四）现代传播

随着科技的进步和全球化的发展，妈祖信俗的传播方式也在不断创新和拓展。现代传播手段如互联网、社交媒体等成为妈祖信仰传播的重要渠道。通过这些渠道，妈祖信俗得以跨越地域和文化的界限，传播到世界各地。妈祖信俗也积极与现代科技相结合，推出了许多具有创新性的表现形式。例如：利用虚拟现实技术重现妈祖祭祀仪式和庙会场景；通过网络直播让全球信众共同参与妈祖祭祀活动；开发妈祖文化主题的手机游戏和动漫；等等。这些创新性的表现形式不仅丰富了妈祖信俗的内涵和外延，也吸引了更多年轻人的关注和参与[①]。

三、闽台妈祖信俗的精神与影响

（一）妈祖信俗的精神内涵

在探讨闽台妈祖信俗时，我们不得不深入挖掘其精神内涵。众多学者与研究人员指出，妈祖信仰中的每一个显灵传说，都不仅仅是神话故事的堆砌，而是蕴含着深刻的道德观念。这些道德观念与妈祖的神威相互交织，共同构成了妈祖信仰的核心内容。从道德伦理的视角审视，妈祖信仰不仅将社会的道德元素赋予了神圣的象征意义，更在推广社会伦理观念上发挥了举足轻重的作用，这一角色的重要性应当得到充分的认可与重视。

妈祖，这位被亿万人民深深敬仰与崇拜的海上女神，历经千年的演变，其形象在信众心中越发高大完美。她不仅拥有超凡脱俗的能力，更以其高尚的道德风范赢得了世人的尊敬。在信众心中，妈祖的形象已经升华至至善至臻的境界，她所代表的精神融合了真、善、美的核心价值与道德意义。这些价值，如忠诚于国家、尊敬父母、慷慨解囊、乐于助人、见义勇为、惩恶劝善等，都是妈祖精神的精髓所在。在新的时代背景下，这些思想精髓依然具有强大的生命力，能够得到恰当的传承与应用。

信众们对妈祖持有深厚的信仰，不仅是对其神秘力量的敬畏，更是对妈

---

① 潘志宏.发挥妈祖文化在两岸融合发展中的文化担当[J].台声，2023（24）：34–36.

祖所代表的真、善、美价值观和道德观的认同①。妈祖的精神历经千年仍然具有强大的吸引力，始终与时代的进步保持同频共振，与社会主义的核心价值观存在深厚的联系。闽台妈祖精神，其核心还在于"大爱无疆、慈悲为怀、勇敢无畏、和谐共生"。这种精神体现在妈祖对海上遇险者的无私救助上，展现了人类面对自然灾害时的团结互助与不屈不挠；同时，它也象征着两岸人民对和平、稳定、繁荣的共同向往和不懈追求。第一，大爱无疆。妈祖以博大的爱心关怀着每一个需要帮助的人。无论是海上遇险的渔民，还是身处困境的百姓，都能感受到她的温暖与庇护。这种大爱精神跨越了地域、种族和信仰的界限，成为连接闽台乃至全球华人的情感纽带。它激励着人们以更加宽广的胸怀去关爱他人，去帮助那些需要帮助的人，共同构建一个充满爱与温暖的社会。第二，慈悲为怀。妈祖信仰中蕴含着深厚的慈悲情怀。她以慈悲之心化解人间疾苦，引导人们向善向美。这种慈悲精神不仅体现在对个体的关怀上，更体现在对整个社会的关爱与奉献上。它激励着人们以更加乐观的心态去面对生活中的挑战与困难，以更加积极的态度去关爱他人、奉献社会，从而推动社会的和谐与进步。第三，勇敢无畏。妈祖在传说中多次显灵救助遇险者，展现了勇敢无畏的精神。这种精神不仅是对个人勇气的赞美，更是对面对困难与挑战时勇往直前的精神的颂扬。它激励着人们在面对生活中的各种困难与挑战时，能够保持坚定的信念与勇气，不畏艰难、不惧风险，勇往直前地追求自己的梦想与目标。第四，和谐共生。妈祖文化强调人与自然的和谐共生，倡导尊重自然、顺应自然、保护自然的理念。这种和谐精神不仅体现了对自然的敬畏与尊重，更体现了对人类自身生存环境的关注与保护。它激励着人们以更加理性的态度去面对自然与环境的挑战，以更加积极的行动去推动可持续发展与生态文明建设，从而为子孙后代留下一个更加美好的家园。

（二）妈祖信俗的精神影响

妈祖信俗作为两岸共有的文化瑰宝，其精神影响深远而广泛。它不仅增

---

① 黄瑞国.妈祖学概论[M].北京：人民出版社，2013：49.

进了两岸文化交流，促进了两岸经济合作，更强化了民族凝聚力，推动了社会和谐发展。首先，增进两岸文化交流。妈祖信仰作为两岸共有的文化符号，为两岸文化交流提供了重要平台。通过举办妈祖文化节、妈祖祭典等活动，两岸民众得以近距离接触、相互了解，从而增进了彼此之间的情感认同与文化认同。这些活动不仅展示了妈祖文化的独特魅力，更促进了两岸民众之间的心灵沟通与文化交融。它们成为两岸文化交流的重要桥梁与纽带，为增进两岸同胞的相互了解与信任奠定了坚实基础。其次，促进两岸经济合作。妈祖信仰的广泛影响力不仅体现在文化领域，更带动了相关产业的发展，旅游业、文化产业等在妈祖文化的推动下得到了蓬勃发展。两岸在妈祖文化领域的合作不仅促进了经济交流，更为两岸关系的和平发展注入了新的动力。通过共同开发妈祖文化资源、打造妈祖文化旅游品牌等方式，两岸实现了互利共赢、共同发展的目标。这种合作模式不仅推动了区域经济的繁荣与发展，更为两岸关系的和平稳定提供了有力支撑。再次，强化民族凝聚力。妈祖精神所蕴含的中华民族传统美德和核心价值观，对于强化民族凝聚力、维护国家统一具有重要意义。在全球化背景下，妈祖文化作为中华民族文化的重要组成部分，对于增强民族自信心、抵御外来文化侵蚀具有不可替代的作用。通过传承与弘扬妈祖精神，我们可以更好地凝聚民族力量、激发民族自豪感与归属感，从而共同抵御外部势力的干扰与破坏，维护国家的统一与领土完整。最后，推动社会和谐发展。妈祖文化中的和谐共生理念对于推动社会和谐具有重要意义，其倡导人们尊重差异、包容多样、和睦相处，为构建和谐社会提供了宝贵的思想资源。在妈祖文化的熏陶下，人们更加注重人与人之间的和谐相处与相互尊重，他们学会了以更加宽容的心态去面对生活中的不同声音与观点，以更加积极的态度去化解矛盾与冲突，从而共同营造一个和谐、稳定、繁荣的社会环境。

综上所述，闽台妈祖信俗的精神内涵丰富而深刻，其影响广泛而深远。它不仅增进了两岸文化交流与经济合作，更强化了民族凝聚力，并推动了社会和谐发展。在未来的发展中，我们应继续传承与弘扬妈祖精神，让这一宝贵的文化遗产在新的时代背景下焕发出更加璀璨的光芒。同时，我们也应积极探索妈祖文化与现代社会的融合点与创新点，为构建人类命运共同体贡献更多的智慧与力量。

海峡两岸暨香港、澳门书法绘画摄影展

资料来源：中国台湾网。

第三节　闽台妈祖信俗中的"福"文化概述

一、"福"文化的起源与内涵

"福"文化，也称中华福文化或中国福文化，是源自中国的民俗文化。它的产生与中华民族的历史发展紧密相连，是中华民族生活观念及价值观的重要体现。"福"文化历史悠久，与中华民族同生共长，是中华民族的基因文化，对中华民族的发展产生了深远的影响。

（一）"福"文化的起源与发展

"福"文化的产生与华夏大地的广袤肥沃以及华夏民族以农立国的历史背景密不可分。在古代，农业是国家经济的命脉，人们对风调雨顺、五谷丰登的期盼，以及对安宁和睦生活的向往，促成了"福"文化的诞生。考古发现表明，福字的初文是先人手捧酒樽，致祭于天地神祇和祖宗鬼神，祈求赐福降祥、荫庇护祐子孙后代。这种祭祀祈福活动由商周王室专职的巫、史、卜、祝等人主持并记录,逐渐形成了最初的表意符号,并最终演变为文字①。中华文明的两大基本标志——文字和礼制,均源于上古初民时代的祭祀祈福活动②。这充分证明了"福"文化在中华原始文明中的重要作用,并对其后文明的发展产生了巨大的推动作用。

"福"字甲骨文(河南殷墟)

资料来源:热闻早知道。

(二)"福"文化的内涵与象征

先秦时期,人们赋予"福"丰富的内涵。《尚书·洪范》提出"五福"概念,即寿、富、康宁、攸好德、考终命,这五个方面反映了上古人民对人生幸福的朴素理解。随着时间的推移,"福"文化逐渐与儒家、佛教、道教等文化融合,形成了内涵丰富、形态多样的传统"福"文化。在世俗生活中,"福"代表着经济富足、地位尊贵、身心健康、性情平和、长寿善终等多方面的幸福追求③。在全球化背景下,"福"文化的传播与交流日益频繁。通过举办妈祖文化节、庙会等活动,以及利用现代传媒手段进行广泛传播,"福"文化正逐步走向世界舞台,成为连接全球华人的重要文化纽带。

在文学作品中,福字常常被用作表达幸福、吉祥等美好寓意。从古代的诗词歌赋到现代的散文小说,福字都以其独特的文化内涵和艺术魅力吸引着读者的目光。例如,在古诗中,诗人们常常通过描绘福字的形态和寓意来表达对美好生活的向往和追求。在书法艺术中,福字也得到了广泛的传承与发

① 郭静云.甲骨文用辞及福祐辞[J].甲骨文与殷商史,2017:137–175.

② 林沄.古文字学简论[M].北京:中华书局,2017:103.

③ 王佳.中国传统吉祥汉字传承与创新应用研究[D].西安:西京学院,2023:6.

展。历代书法家通过不同的笔法和风格，将福字演绎得千姿百态、各具特色。从王羲之的潇洒飘逸到颜真卿的端庄厚重，再到赵孟頫的圆润流畅，福字在书法艺术中展现了无尽的魅力。在民间习俗中，福字的应用更是丰富多彩。每逢春节等喜庆节日，人们都会用毛笔书写福字，贴在家中以示吉祥。这种传统习俗不仅丰富了民间文化生活，也促进了福字文化的传承与发展。此外，在结婚、生子等喜庆场合，人们也会使用福字来表达祝福和期盼。"福"文化在发展过程中，还不断与其他文化相融合。例如，佛教的传入对"福"文化产生了深远的影响，使得"福"文化在内涵上更加丰富和多元。同时，"福"文化也通过丝绸之路等渠道传播到世界各地，成为连接不同文明的桥梁和纽带。

清乾隆书法作品

资料来源：网易。

二、闽台妈祖信俗与"福"文化的联系

（一）形式特征的共通性

闽台妈祖信俗与"福"文化在形式特征上具有共通性。首先，二者都具有历史性。闽台妈祖信仰起源于北宋时期，历经元、明、清等朝代的传承和发展，逐渐形成了具有鲜明特色的文化现象。而"福"文化也以"福祉"为核心，其内容构成由初期的"寿、富、康宁、攸好德、考终命"组成的传统

五福，演变为当下人民所普遍向往的生活幸福。二者的内容都随历史演进而变迁，体现了中华民族文化的深厚底蕴。其次，妈祖信俗与"福"文化都具有多元性。妈祖文化的构成元素众多，民间习俗多样，地域特色明显。而"福"文化的表现形式也种类多元、内容丰富、各具特色，影响范围辐射全国。这种多元性使得妈祖信俗与"福"文化在传承和发展过程中能够不断吸收新的元素和内涵，保持其活力和生命力。最后，二者都具有现代性。在新时代，"福"文化既是中华民族现代文明的重要内容，也是人民幸福观的文化载体。而妈祖文化也在新时代得到了新的发展和创新，对于海上丝绸之路的建设和海洋生态文明的发展具有重要的推动作用。这种现代性使得妈祖信俗与"福"文化能够在新时代背景下继续发挥重要作用[1]。

（二）价值意蕴的相通性

闽台妈祖信俗与"福"文化在价值意蕴上也具有相通性。首先，"福"文化的价值意蕴在于它始终代表着广大人民对于"幸福"这一理想境界在物质和精神层面的不懈追求。而妈祖文化的价值意蕴则在于它始终代表着沿海人民对于平安、顺遂、和谐生活在物质和精神层面的美好向往。二者都体现了中华民族对于幸福生活的共同追求和向往。其次，妈祖信俗与"福"文化都体现了中华民族的传统美德和道德观念。妈祖文化中的忠义孝悌、救民疾苦、扶危济困、乐善好施等品质体现了中华民族的传统美德和道德观念。而"福"文化也强调了对幸福生活的追求和对道德品质的坚守。这种相通性使得妈祖信俗与"福"文化相互交融，互相影响。最后，在新时代背景下，妈祖文化与"福"文化在现代性上实现了深度融合。妈祖文化对于海上丝绸之路的建设具有积极的现实意义，对于海洋生态文明的发展具有重要的推动作用；而"福"文化则是中华民族现代文明的重要内容，也是人民幸福观的文化载体。两者在现代化进程中相互支撑、相互促进，共同为闽台地区的经济社会发展注入了强大的精神动力[2]。

---

① 邓秋颖.福文化的运用与探析[D].大连市：大连工业大学，2015：8.
② 杨鹏飞.妈祖文化三十年[M].福州：海峡文艺出版社，2012：61.

（三）传播方式的艺术性

在闽台地区，妈祖信俗通过各种民间习俗、传说故事、祭祀活动等方式得以广泛传播。这些文化载体不仅丰富了妈祖文化的内涵，也促进了妈祖文化在闽台地区深入人心的传播。而"福"文化同样具有多样的文化载体和传播方式。在"福"文化中，人们通过福字、福画、福联等艺术形式表达对幸福生活的向往和追求。同时，"福"文化也通过各种民俗活动、节日庆典等方式得以广泛传播和弘扬。相关的民间习俗，如福建地区的连城姑田"游大龙"、永定湖坑"作大福"、闽东"林公祈福"、闽台"乞龟摸福"等，都融入了当地人民对"福"文化的独特理解和表达，并通过丰富的艺术形式，将人们的情感、愿望和信仰融入其中，形成独具特色的文化景观。这些习俗不仅丰富了人们的文化生活，还增强了民族凝聚力和认同感。传说故事则是以口头传承的方式，将历史事件、英雄事迹、神话传说等融入故事情节中，通过生动的语言和形象的人物塑造，传递文化的价值观和道德观。这些故事不仅具有娱乐性，还具有教育意义，引导人们向善向美。祭祀活动则是文化艺术与宗教信仰的完美结合。闽台妈祖祈福祭祀活动通过特定的仪式、音乐和舞蹈等形式，表达对神灵的敬畏和祈求。这些活动不仅展示了文化的多样性，还体现了人们对幸福生活的向往和追求。

三、闽台妈祖信俗中"福"文化的体现

在深入探究闽台地区妈祖信俗与"福"文化的紧密联系后，我们不难发现，闽台地区的妈祖信俗不仅是对"福"文化的一种生动诠释，更是当地人民生活方式、价值观念的重要体现，极大地丰富了中华文化的内涵。同时，这一信仰体系也映射出中国共产党为人民谋幸福的初心使命，以及构建人类命运共同体，特别是两岸命运共同体的深刻现实意义。中国共产党自成立以来，便矢志不渝地坚守着为人民谋幸福的初心与使命。这一崇高目标不仅鲜明地体现在党的纲领、宣言等理论文件中，更深刻地贯穿于党的各项实践活动中。党始终将人民的利益作为一切工作的出发点和落脚点，不遗余力地提

升人民的生活品质，努力满足人民对美好生活的热切期盼。这种深沉的为民情怀，正是中国共产党能够赢得人民群众衷心拥护和支持的坚固基石，也是党不断巩固执政地位的强大动力。

（一）凝聚人心：妈祖信俗与共同体意识的强化

首先，妈祖信俗作为闽台地区最为著名的民间信仰之一，承载着悠久的历史和深厚的文化底蕴。通过节日庆典、传统仪式、民间故事、歌谣等多种表现形式，妈祖民俗文化构建了一个独特而强大的文化记忆空间。这些记忆不仅让每个个体深切地感受到自己归属于某个特定的社群或族群，更在无形中强化了群体成员之间的身份认同和情感联结。每当人们共同参与妈祖信俗活动时，都会自然而然地回忆起共同的经历和传统，这种共鸣极大地增强了他们的归属感和凝聚力。其次，妈祖信俗蕴含的丰富的道德观念、伦理准则和人生哲学，在代代相传的过程中逐渐内化为人们的行为准则。通过妈祖民俗文化的传承，人们能够形成共同的价值追求和道德判断标准，从而在思想上达到高度的一致。这种思想上的共鸣和统一，正是凝聚人心的重要基石。这也与我们党高度重视通过宣传教育来引导人民群众的思想和行为是一致的。利用多种渠道和方式，向人民群众传播正确的价值观和世界观，激发他们的爱国主义情感和民族自豪感。例如，在重大节庆日，组织各种庆祝活动，大力弘扬中华优秀传统文化，充分激发人们的爱国热情，进一步凝聚社会共识。最后，妈祖信俗活动往往伴随着丰富的情感表达，如喜悦、悲伤、思念、祈愿等。在参与这些民俗活动的过程中，人们通过歌舞、戏曲、祭祀等多样化的方式表达内心的情感，同时也能够深切地感受到来自他人的情感共鸣和支持。这种情感的交流与共鸣，极大地拉近了人与人之间的距离，增进了彼此之间的了解和信任，从而更加紧密地凝聚了人心。妈祖信俗所展现出的这种强大的凝聚力，与中国共产党致力于构建两岸命运共同体的理念不谋而合。通过妈祖信俗这一文化纽带，两岸人民能够更加紧密地联系在一起，共同为中华民族的伟大复兴贡献力量。

（二）传承文化：妈祖信俗中的"福"文化与时代创新

妈祖文化的精神内涵博大精深，与"福"文化有着深刻的内在联系。这种联系在文化传承方面体现在多个层面。在教育传承方面，将妈祖信俗中的"福"文化纳入学校教育体系，通过开设相关课程、举办文化活动、组织文化体验等多种方式，让学生全面了解和深刻体验"福"文化的独特魅力。例如，将传统节日、民间故事、传统手工艺等融入教学内容，通过课堂教学与实践活动相结合的方式，培养学生对妈祖信俗中"福"文化的浓厚兴趣和深厚情感。家长和长辈则可以通过讲述历史故事、传承家族传统、参与节日庆典等多种途径，向年青一代传授民俗文化的知识和技能，让他们从小接触和感受妈祖信俗中"福"文化的熏陶和滋养。在社区传承方面，通过组织妈祖庙会、民俗展览、传统手工艺制作等社区活动，吸引更多人参与进来，亲身体验和学习"福"文化[1]。这些活动不仅能够极大地丰富人们的文化生活，还能显著增强社区的凝聚力和文化认同感。在媒体传播方面，充分利用现代媒介手段，如互联网、电视、广播等，广泛传播妈祖文化知识。通过制作高质量的纪录片、综艺节目、在线课程等多种形式，让更多人深入了解"福"文化的内涵和价值。同时，利用社交媒体等渠道，鼓励人们积极分享自己的"福"文化体验和感悟，从而营造良好的文化传播氛围。在政府推动方面，政府应出台相关政策支持"福"文化的传承和发展。例如：提供资金和资源支持"福"文化项目的研究和推广；制定相关法律法规保护民俗文化遗产；鼓励社会各界积极参与民俗文化的传承和创新等。这些政策措施有助于为民俗文化的传承创造良好的外部环境和条件。在传承"福"文化的过程中，我们要注重创新与发展。通过深入挖掘"福"文化的内涵和价值，结合现代审美和市场需求，创造出具有鲜明时代特色的民俗文化产品。同时，鼓励年轻人积极参与民俗文化的创新实践，将传统元素与现代科技、时尚元素紧密结合，为"福"文化注入新的活力和生命力。通过国际文化交流项目，将"福"文化推向世界舞台。通过举办文化展览、演出、讲座等多种活动，向外国友人充分展示

---

[1] 福建省炎黄文化研究会.福文化概论[M].福州：福建人民出版社，2022：30.

中国民俗文化的独特魅力和深厚底蕴。同时，积极吸收外国文化的有益成分，实现文化的互鉴共生，不断增强其在国际上的传播力和影响力。

（三）促进和谐：妈祖文化与两岸命运共同体的构建

妈祖文化作为闽台文化的重要组成部分，在促进两岸文化交流与融合方面发挥着不可替代的作用①。通过妈祖信俗的庆祝活动和文化交流，两岸人民得以增进了解、加深友谊、扩大共识。同时，妈祖文化还成为连接两岸经济、社会、文化等领域的重要桥梁和纽带。在《中共中央　国务院关于支持福建探索海峡两岸融合发展新路　建设两岸融合发展示范区的意见》的指引下，两岸经济深度融合取得了实质性进展。整合发展的政策和制度框架得到了进一步完善，"两岸一家亲、闽台亲上亲"的社会风尚越发浓厚；台湾在海峡西岸经济区建设中发挥着越来越重要的带动和辐射作用。闽台之间的人员交流更加便捷，贸易和投资合作更加顺畅，合作与交流的领域和深度都在不断拓展。其中，福建以妈祖文化为发力点，充分发挥"福"文化的精神纽带作用，积极推动两岸文化领域的融合发展，持续增进两岸文化认同。妈祖文化作为两岸共同的文化遗产和精神财富，具有独特的价值和意义。它不仅是两岸人民共同的精神寄托和信仰象征，更是连接两岸同胞心灵的桥梁和纽带。通过弘扬妈祖文化，我们可以进一步凝聚两岸人民的心，推动两岸关系和平发展，增进两岸同胞的相互了解和信任。在推动两岸文化交流与融合的过程中，我们要充分发挥妈祖文化的独特作用，通过举办妈祖文化节、妈祖庙会等活动，让两岸同胞共同参与和体验妈祖文化的魅力。同时，加强两岸文化产业的合作与交流，推动妈祖文化产品的开发与推广，让更多的人了解和喜爱妈祖文化。此外，我们还要深入挖掘妈祖文化中的"福"文化元素，将其与新时代的价值观相结合，赋予其新的时代内涵和生命力。通过举办妈祖"福"文化论坛、研讨会等活动，推动两岸学者和专家对妈祖"福"文化进行深入研究和探讨，为两岸文化交流与融合提供更多的智力支持和精神动力。在构建两岸命运共同体的过程中，我们要以妈祖文化为纽带，加强两岸人民的交流与

---

① 潘志宏.妈祖文化思想研究[D].北京：中共中央党校，2018：4.

合作。通过举办妈祖文化旅游节、妈祖文化交流会等活动，让两岸同胞在共同的文化体验中增进了解、加深友谊。同时，积极推动两岸经济、社会、文化等领域的融合发展，实现两岸共同繁荣和进步。

　　总之，闽台妈祖信俗中的"福"文化不仅体现了当地人民的生活方式和价值观念，丰富了中华文化的内涵，更展现出中国共产党为人民谋幸福的初心使命及构建人类命运共同体的现实意义。在推动两岸文化交流与融合的过程中，我们要充分发挥妈祖文化的独特作用，以妈祖文化为纽带加强两岸人民的交流与合作，共同推动两岸关系和平发展，增进两岸同胞的相互了解和信任。同时，我们也要深入挖掘妈祖文化中的"福"文化元素，将其与新时代的价值观相结合，为构建两岸命运共同体贡献更多的智慧和力量。

第二章

闽台妈祖传说中的"福"文化

妈祖的信仰根植于普通民众之中，而关于妈祖的各种传说和故事，最初是由普通民众口头传播的，早期的传奇故事很少被整理和记载。直到南宋时期，文人们才开始收集相关资料，并将其整理成文字记录。妈祖的传说和故事根据时间可以被划分为两个主要部分：一部分详细描述了妈祖生前的传奇经历，主要描绘了她那非凡的一生，展现了妈祖的智慧、慈悲，以及拯救众生、助人为乐和惩恶扬善的精神，妈祖文化在其早期发展阶段，主要宣扬其在降妖和除魔方面的超凡能力和高尚品质；另一部分描述了妈祖升天后的显应传说，通常是以多个重要的历史事件作为背景，并以相关历史人物的真实经历为依据，描述妈祖如何守护国家、庇护百姓、行善、显圣助航以及广施援手等的事迹。

妈祖传说中的"福"文化里最重要的就是"大爱"，这同时也是中华文化精髓的重要组成部分，它体现在对家人、对社会、对自然的深切关怀与无私奉献上。在"福"文化的熏陶下，人们不仅追求个人的幸福与安康，更将这份幸福延伸至他人，形成了乐善好施、助人为乐的良好风尚。大爱精神在"福"文化中被赋予了深厚的内涵，它倡导人们以宽广的胸怀去包容他人，以无私的行动去帮助他人，共同营造一个和谐、美好的社会。在"福"文化的传承与发展中，大爱精神不断发扬光大，成为连接人心、凝聚力量的强大纽带①。

第一节　诞生传说中的"福"文化

妈祖的诞生，本身就蕴含了人们对美好生活的向往和祈愿。在古代，海洋对于沿海居民而言既是维持生活的来源，也是未知与危险的象征。妈祖的

---

① 陈吉.福文化简读[M].福州：福建教育出版社，2023：68.

出现，正是人们为了祈求海上航行的平安与顺利而赋予的崇高精神寄托。这种寄托与"福"文化中追求幸福、安康、和谐的理念不谋而合。妈祖文化从诞生之初，就深深植根于人们对福祉的渴望之中，体现了"福"文化的历史性特征①。

一、妈祖诞生

妈祖的父亲林愿，曾是五代末期的都巡检官，他娶了王氏为妻，两人在日常生活中经常一起做好事。彼时，王氏已经有了一个男孩和五个女孩，但每当她想到只有一个男孩时，常常感到担忧，害怕孩子势单力薄。因此她经常向上天祈求，希望上天能再赐予一个智慧的男孩。有一天，王氏做了一个梦，梦中观音大士对她说："你和你的家人行善积德，现在赐予你一粒丹丸，服下它，你将会获得慈悲的恩赐。"之后，王氏怀孕了。宋太祖建隆元年（960年）农历的三月二十三日，王氏生下一名女婴。这名女婴从出生直到满月都没有哭过，因此王氏给孩子起名为"默"。从这个传说中我们不难看出其中蕴含的"多子多孙是福"的传统"福"文化。

诞天后瑞霭凝香②

---

① 殷伟，殷斐然.中国福文化[M].昆明：云南人民出版社，2005：49.
② 吕伟涛.《天后圣母事迹图志》中的妈祖形象[J].中国国家博物馆馆刊，2020（11）：147–160.

"多子多孙是福"这一观念，深深根植于中国传统"福"文化的土壤之中，它不仅仅是家族繁衍昌盛的美好愿景，更蕴含了深厚的文化意义和社会价值。在中国古代社会，由于生产力的相对低下和医疗条件的限制，人口的增长直接关系到家族的兴衰和国家的繁荣。因此，多子多孙被视为一种家族延续和壮大的重要手段，也是个人和家庭幸福的重要标志。这种观念反映了古人对于生命延续和家族传承的重视，以及对未来充满希望和期待的积极心态。从文化层面来看，"多子多孙是福"体现了中国传统文化中的家族观念和孝道精神。在中国传统社会中，家族是社会的基本单位，家族的兴衰直接关系到个人的荣辱和地位。而多子多孙则意味着家族血脉的延续和家族的繁荣兴旺，这对于个人和家庭来说都是一种莫大的福气和荣耀[1]。同时，孝道精神也强调了对祖先的敬仰和对后代的责任，多子多孙正是履行这一责任的具体体现。此外，"多子多孙是福"还蕴含着对未来生活的美好憧憬和祝愿。在中国传统文化中，子孙满堂被视为一种幸福和满足的象征，它代表着家族的兴旺和传承。人们相信，多子多孙可以为家族带来更多的福气和好运，也可以为后代创造更好的生活条件和发展机会。因此，"多子多孙是福"这一观念不仅是妈祖文化中的重要内容之一，也是人们对未来美好生活的一种向往和追求。

二、妈祖获符

妈祖十六岁时，有一日，正与几个女性朋友在井旁嬉戏。当她们用井水映照妆容时，突然注意到井里有一位神秘使者手持一枚铜制的灵符，女伴们都被吓得四处逃散，但是妈祖并没有表现出任何的恐惧，她平静地接过那枚灵符。自从妈祖获得灵符后，她便坚持修行，深入理解其中的奥义，法力逐渐增强。随着时间的推移，妈祖的元神变得更加灵活，尽管肉体身处自己的房间，但元神却能在尘世中自由遨游，并且还可以预兆吉凶祸福。在获得灵符的传说中，妈祖展现出了非凡的智慧和勇气：她能够识破神秘使者的伪

---

① 王达人.中国福文化[M].北京：北京工业大学出版社，2004：80.

装,运用智谋和勇气得到灵符;同时,她还能够洞察人心、预知未来,为民众指引方向、排忧解难。这种智慧与勇气的结合,使得妈祖在民间信仰中具有极高的威望和影响力,也成为"福"文化中"智勇双全"的典范。

窥古井喜得灵符[①]

"福"文化中"智勇双全"可分为两个部分进行理解。运用智慧我们能够洞察事物的本质,理解复杂情况背后的逻辑与规律。在面对生活中的选择时,运用智慧可以帮助我们做出明智的决策,避免盲目行动带来的不良后果,从而确保我们的生活轨迹朝着幸福的方向前进。智慧还体现在对情绪的有效管理上。它教会我们如何识别、理解和调节自己的情绪,以及如何在面对压力和挑战时保持冷静和理智。这种情绪管理能力是幸福生活的重要基石,因为它有助于我们建立稳定的人际关系,减少冲突和矛盾。智慧促使我们不断学习、反思和成长,鼓励我们探索未知领域,挑战自我极限,从而不断拓宽视野、提升能力。这种持续成长的过程不仅让我们在物质上更加富足,更重要的是在精神上获得满足和幸福。

---

① 肖海明.妈祖图像研究[M].北京:文物出版社,2017:125.

　　勇气是我们在面对困难和挑战时不可或缺的品质。它赋予我们力量去克服恐惧、迎接挑战，即使前路未知或充满荆棘，我们也能勇往直前。这种勇气不仅让我们在逆境中坚韧不拔，更让我们在成功后收获更多的成就感和幸福感。勇气还激励我们去追求自己的梦想和目标。它让我们敢于设定远大的目标，并为之付出努力和汗水。即使过程中遭遇失败和挫折，我们也能凭借勇气重新站起来，继续前行。这种对梦想的执着追求不仅让我们在追求的过程中不断成长和进步，更让我们在实现梦想时感受到无比的幸福和满足。此外，勇气还体现在对责任的承担上。它让我们敢于面对自己的错误和过失，勇于承担由此带来的后果和责任。这种责任感不仅让我们在人际关系中赢得他人的尊重和信任，更让我们在内心深处建立起一种自我认同和自豪感。这种自我认同和自豪感是幸福生活的重要源泉之一。

三、妈祖救亲

　　在某年的秋季，九月的一天，妈祖的父亲与兄长一同乘船出海。不久之后天色突变，大海上刮起了猛烈的飓风，巨浪翻滚。妈祖正在家里忙于织布，突然她停止织布，紧闭双眼，面色也发生了变化。她的双手紧紧抓住梭子，双脚踩在机轴上，给人的感觉就像在害怕什么。看到这样的妈祖，母亲感到非常惊讶，于是赶紧叫醒了她。妈祖手中的梭子应声而落，她流着泪向母亲说："阿爸被成功救出，毫发无伤，但不幸的是，哥哥坠入大海，失去了生命。"没过多久，外界传来了消息，确实与妈祖的描述相符。原来，在妈祖闭上眼睛的瞬间，她的元神离体前去救援，用脚成功稳定了她父亲所驾驶的船只，手中握住的是兄长的船舵。

正织机神游沧海[①]

妈祖救亲中体现了"孝顺是福"的"福"文化内涵。孝顺是家庭和谐与幸福的基石。在中国传统文化中，家庭被视为社会的基本单位，而孝顺则是维系家庭和睦、促进代际和谐的重要纽带。孝顺的行为能够增进家庭成员之间的情感联系，营造温馨和谐的家庭氛围。孝顺还承载着传承家族文化的重任。通过孝顺父母、尊敬长辈，年青一代能够学习到家族的传统美德和价值观，从而将这些宝贵的文化遗产代代相传。一个孝顺的人，通常具有高度的责任感和道德感，能够自觉地履行对家庭和社会的责任。孝顺的行为能够彰显一个人的善良、正直和无私品质。孝顺还有助于提升个人的修养和境界。通过孝顺父母、关爱家人，一个人能够培养出更加宽广的胸怀和更加深邃的思想，从而更加从容地面对生活中的各种挑战和困难。孝顺被视为福德之基。在中国传统文化中，人们相信孝顺能够带来好运和福报。一个孝顺的人，通常会得到家人和社会的认可和尊重，从而在生活中获得更多的机遇和幸福。妈祖救亲中体现出的孝顺，还能为父母带来心灵上的慰藉和满足。对于年迈

---

① 吕伟涛.《天后圣母事迹图志》中的妈祖形象[J].中国国家博物馆馆刊，2020(11)：147–160.

的父母来说，子女的孝顺是他们晚年生活中最大的安慰和幸福。通过孝顺父母，子女能够回报父母的养育之恩，同时也能够让自己感受到内心的平静和满足[1]。

四、妈祖挂席

有一次，妈祖计划出海，但不巧的是，这艘小木船上并没有船帆和船桨。由于风浪过大，船夫不敢解开缆绳启航。妈祖安抚船夫，并告诉他："不用担心，草席可以作为船帆来使用。"船夫把草席悬挂在桅杆的最高点，猛烈的风吹起了草席，小船飞速前进，仿佛一只在白浪和白云之间自由飞翔的海鸥。那个草席虽然沾水，但并未变湿。妈祖在船上非常熟练地操控船只，只看到碧海深处，一只帆船在海上灵活地旋转，冲破波浪前行。站在岸边的人都为这次"挂席飞渡"所震撼。

遇风涛乘槎挂席[2]

① 殷伟，程建强.图说福文化[M].北京：清华大学出版社，2012：134.

② 吕伟涛.《天后圣母事迹图志》中的妈祖形象[J].中国国家博物馆馆刊，2020（11）：147–160.

在妈祖挂席这一传说中，体现出了"福"文化中的"救世情怀"。这其中蕴含着深厚的道德底蕴与人文关怀，它不仅是个人品德的体现，更是社会和谐与进步的强大动力。救世情怀，源于对世间疾苦的深切同情与对美好生活的热切向往。在"福"文化的视角下，这种情怀被赋予了更加丰富的内涵。它不仅仅是对个体命运的关怀，更是对整个社会乃至全人类福祉的深切忧虑与积极行动[1]。因此，妈祖挂席中的"福"文化，是一种超越个人利益的崇高追求。它倡导人们以更加宽广的胸怀和更加深远的眼光去看待世界，以智慧和勇气去创造更加美好的未来[2]。在这个过程中，每个人都在为社会的和谐与进步贡献着自己的力量，共同编织着属于全人类的幸福画卷。

五、妈祖祈雨

在妈祖二十一岁那一年，莆田遭遇了严重的干旱，导致当地百姓生活极度困苦。整个县的老人和村民都一致认为："除非是妈祖，否则没有人能够消除这场灾难。"于是，妈祖登上了湄峰，并在祭坛上焚香以祈求降雨，她还预言："壬子日申刻将会降雨。"果然不久之后，天空乌云密布，雨水倾盆而下。当秋季来临时，农民们收获颇丰。各个村落和社团都纷纷组织了向妈祖致敬的活动，人们纷纷为妈祖的贡献而欢呼。

在妈祖祈雨传说中体现出了"慈悲是福"这一"福"文化内涵。慈悲是福的文化内涵，深植于中华文化的沃土之中，它不仅是个人修养的至高境界，也是社会和谐与进步的基石。慈悲之心，源于对生命万物的深切同情与尊重[3]。它教导我们以温柔的目光看待世间万物，无论是亲人、朋友，还是陌生人，甚至是那些看似弱小或无助的生命，都值得我们以慈悲为怀。慈悲不仅体现在对他人的关爱与帮助上，更在于无条件的接纳与理解，让每一个生

---

① 陈亮贤，刘思锶，郑静.福建"福"文化特色与创新性发展探索[J].江西电力职业技术学院学报，2023，36(12)：163-165.

② 林阆希，于玉艳.让"福"文化更好造福于民[J].政协天地，2023(10)：5-7.

③ 宋云，康杰."福"文化：表现形式、时代内涵和现实意义[J].湖南省社会主义学院学报，2023，24(2)：76-78.

命都能感受到温暖与光明。慈悲之行,则是将这份内心的情感转化为实际行动。它鼓励我们在日常生活中,积极行善积德,帮助那些需要帮助的人。无论是物质上的援助,还是精神上的慰藉,都是慈悲之行的具体体现。通过这些善举,我们不仅能够缓解他人的痛苦与困境,更能在自己的心中种下善的种子,收获内心的平静与喜悦。慈悲之福,则在于它所带来的深远影响。一个充满慈悲的社会,必然是一个和谐、稳定、繁荣的社会。因为慈悲能够化解矛盾与冲突,增进人与人之间的理解与信任;慈悲能够激发人们的善念与善行,形成积极向上的社会风气;慈悲更能够引导人们追求更高尚的精神境界,实现自我超越与升华。因此,慈悲是福的文化内涵,它教导我们要以慈悲为怀,以善为本,用我们的爱心与行动去温暖这个世界[①]。只有这样,我们才能真正感受到生命的价值与意义,享受到真正的幸福与安宁。

六、妈祖降怪

古时候,东南地区传说中存在两个神秘的妖怪,其中一个叫作"聪",擅长倾听,因此有"顺风耳"这一外号;一个叫"明",擅长分析人的心理和行为,绰号"千里眼"。它们两个都是聪明、机灵又狡猾的妖怪。它们行踪不定,时常给当地百姓带来麻烦。村里的百姓不堪忍受,向妈祖恳求对它们进行惩罚。于是,妈祖施展了她的神咒,只见森林中不断震动,沙石飞扬,两妖怪无处躲藏,只能跪下来,向妈祖表示愿意皈依正道[②]。诸如此类降妖伏怪实例很多。

---

① 刘中玉.民俗文化学视野下妈祖文化的近代化转型[J].中国社会科学院大学学报,2023,43(4):115-128,167.

② 于国庆.天后圣母神迹录——妈祖传奇故事[M].北京:宗教文化出版社:2011:29.

高里鬼具体现形①

妈祖降怪传说中体现出了"福"文化中惩恶扬善的正义精神、慈悲为怀的博爱情怀、和谐共生的生态理念等。首先,妈祖在降伏妖怪的过程中,始终站在正义的一方,对抗邪恶势力,保护百姓免受其害。这种惩恶扬善的行为,体现了中华民族对于正义的追求和坚守,认为正义是维护社会和谐与福祉的重要保障。其次,妈祖在降伏妖怪时,往往采用宽容与感化的方式,使妖怪心悦诚服地改邪归正,而非简单地赶尽杀绝。这种慈悲为怀的博爱情怀,体现了中华民族对于生命的尊重和珍视,以及对于和谐共处的向往。妈祖的这种精神,不仅是对个人品德的升华,也是对社会和谐与福祉的积极贡献。最后,妈祖在降伏妖怪的过程中,也体现了人与自然和谐共生的生态理念。她并不采取大动干戈的方式与人自然对抗,而是凭借智慧和勇气化解危机、保护生态。这种理念与当前全球倡导的可持续发展和生态文明建设相契合,对推动人与自然和谐共生、实现可持续发展具有重要意义②。

---

① 吕伟涛.《天后圣母事迹图志》中的妈祖形象[J].中国国家博物馆馆刊,2020(11):147–160.

② 王鑫倪.新时代幸福文化的思考[J].秦智,2023(6):46–48.

七、妈祖驱疫

某一年，由于瘟疫的肆虐，福建莆田县的县官和他的家人都感染了严重的疫病。当时，县官非常着急，就派人到湄洲岛去请神仙治病。一名小吏向县官透露，居住在湄洲屿的妈祖拥有强大的法力，有能力使死者复生，还能消除灾难。县官听说后，便派人前去看望妈祖，并在斋戒结束后亲自上门寻求援助。妈祖考虑到他平时为官还算宽容仁慈，于是代表他向天神寻求宽恕，并给予他九节菖蒲，绘制了相应的符咒，让他将符咒粘贴在病人的住所门楣之上。县官返回家里，将菖蒲煎熬后给家人饮用，家人很快恢复了健康。从那时起，妈祖的名声渐渐传遍了天下。

在妈祖驱疫传说中体现了"福"文化中尊重生命的人文关怀。"福"文化中尊重生命的人文关怀，是中华民族传统文化中最为核心且深邃的价值理念之一。它不仅仅体现在对个体生命的珍视与保护上，更蕴含了一种对生命本质的深刻理解和尊重。在"福"文化的语境下，生命被视为宇宙间最宝贵的存在，它承载着无尽的希望与可能。因此，尊重生命成为衡量一个人、一个社会乃至一个民族文明程度的重要标志[①]。这种尊重不仅体现在物质层面，即提供安全的生活环境，保障基本的生存需求；更体现于精神层面的关怀与呵护，即关注人的内心世界，尊重人的尊严与价值。

在"福"文化的传承与发展中，无数先贤以他们的言行诠释着尊重生命的人文关怀。他们倡导"仁爱""慈悲"等美德，鼓励人们以宽广的胸怀去包容、理解每一个生命体；他们强调"天人合一"的宇宙观，提醒人们要顺应自然规律，与万物和谐共生；他们倡导"生命至上"的原则，在任何情况下都将人的生命安全和健康放在首位。随着时代的进步和社会的发展，尊重生命的人文关怀在"福"文化中的内涵也在不断丰富和拓展。它要求我们在追求物质文明的同时，更加注重精神文明的建设；在享受科技成果的同时，更加关注生态环境的保护；在应对各种挑战和危机时，更加坚定以人为本的信

---

① 卢翠琬，刘建萍.闽台福文化的多维呈现与多元开发[J].闽江学院学报，2022，43（6）：8-15.

念和立场[①]。总之,"福"文化中尊重生命的人文关怀是一种深植于中华民族血脉中的优良传统和美德,它激励着我们以更加积极的态度去关注生命、尊重生命、呵护生命,共同创造一个更加和谐、美好、幸福的世界。

八、妈祖飞升

宋太宗雍熙四年(987年),妈祖二十八岁,在九月初八那天,妈祖告诉家人:"我更喜爱宁静,不爱生活在俗世之中。明天是重阳节,我准备去登山游玩。"事实上,这是她和家人的告别。第二天一早,妈祖在焚香诵经后,便带领大家一起登山,直到攀登至湄峰的最高点。人们纷纷驻足观赏风景,也目睹了妈祖被吉祥的云彩和瑞气环绕,在蓝天和灿烂的阳光中自由飞翔。妈祖从湄峰的最高点慢慢地向上升,她在天空中徘徊,从高处俯瞰这个世界,身影时隐时现。不久之后,天空中的彩云遮住了山峰,她的身影便不再可见。

证仙班九日升天[②]

---

① 解码"福"文化赋能新发展[J].政协天地,2023(10):4.

② 吕伟涛.《天后圣母事迹图志》中的妈祖形象[J].中国国家博物馆馆刊,2020(11):147–160.

　　妈祖飞升传说体现了"福"文化中追求超越的奋斗精神以及福泽万民的造福理念。"福"文化中追求卓越的奋斗精神内涵丰富而深远，它体现了中华民族在追求幸福与发展的过程中，不断超越自我、勇于攀登高峰的精神风貌[1]。首先，追求卓越是"福"文化中对个人品德与能力的高标准要求。在"福"文化的熏陶下，人们不仅追求物质生活的富足，更重视精神世界的提升与自我价值的实现。这种追求促使人们不断学习新知识、掌握新技能，努力提升自我，以更好地适应社会的发展和时代的变迁。其次，追求卓越体现了"福"文化中自强不息、坚韧不拔的奋斗精神。在追求卓越的道路上，难免会遇到各种困难和挑战。然而，"福"文化鼓励人们要勇于面对困难、挑战自我，通过不懈的努力和奋斗，克服一切艰难险阻，最终实现自己的梦想和目标。这种自强不息、坚韧不拔的精神风貌，是"福"文化中追求卓越的重要体现[2]。此外，追求卓越还强调了"福"文化中勇于创新、敢于突破的传统美德。在快速变化的时代背景下，只有不断创新、敢于突破传统束缚，才能在激烈的竞争中立于不败之地。"福"文化鼓励人们要敢于尝试新事物、勇于探索未知领域，以创新的思维和行动推动社会的进步和发展。

　　"福"文化中福泽万民的造福理念，同样是中华优秀传统文化的精髓之一。这一理念强调通过个人的修行与努力，将福祉广泛施予民众，使天下苍生都能享受到幸福与安宁，实现社会的和谐与繁荣。首先，福泽万民体现了中华民族深厚的仁爱精神。在"福"文化的熏陶下，人们不仅关注自身的福祉，更将目光投向社会大众，希望通过自己的努力和付出，为更多的人带来幸福和福祉。其次，这一理念也反映了中华民族对社会和谐与繁荣的不懈追求。在"福"文化的视角下，社会的和谐与繁荣是实现福泽万民的重要前提。只有当社会充满和谐与稳定，人们才能安居乐业，享受到真正的幸福与安宁[3]。最后，福泽万民还强调了责任与担当的重要性。每个人在追求个人福

---

　　① 李虹.幸福是自己创造的[M].北京：中国纺织出版社，2021：39.

　　② 陈星韵，张兆文."福"文化：新时代文明的价值意蕴与传承弘扬[J].福建医科大学学报（社会科学版），2023，24（3）：1-4.

　　③ 中共福建省委宣传部.让中华福文化绽放璀璨的时代光芒[M].福州：福建人民出版社，2022：94.

祉的同时，也应当承担起对社会和民众的责任。通过积极参与社会公益事业、关注弱势群体等方式，为社会的和谐与繁荣贡献自己的力量。

第二节　显应故事中的"福"文化

妈祖显应故事中的"福"文化，主要体现在妈祖信仰所蕴含的祈福、赐福、保平安等文化意蕴中，这些与"福"文化的核心理念紧密相连。在妈祖显应故事中，信众们常常通过向妈祖祈福来寻求帮助和庇护。例如，在商船无法启航时，商人三宝通过向妈祖祈祷，最终顺利启航。这种祈福行为本身就是对"福"的一种追求和期待。妈祖也常常显灵赐福，如赐福救民的传说故事中，妈祖请求上天原谅并赐福于受灾的百姓，最终使雨停天晴，夏禾生长，秋收谷熟。这种赐福行为体现了妈祖对人民幸福生活的关怀和保佑。

一、妈祖启航

有一天，一个名为三宝的商人满载着一批罕见的货物准备运往其他国家。他来到湄洲岛附近的海边时，见海面风平浪静，便将船停泊在湄洲，但当他准备启航时，船锚就像被粘住了一样，无法拉动。三宝急忙去找船长，想知道究竟发生了什么事情。船工跳入水中进行检查，突然发现一个水怪静静地坐在船锚上面，他立刻浮到水面，向三宝说了这一情况。三宝被吓得立刻上岸，急切地向当地居民询问："在这里，哪种神明最为灵验？"有人告诉他，这座山上的妈祖具有极高的显应能力。于是，三宝来到山上的祠庙进行朝拜和祈祷。回去后发现船果然可以启航了。三宝在祠庙前的石缝中插上了一束香，并许下了这样的愿望："神明有灵，这香就是最好的证明，请您显灵保佑水道平安。"三宝把香插好后，就开始航行，每当船只面临风浪的威胁时，他就会点燃香，向天空祈祷，每一次祈祷后都得到了保佑。

在这则妈祖显应故事中，体现出了"平安是福"的"福"文化内涵。"平安是福",这简短的四个字,蕴含了深邃而广泛的人生哲理,是中国传统文化中对于幸福生活最朴素也是最深切的期盼。平安,首先指的是身体无恙,远离疾病与伤痛。在快节奏的现代生活中,人们往往容易忽视健康的重要性,而"平安是福"则时刻提醒我们,健康才是人生最宝贵的财富。拥有一个健康的体魄,才能去享受生活的美好,追求个人的梦想与幸福。同时,平安也代表着心灵的安宁与平静。在这个纷扰复杂的世界里,人们时常会面临各种压力与挑战,内心的宁静显得尤为珍贵。只有心灵得到真正的安宁,我们才能以平和的心态去面对生活中的种种不如意,保持积极向上的生活态度。此外,"平安是福"还蕴含着对家庭和谐、社会稳定的深切期望。家庭是社会的细胞,家庭和睦是社会和谐的基础。一个平安的家庭,能够给予人们最坚实的依靠,是最温暖的港湾。而社会的稳定与和谐,则是每个人幸福生活的重要保障。只有当社会处于平稳有序的状态时,人们才能安心工作、学习、生活,享受社会发展的成果。①因此,"平安是福"不仅是一种个人层面的幸福追求,更是一种社会层面的共同期盼。它提醒我们要珍惜健康,保持心灵的平静与安宁,同时也要努力维护家庭的和谐与社会的稳定。只有这样,我们才能真正感受到"平安"所带来的幸福与满足。

二、妈祖显圣

宋哲宗元祐元年（1086年）,莆田沿海的东侧有一个名为高墩的地方,那里经常在夜晚出现灵光。当地居民都知道这道"灵光"来自海上,但并没有人在意它。渔夫却误以为存在某种罕见的珍宝,于是走到近处去仔细观察——原来那是一根漂浮在水面上的枯木散发出的光芒。于是渔夫把它打捞上来,并带回家里进行了安置。到了第二天的早上,渔夫发现那根枯木已经重新回到了它原来的位置。无论他再尝试几次,枯木依旧会重新回到海中。有一天晚上,神女在梦中告诉高墩的渔夫:"我是湄洲的神女,这枯木是我神力的证明,大家尊敬、祭祀我,我就会给你们带来福运,保佑你们衣食无

---

① 马小颖.福临中华:传统福文化试析[J].东方收藏,2021(13):109-110.

忧。"村里的长辈和乡亲们对此感到非常震惊，于是他们动员了所有人进行捐款，以此为基础建立庙宇，并雕刻神像进行供奉，庙宇因此被命名为"圣墩"①。不久，许多人前来求神保佑。那些进行祈祷的人，他们的祈求总是得到回应，许愿非常灵验。

明前迹复现神槎②

"衣食无忧"作为"福"文化的重要内涵之一，承载着深厚的文化意蕴和人们对美好生活的向往。这一理念不仅体现了物质层面的满足，更蕴含了精神层面的追求和人生价值的体现。首先，从物质层面来看，"衣食无忧"意味着人们的基本生活需求得到了保障。在古代社会，这主要指的是贵族和富裕阶层能够拥有足够的衣食来维持生计，不必为温饱问题而担忧。随着社会的发展和进步，这一标准逐渐普及到更广泛的人群中，成为现代社会普遍追求的生活状态。它要求人们拥有稳定的收入来源和充足的物质资源，以应对日常生活的各种需求，确保生活质量的稳定和提高。然而，"衣食无忧"的文化内涵远不止于此，它更是一种精神层面的追求和人生价值的体现。在物质得

① 蒋维锬.湄洲妈祖志[M].北京：方志出版社，2011：72.
② 吕伟涛.《天后圣母事迹图志》中的妈祖形象[J].中国国家博物馆馆刊，2020（11）：147–160.

到满足的基础上，人们开始追求更高层次的精神满足和幸福感受。这种幸福不仅仅来源于物质的丰富和享受，更来源于内心的平和与满足、家庭的和谐与幸福、社会的稳定与繁荣等多个方面。因此，"衣食无忧"成为人们追求幸福生活的重要目标和动力源泉。

此外，"衣食无忧"还体现了中华民族勤劳智慧、自强不息的民族精神。在追求"衣食无忧"的过程中，人们需要付出辛勤的劳动和不懈的努力，通过自身的奋斗和创造来实现生活水平的提高，过上幸福美好的生活。这种精神不仅激励着一代又一代中国人不断前行、努力奋斗，也为中国社会的繁荣和发展注入了强大的动力和活力。"衣食无忧"作为"福"文化的重要内涵之一，不仅体现了物质层面的满足和保障，更蕴含了精神层面的追求和人生价值的体现。它激励着人们不断努力奋斗、追求幸福生活，也为中国社会的繁荣和发展贡献着重要的力量[①]。

三、妈祖济民

宋理宗宝祐元年（1253年），兴化和泉州这两个地方遭遇了严重的干旱，导致粮食价格飙升，使得当地百姓饱受饥饿之苦。因此，无论男女老少，他们都会在妈祖祠庙里虔诚地磕头和祈祷。在夜晚的梦中，妈祖安慰他们说："你们不必担心，载米的船只很快就会到达。"那时，广东等地的商人们满载着大米，计划在浙江地区进行销售。他们听说湄洲府是福建东南沿海最大的贸易港口，便立即派人去拜访妈祖。在一个偶然的夜晚，这群商人在梦境中得到了妈祖的建议："兴化和泉州的百姓正饱受饥饿之苦，而米的价格也很高，赶紧去那里贩卖粮食便可以获得很高的利润。"听到妈祖的这些建议后，商人们非常高兴，他们相信神明的预言一定能带来成倍的收益，因此他们决定将米运送到兴化和泉州。第二天早上，他们发现兴化、泉州地区的米已经涨价了许多。来自南方的载米船舶陆续抵达，它们紧密地聚集在一处，使得兴化和泉州的百姓的饥荒问题得到了缓解，米的价格也逐渐稳定下来。皇帝在得

---

① 李艳.福文化：是传承，更是创造[N].福建日报，2021-12-01（6）.

知这一情况后，颁布诏令，赐予妈祖封号"灵惠助顺嘉应英烈协正妃"。

感灵佑奉诏加封[①]

在这个显应故事中，商人得到了丰厚的利润，十分感恩妈祖。这与"福"文化中的"富贵是福"有着深厚的联系。"富贵是福"这一观念在中国传统文化中占据着举足轻重的地位，其文化内涵丰富而深远，不仅体现了人们对物质生活的追求，更蕴含了人们对精神世界的丰富与升华的追求。首先，从物质层面来看，"富贵"直接关联着经济繁荣和物质充裕。在古代社会，拥有大量的财富和显赫的地位被视为人生成功的标志，也是人们普遍追求的生活目标。这种追求不仅体现在对金银财宝、豪宅美眷的向往上，更在于通过财富的积累来提升自己的生活质量，享受更加舒适、安逸的生活。在现代社会，虽然物质追求的方式和表现形式发生了变化，但"富贵"作为衡量生活质量的标准之一，仍有其重要性。

在精神层面上，"富贵"还代表着尊荣、地位和声望的提升。拥有财富和

---

① 吕伟涛.《天后圣母事迹图志》中的妈祖形象[J].中国国家博物馆馆刊，2020（11）：147-160.

地位的人往往能够获得更多的社会认可和尊重，这种尊重不仅来源于外界的评价和赞誉，更源于内心的自信和满足①。同时，"富贵"也象征着一种生活态度和人生境界的提升，即追求更高层次的精神追求和人生价值的实现。"富贵是福"还蕴含着一种积极向上、奋发有为的人生态度。它鼓励人们通过自身的努力和奋斗来创造财富、提升地位，实现个人价值和社会价值的统一。在这个过程中，人们不仅能够享受到物质生活的丰富和舒适，更能够在精神层面上获得成就感和满足感。因此，"富贵是福"的文化内涵既包含了物质层面的追求和满足，又蕴含了精神层面的丰富与升华。它鼓励人们积极向上、奋发有为地追求个人价值和社会价值的实现，同时也提醒人们要珍惜眼前的生活和幸福。

四、妈祖助漕

元文宗天历元年（1328年），负责运输皇粮的海道漕运万户府分司（元代设立的海运官署）船队驶向大海。然而，他们遭遇了猛烈的风暴和巨浪，七天七夜都没有停歇。船上的乘客已经筋疲力尽，粮食运输船也差点翻覆。船上的人们悲痛地持续呼喊，向妈祖祈祷。当太阳即将沉入地平线时，突然有一束光从天空缓慢降下，照射在船上，宛如白天。人们觉得是妈祖来了，纷纷从船舱里出来迎接她，但只模糊地看到妈祖的影子。过了不久，巨浪逐渐平息，空气中弥漫着一股浓烈香气。此后，粮食运输船在海上的交通便毫无阻碍，直达天津直沽港。中书省上报了这一情况，皇帝随即下令派遣翰林国史院学士普颜实理，带着皇帝赐予的香火和珍贵的丝绸，沿着驿路赶往妈祖宫庙进行祭祀和表示感谢。第二年，漕运再一次得到了妈祖的保护，漕粮完好无损，因此皇帝特地封她为"护国庇民广济福惠明著天妃"；次年，朝廷下令将每年两次的朝会都安排在湄洲湾举办，派遣官员到湄洲，准备了各式各样的礼物，专门进行一场特殊的祭祀活动。还到淮浙闽海等地区，参与对18座妈祖庙宇的祭拜。这就是福建历史上规模最大的一次妈祖信仰活动。至顺

---

① 蒋维锬.湄洲妈祖志[J].北京：方志出版社，2011：82.

元年（1330年），从江苏太仓县刘家港启航的780艘运粮船突遭猛烈的大风袭击，海浪震天，桅杆在风中摇摆，数以千计的船工在风浪的中心区域惊恐而立、悲叹呼号，大小官员纷纷向妈祖祈祷。这时，突然在乌云中出现了一束明亮的光，一位仙女从天空飘然落下，坚定地站在船的前方；紧接着，桅杆的顶部被一道明亮的火焰照亮，那彩虹般明亮的光线使得海面瞬间变得宁静。曾经四散的船舶集结起来，整理帆和桨，解开缆绳准备启航，突然空中传来一个温柔的声音："船队应立即驶向东南方向的一个孤岛，暂时停靠。"众人听见神秘的指示后迅速掉转方向，并将船按照指示停泊至孤岛旁。当他们放下锚下船时，看到海面再次遭遇猛烈的风暴，暴雨如注，如先前一模一样。船工们庆幸地说："如果没有神明的指引，我们可能已经死在了大鱼的肚子里！"到了第二天，随着天空放晴，运粮船队顺利前往天津直沽港卸下粮食。中书省再次将妈祖的庇护功绩上报给朝廷，皇帝随后下令赠送"灵慈"匾额。

由此我们可以看出，妈祖显应故事中的"福"文化包含着"厚德载福"这一传统文化内涵，意指道德高尚的人能够多受福泽。其中"厚德"指的是深厚的道德品质和德行，"载"意为承载或充满，"福"则指的是福气、幸福。因此，"厚德载福"可以理解为道德高尚的人因为他们的善行和正直品性，会得到更多的福气和幸福。在这个故事中也反映了中国古代哲学中"善恶有报"的观念，即人们的行为会决定他们的命运和福报。如果一个人具有高尚的道德品质，以慈悲和仁义为基础来行事，那么他就会得到更多的福气和幸福。相反，如果一个人缺乏道德，行为不端，那么他可能会面临不幸和灾难。同时，也启示我们要注重个人道德修养和品德建设。在日常生活中我们应该以正直忠诚的道德准则作为人生的根基，不断提升自己的道德品质和德行。只有这样，我们才能够得到更多的福气、幸福，也才能够赢得他人的尊重和社会的认可。

波涛中默佑漕舸[①]

五、妈祖平战

在郑成功东征并重新夺回台湾之前，他特地从湄洲祖庙请来了妈祖的神像，并将其放置在舰船之中。在清顺治十八年（1661年）的三月初一，郑成功在金门进行了盛大的祭海誓师活动，并选定了妈祖的诞辰农历三月二十三日作为他的启程日期。在对妈祖进行祭祀后，他亲自带领着25000名士兵和数百艘大小不一的战船，从金门料罗湾启程。在四月初一的黎明时分，东征的舰队到达鹿耳门港的外围。荷兰人误以为郑军因鹿耳门的水域水浅道窄不敢上岸，因此没有设置足够的防备措施。郑军也确实在沙滩上发现一条长不过两米的淤泥通道，便向附近海域进发，准备强行突破荷兰军队封锁鹿耳门岛的防线。但到了中午，海潮突然暴涨超过一丈，并随风而来。郑军的士兵们意识到这是妈祖的神奇援助，因此在向导的带领下，他们意外地穿越了泥沙堆积的鹿耳门航道，成功登陆，英勇地与敌人进行战斗，赢得了首次战斗的胜利[②]。

① 吕伟涛.《天后圣母事迹图志》中的妈祖形象[J].中国国家博物馆馆刊，2020（11）：147–160.

② 林庆昌.妈祖真迹[M].广州：中山大学出版社，2010：51.

妈祖平战传奇故事中体现了"和平是福"的"福"文化内涵，它不仅是古人对美好生活的向往，也是现代社会追求稳定与繁荣的重要基石。"和平是福"的观念源远流长，它源自古代人们对战争频发、自然灾害不断的深刻反思。在古代社会，战乱与灾荒往往给人民带来深重的苦难，使得人们渴望和平安定的生活环境。因此，"平安是福"逐渐成为人们对生活状态的一种普遍认知和追求。和平为社会发展提供了稳定的环境，使得人们能够安心从事生产劳动，积累财富，改善生活条件。在和平时期，经济得以繁荣，文化得以昌盛，人民的生活水平不断提高。这种物质层面的保障，是"和平是福"最直接、最显著的体现。和平不仅意味着物质生活的丰富，更代表着精神世界的安宁与和谐。在和平的环境中，人们能够享受到家庭和睦、邻里友善、社会和谐的氛围，这种精神上的满足感和幸福感是任何物质财富都无法替代的。同时，和平还为人们提供了追求知识、艺术、科学等精神文化活动的机会和空间，使得人们的精神世界得到不断的丰富和提升。

当前，"和平是福"的观念在国际关系中同样具有重要意义。国家之间的和平共处、互利合作是实现共同繁荣与发展的前提和基础。只有通过和平的方式解决国际争端和冲突，才能维护世界的和平与稳定，为各国人民创造更加美好的未来[1]。因此，"和平是福"的文化内涵体现在多个方面。它既是人们对稳定生活环境的渴望和追求，也是社会发展、经济繁荣、文化昌盛的重要前提；它既是个人精神世界的安宁与和谐，也是国际关系和谐共处、互利共赢的基石。因此，我们应该珍惜和平、维护和平、推动和平事业的发展，为实现人类的共同福祉而不懈努力。

第三节　民间传说中的"福"文化

在辽阔的东南沿海地区，流传着无数关于妈祖显灵的传奇故事。这些故

---

① 殷伟.福：中国传统的福文化[M].福州：福建人民出版社，2022：69.

事不仅仅是人们对妈祖信仰的虔诚表达,更是中华民族坚韧不拔、勇于抗争、祈求平安与和谐精神的生动体现[1]。以下是经典的妈祖民间传说,希望能让大家感受到"福"文化跨越时空的温暖与力量。

一、妈祖预知海难

在明朝嘉靖年间,福建泉州府有一个小渔村,这个渔村依山傍海,村民们世代以捕鱼为生,生活虽不富裕,却也和谐安宁。然而,有一年,海上的风暴异常频繁,许多渔船出海后都未能平安归来,渔民们的生命和财产遭受了巨大损失。一时间,渔村笼罩在一片愁云惨雾之中。就在这危难之际,渔村中一位年迈的渔民李老汉,在一天傍晚时分,做了一个奇怪的梦。梦中,他见到了一位身着白衣、手持灯笼的女子,面容慈祥而庄严。那女子告诉他,自己是海神妈祖,感应到渔村的苦难,特来告知村民们即将有一场前所未有的大海难,但只要大家诚心祈求,她定会显灵相助。李老汉醒来后,将梦境告诉了家人和邻居。起初,大家都半信半疑,但随着消息在渔村中传开,越来越多的人开始相信这是妈祖的启示。于是,村民们纷纷前往村中的妈祖庙,点上香烛,虔诚地祈求妈祖的保佑。几天后,果然如妈祖所预示的那样,一场前所未有的大海难来临了。天空乌云密布,海浪汹涌澎湃,仿佛要将整个渔村吞噬。渔民们望着海面,心中充满了恐惧与绝望。然而,就在这时,奇迹发生了,只见海面上突然亮起了一道耀眼的光芒,那光芒由远及近,渐渐形成了一位女子的身影,她身穿白衣,手持灯笼,正是李老汉梦中见到的妈祖。妈祖站在海浪之上,目光温柔而坚定,仿佛能洞察每一个渔民心中的恐惧与无助。妈祖轻轻一挥手中的灯笼,顿时,狂风骤停,海浪平息。原本肆虐的海面变得异常平静,仿佛被一股神秘的力量控制。渔民们惊讶之余,更多的是感激与敬畏。他们知道,这是妈祖显灵了,是他们心中的守护神在关键时刻拯救了他们。风暴过后,那些原本出海未归的渔船竟然奇迹般地一一返回了渔村。渔民们平安无事,船只也完好无损。他们纷纷涌向妈祖庙,跪

---

① 蒲慕州.追寻一己之福:中国古代的信仰世界[M].上海:上海古籍出版社,2024:91.

倒在地，向妈祖表达最深切的感激之情。从此以后，妈祖在渔村中的地位更加崇高，她不仅是渔民们心中的守护神，更是他们精神的支柱和力量的源泉。

在这一民间传说中，福祉是阐述的一个重点。福祉，这一概念最早出现在《诗经·小雅·六月》之中，意为幸福美满。它涵盖了人民生活水平、生活质量、健康状况、教育水平、就业机会等方面的综合指标，是衡量一个国家发展水平和社会进步的重要指标。渔民福祉的核心在于渔业资源的可持续利用和渔业收入的稳定增长。政府通过实施海洋伏季休渔制度、专项捕捞许可等措施，保护渔业资源，确保渔民的长期利益。同时，提供渔业技术培训、市场推广等支持，帮助渔民提高捕捞效率和产品质量，增加渔业收入。在社会方面，渔民福祉体现在渔民的社会地位、权益保障和生活环境上。政府和社会各界应关注渔民的生活状况，加强渔民权益保护，打击非法捕捞和侵犯渔民权益的行为。此外，还应改善渔村基础设施，提升渔民的生活质量和幸福感。在文化方面，渔民福祉还涉及渔民的文化传承和身份认同。渔业文化作为传统文化的重要组成部分，应得到保护和传承。可以采取举办渔业文化活动、建设渔业文化设施等方式，增强渔民的文化自信和身份认同感。

二、妈祖怜惜孝子

在清朝道光年间，福建泉州南安地区有一位姓萧的孝顺孩子生活贫困，他的父亲独自前往台湾谋求生计，但几年后便音信全无。萧孝子那时还很小，出于对家人的深切思念，他与母亲一同渡海前往台湾寻找他的父亲。在那个时期，清朝政府在笨港（原先的笨南港现在属于嘉义新港乡，而笨北港现在是云林北港镇的一部分）部署了水陆信息兵，以阻止非法渡海。母子二人别无选择，只能在外海的沙汀地区下船，然后涉水上岸。但是，由于急流的冲击，母子俩失散了。萧孝子幸运地为一名渔夫所救。萧孝子原本打算去寻找他的父亲，但现在连他的母亲也失去了联系，这让他感到极度的悲伤。某日，萧孝子与渔夫一同前往笨港寻找他的父母。他得知北港妈祖庙中的圣母具有灵验能力，于是进宫献香并跪拜，他虔诚地祈祷说："如果圣母能够保佑我找到父母，铁钉就能穿透石头。"祈祷结束后，他立刻拿起一根铁钉，将其钉在殿堂前非常坚硬的石阶上。令人意外的是，那根钉子不仅没有发生弯曲，反倒是轻松地被钉进了坚硬的青石里。大家都对这件事感到非常惊奇，并称那根铁钉为"孝子钉"[①]。当地的花生油行的老板得知萧孝子的事情后，特意雇佣他作为家中的用人，这样萧孝子就可以继续寻找亲人了。没过多久，麦寮（台湾地名）的一名商贩在店内买油的时候，提到了几个月前一艘小船救助了一名妇人。他听到这个消息后，立刻跟随那名商人前往麦寮进行询问，果不其然，正是他的母亲。萧孝子把他的母亲带回了北港。没过多久，彰化的一名商人来到北港妈祖庙献香，听闻有关"孝子钉"的传说后，出于好奇，决定去拜访萧家的母子二人。这名商人意外地发现，萧家的母子竟然是他的远亲，并且他还知晓萧父的居住地。因此，他与萧家母子一同前往台湾中部地区，最终三口之家团聚，喜悦之情溢满胸怀。在几人的共同努力下，过去的几年里"子思亲，亲思子"的心愿、期待家人团聚的愿望终于得以实现。有一首赞美"孝子钉"的诗篇如此描述："不逊寿昌尽孝思，寻亲万里历难危。参宫钉石征神佑，果赐团圆灵应奇。"这是对"孝感千载，忠魂万代"的生动写照。如果你现在前往北港朝天宫，你依然可以在观音佛祖殿前的石阶上看到"孝子钉"。众多的朝圣者在朝天宫参拜时，都会触摸"孝子钉"，以此来弘扬孝道，并表达他们对妈祖的深深敬意。

这个民间传说体现了"福"文化中的"团圆是福"的文化内涵。团圆是福的文化内涵，深深植根于中华民族的传统文化之中，它不仅是家庭和睦、亲情凝聚的象征，更是社会和谐、国家昌盛的重要体现。团圆首先意味着家庭成员的团聚、和睦相处。在中国传统文化中，家庭是最基本、最重要的社会单位，而团圆则是家庭和睦的最高体现。无论是春节、中秋节等传统节日，还是日常生活中的各种场合，人们都会尽力争取与家人团聚，共享天伦之乐。这种团聚不仅增进了家庭成员之间的感情，也强化了家庭作为社会基本单元的凝聚力。

团圆是亲情凝聚的纽带。在团圆的时刻，家人们放下平日的忙碌和纷争，共同分享欢乐和幸福。这种亲密无间的相处方式，让亲情得以升华和巩固。

---

① 尚昊，章利新.感受台湾妈祖信俗的文化基因[J].两岸关系，2023（6）：57-58.

对于远离家乡的游子来说，团圆更是一种心灵的慰藉和情感的寄托。他们渴望在团圆的时刻，与亲人共度美好时光，感受家的温暖和关爱。团圆还体现了社会的和谐与稳定。在团圆的节日里，人们不仅与家人团聚，还会与亲朋好友、邻里乡亲等社会各界人士共同庆祝。这种广泛的社交活动，促进了人与人之间的交流和沟通，增强了社会的凝聚力和向心力。同时，团圆也传递了一种积极向上的社会风气，让人们在欢乐和祥和的氛围中共同追求幸福和美好的生活。

对于台湾地区来说，其自古以来就是中国不可分割的一部分，在国际社会普遍认同"一中原则"作为交往基本准则的背景下，两岸关系和平发展、融合发展的趋势日益明显。两岸同胞在经贸、文化、教育等领域的交流合作不断深化，为台湾同胞在大陆学习、创业、就业、生活提供了更多机遇和便利。这些积极因素为台湾与大陆的团圆创造了有利条件[①]。

团圆作为中国传统文化中的重要元素之一，承载着丰富的文化内涵和历史传承。在传统节日中，人们通过团圆的方式表达对祖先的敬仰和怀念之情，同时也传承了中华民族优秀的传统文化和道德观念。这种文化传承不仅让后人铭记历史、珍惜现在，更为未来的社会发展提供了强大的精神动力和文化支撑[②]。因此，团圆是福的文化内涵体现在家庭和睦、亲情凝聚、社会和谐以及文化传承等多个方面。它不仅是中华民族传统文化的重要组成部分，也是现代社会追求幸福和美好生活的重要体现。

三、妈祖庇护民众

在近代史上，关于妈祖显灵的故事不胜枚举，这些故事不仅体现了妈祖信仰的深厚底蕴，也展现了妈祖作为海上保护神的神奇力量。在第二次世界大战期间，战争阴霾笼罩全球，生灵涂炭。然而，在战火纷飞的年代里，妈祖显灵救人的故事却如同一股清流，温暖了无数人的心灵。当时，台湾地区正处于被日本侵占和殖民统治时期，民众生活在动荡与不安之中。美军对日

① 丁宇.弘扬妈祖精神促进两岸融合发展[J].两岸关系，2024（7）：41-42.
② 张国栋，柯力.妈祖文化与当代社会[M].厦门：厦门大学出版社，2016：25.

军军营的空袭更是让民众生活在死亡的阴影下。在一次空袭中，屏东万丹街被投掷数枚重磅炸弹，给当地居民带来了前所未有的灾难和威胁。据当地民众口耳相传，在空袭发生时，一枚炸弹冲破重重壁垒，直冲万惠妈祖宫附近。然而，就在这千钧一发之际，妈祖显灵了。有乡民目睹，妈祖神像仿佛活了过来，用她那双慈爱的手将即将引爆的炸弹轻轻推开，使其远离了宫庙，从而避免了更大的伤亡。更令人惊奇的是，事后乡民们在祭拜妈祖时，发现神像脚上的布鞋竟有破损的痕迹，而雕刻于清道光年间的金身双手大拇指也断了一小节，食指也受了伤，这些迹象似乎都在无声地诉说着妈祖显灵护佑的壮举①。此事迅速在当地乃至整个台湾地区传开，妈祖的灵验与慈悲深深打动了人们的心。信众们纷纷捐资修缮庙宇，并将一枚未爆的炸弹铸成纪念碑，以纪念妈祖的显灵之恩。妈祖庙因此香火更加鼎盛，成为民众寻求心灵慰藉和精神寄托的重要场所。

妈祖庇护民众的民间传说中体现了"安宁是福"的"福"文化内涵。安宁是福的文化内涵，深植于中华民族对和谐生活的向往之中。它不仅仅指外在环境的平静无扰，更是心灵深处的一种平和与满足。在安宁之中，人们得以远离纷扰，享受生活的宁静与美好，心灵得到滋养与放松。安宁是家庭和睦、社会稳定的基石，它让人们在和谐的环境中追求幸福与梦想。同时，安宁也是个人修养与境界的体现，它要求人们保持内心的平和与淡泊，不为外界所动，达到心灵的真正自由与宁静。因此，安宁是福，它不仅是生活的理想状态，更是人们追求的精神家园②。

---

① 蔡国耀.开台妈祖：莆仙与台湾关系史[M].福州：海风出版社，2013：79.
② 刘璐.文化经济视角下的"福文化"[J].艺术科技，2015，28（7）：82.

第三章

闽台妈祖民俗中的"福"文化

闽台妈祖民俗中"福"文化的体现深刻而广泛。妈祖作为海上保护神，在对其的信仰中承载着渔民对平安、丰收和幸福的祈愿，这本身就是对"福"文化的生动诠释。在闽台地区，妈祖庙宇众多，信众通过定期祭拜、进香等方式，祈求妈祖保佑家人平安、事业顺利，这体现了人们对美好生活的向往和追求。闽台妈祖民俗中包含了丰富的节庆活动，如妈祖诞辰庆典、绕境进香等，这些活动不仅加深了信众对妈祖的信仰，也促进了社区间的和谐与团结，进一步弘扬了"福"文化的精神内涵。通过这些民俗活动，闽台人民共同传承和弘扬了妈祖信仰所蕴含的"福"文化，展现了中华民族对美好生活的共同追求和向往。

第一节 祭典仪式

闽台妈祖民俗中的祭典仪式，是传承妈祖文化、表达信众敬仰之情的重要方式。这一仪式通常在妈祖诞辰、升天日或重要节日举行，规模宏大，程序严谨。在闽台地区，妈祖祭典仪式不仅是一项信仰活动，更是一种文化传承与社区凝聚的象征。通过这一仪式，信众们能够共同缅怀妈祖的功德与恩泽，祈求妈祖的庇佑，同时也促进了闽台两地文化的交流与融合。

一、庙祭

湄洲祖庙的妈祖祭祀活动始于宋代，元代成为国家祀典，清代延续这一传统。清初因海禁政策被毁，康熙年间为稳定沿海，清政府重建祖庙并扩建福建地区的官方妈祖庙。湄洲祖庙的妈祖祭祀活动通常在湄洲祖庙广场或新殿天后广场进行，整个祭祀过程大约需要45分钟[①]。

（一）进行祭筵仪式

在湄洲祖庙新殿天后广场大牌坊前的平台上建有一个拜亭式的祭坛，在祭坛上放置祭筵。祭祀时由"圣驾"带领左右两侧官员及信众前往参加。在祭筵开始之前，主要的祭祀者和陪祭者都会进行拜位仪式。祭器选用了模仿古代的祭器以及莆田地区的传统民间祭器[②]。按照传统的礼仪，祭品被称为"少牢"祭，即将整只猪和整只羊的内脏去除，然后用木俎放置在供桌前的左右两侧。"三献"则分别用酒、水果和食物进行敬献。

（二）仪仗队伍与表演

仪仗队伍主要是古代宫廷的卤簿（也称为仪仗队）和莆田民间妈祖巡游（也称为巡安）中的仪仗和执事组成的。在祭典仪式上，由主管祭祀礼仪的官员主持。仪仗的顺序包括：清道旗、开道大锣、警跸牌、衔牌、升龙幡、长号角、金瓜、金钺、朝天镫、幡龙棍、月牙铲、方天戟、大刀、抓印、抓笔、日月牌、凸凹杖、封号旗、提灯、提炉、雉尾扇、九曲黄伞等[③]。其目的是祈求神灵保佑平安，驱邪迎祥，祈子纳福。

（三）进行祭祀仪式

无论祭典的规模如何，湄洲祖庙的妈祖祭典仪式流程顺序大致是一致的：一是击鼓和鸣炮。二是仪仗队和仪卫队就位，乐生、歌生和舞生就位。三是主持祭祀的人、陪祭的人以及与祭人一同就位。四是演奏《迎神》这首曲子，以此来迎接神明并献上香烛。五是念诵经文，完成诵经后，要进行三跪九叩的礼仪。六是朗读祝福之文，并献上帛文。七是演奏《海平之曲》，作为初次献礼。八是演奏《和平之曲》，作为亚献礼。九是演奏《咸平之曲》，并在活

---

① 陈祖芬.妈祖信俗非物质文化遗产档案研究[M].北京：世界图书出版公司，2015：86.

② 台晟.两岸一家亲祈福妈祖诞[J].台声，2024（10）：26-28.

③ 蔡相辉.台湾的妈祖信仰[M].台北：秀威资讯科技股份有限公司，2018：51.

动结束时献上礼物。十是演奏《送神》这首曲子，焚烧祝文和帛布，以表达对神明的敬意（音乐结束后，进行三跪九叩的礼仪）。最后礼成（负责护送妈祖神像并离场）。2006年，湄洲祖庙的妈祖祭祀活动被正式纳入首批国家级非物质文化遗产名录之中。最近几年，湄洲祖庙的祭典团受邀前往香港、澳门、台湾、广东陆丰和江苏昆山等地进行了示范演出，都产生了深远的影响。

（四）庙祭中的传承"福"

妈祖庙祭体现出了传承"福"这一"福"文化内涵，它不仅承载着人们对美好生活的祈愿，还蕴含着丰富的历史和文化内涵。庙祭中传承"福"主要体现在对传统文化的弘扬和传承上。在庙祭中，人们会穿着传统的服饰，唱着传统的歌谣，跳着传统的舞蹈。这些传统元素不仅丰富了庙祭活动的文化内涵，也让人们更加深入地了解和感受到了传统文化的魅力。我们党在文化传承方面做出了巨大的努力，旨在弘扬中华优秀传统文化，推动社会主义文化繁荣兴盛。党始终高度重视文化建设，将其视为国家发展和民族复兴的重要组成部分。近年来，党提出了一系列关于文化传承的新思想和新论断，为新时代文化建设提供了科学指引。党坚持把马克思主义基本原理同中国具体实际相结合、同中华优秀传统文化相结合，推动中华优秀传统文化创造性转化、创新性发展，为民族复兴立根铸魂。在文化传承的实践中，党采取了一系列切实有效的措施。例如，加强文化遗产保护，推动优秀传统文化融入教育、艺术、体育等各领域，开展丰富多彩的文化活动，让人民群众在参与中感受文化的魅力。同时，党还积极推动中华文化走向世界，加强国际文化交流合作，展示中华文化的独特魅力。在党的领导下，文化传承工作取得了显著成效。中华优秀传统文化得到了更好的传承和发展，社会主义先进文化更加繁荣兴盛，人民群众的文化素养和审美水平不断提高，文化自信显著增强。同时，中华文化在国际上的影响力和竞争力也得到了提升。

二、海祭

海祭作为一种祭祀仪式，其起源可以追溯至古代，是对海神或特定海洋神祇（如妈祖）进行崇拜和祈求保佑的一种形式。

（一）历史背景与信仰基础

在古代，由于航海技术的限制和海洋环境的不可预测性，人们往往将海洋视为神秘且充满力量的存在。因此，对海神的崇拜和祭祀活动应运而生，旨在祈求海神保佑航海安全、渔业丰收等。而妈祖是中国沿海地区广泛信仰的海神，被尊称为"和平女神"。她的事迹和信仰起源于宋代，并在后世得到不断的发展和传承。妈祖信仰的兴起为海祭仪式提供了重要的信仰基础。

（二）海祭的仪式环节

据史料记载，早期的海祭形式可能相对简单，主要以在海边摆放供品、向海神跪拜等方式进行。这些活动通常由渔民自发组织，以祈求海上出行平安和捕捞丰足。随着时间的推移，海祭逐渐受到官方重视。宋代朝廷开始褒奖妈祖的济世救民功德，并进行多次褒封。此后，对妈祖的春秋祭典成为港里天后（妈祖）祖祠的定规。元代时，元帝还特遣大臣至莆田进行御祭妈祖的活动。在历史的发展过程中，海祭仪式逐渐完善并形成了固定的流程和环节。这些环节包括祈福旗幡与日同升、海螺长号、诵祭文、奏祭乐、进舞佾、献鲜果、洒祭酒、敬鲜花、放海生等。这些活动不仅展示了民间信仰的虔诚和热情，也体现了对海洋文化的传承和弘扬。

（三）现代海祭的传承与发展

在现代社会，海祭作为重要的非物质文化遗产之一，得到了广泛的关注和保护。多地地方政府和文旅部门都在积极采取措施，如举办海祭文化节、恢复传统海祭仪式等，以传承和弘扬这一独特的海洋文化。随着时代的变迁和社会的发展，海祭活动也在不断创新和发展。例如：一些地方将海祭与旅游、文化等产业相结合，打造具有地方特色的文化旅游品牌；同时，也有一些地方通过数字化手段记录和展示海祭仪式的过程和内涵，以吸引更多人的关注和参与。

（四）海祭中的和谐"福"

海祭中的和谐"福"主要体现在党对于沿海城市促进文旅发展、促进人与自然和谐发展的相关措施等方面。首先，党积极推动沿海城市的文旅融合发展，以党建为引领，提升文旅事业的质量和内涵。通过制定和实施相关政策，鼓励和支持文化与旅游产业的深度融合，打造具有地方特色的文化旅游品牌，满足人民群众日益增长的精神文化需求。其次，党注重保护和发展沿海城市的海洋文化。海洋文化是沿海城市独特的文化瑰宝，党通过加强海洋文化遗产的保护和传承，推动海洋文化的创新发展，让人民群众在享受海洋美景的同时，也能深入了解和感受海洋文化的魅力。此外，党还关注沿海城市的基础设施建设，特别是与文旅相关的交通、住宿、餐饮等配套设施的完善。通过加大投入和引入社会资本，提升沿海城市的旅游接待能力和服务质量，为游客提供更加便捷、舒适的旅游体验。在民生方面，党积极推动沿海城市的就业创业和产业升级。通过发展文旅产业，带动相关产业链的发展，为当地居民提供更多的就业机会和创业机会。同时，党也注重提升居民的文化素质和技能水平，通过培训和教育等方式，帮助他们更好地适应文旅产业的发展需求。因此，党对于沿海城市文旅民生的措施是多方面的、全方位的。这些措施的实施，不仅有助于提升沿海城市的文旅事业水平，也有助于促进当地经济社会的全面发展和人民群众的福祉提升。

三、家祭

妈祖家祭，作为妈祖信仰中一种重要的祭祀形式，具有悠久的历史和丰富的文化内涵。这种祭祀方式主要体现为信众在家中设立妈祖神龛，定期进行拜祭，祈求平安和顺。

（一）普遍性与日常性

妈祖家祭的主要特点是普遍性和日常性。在沿海地区以及海外华人社区，许多妈祖信众都会在家中设立神龛，每逢初一、十五及妈祖诞辰和升天日进行拜祭。这种形式的祭祀不仅频率高，而且已成为信众日常生活的一部分。例如，在福建莆田的许多家庭中，家祭妈祖已成为一种传统习俗，代代相传。

（二）仪式简洁庄重

家祭的仪式相对简单，主要包括上供品、点香烛、三叩九跪和祈求祷告等步骤。尽管仪式简单，但信众们的虔诚之心丝毫未减，每一项程序都进行得庄重而认真。在新加坡的华人社群中，尽管身处异国他乡，信众们依然遵循着传统的家祭仪式，以此表达对妈祖的敬仰和信仰。

（三）家族传承模式

家祭，这一古老的习俗源远流长。最初，帝王们在执政期间频繁举行祭祀活动，以示对祖先和神灵的敬意，这不仅彰显了政权的力量与威严，也是对自然和先辈的一种敬畏与感恩。随着时间的流逝，这些祭祀仪式逐渐从宫廷走向民间，成为家家户户的传统活动。唐代开始出现专人制定家祭礼仪，并相沿施行。宋代诗人陆游的《示儿》诗中写道："王师北定中原日，家祭无忘告乃翁。"这反映出家祭在当时已成为人们生活中不可或缺的一部分，表达了对祖先的缅怀与敬仰。妈祖家祭往往作为一种家族传统被世代传承。在东南亚的华人中，妈祖家祭不仅是一种宗教仪式，更是一种家族文化的延续。例如，在马来西亚的林氏族裔中，妈祖家祭已成为一种重要的家族活动，通过这种方式，不仅传承了对妈祖的信仰，也加强了家族成员之间的联系。

（四）家祭中的民生"福"

家祭是后人追忆先人、表达感恩之情的重要仪式。在这样的仪式中，我们不仅缅怀先辈的辛勤付出，更应思考如何继承他们的遗志，为后人谋福祉。中国共产党自成立以来，就一直以"为人民谋福祉"为初心和使命，这在家祭的民生"福"中同样有所体现。妈祖家祭时，我们常会回顾家族的历史，讲述先辈们的奋斗故事。这让我们明白，一个家族的兴旺，离不开每一位成员的奉献。正如党在治国理政中，始终坚持人民至上，把人民对美好生活的向往作为奋斗目标。这种以人民为中心的发展思想，正是家祭文化中"敬祖尊宗、慎终追远"精神的现代体现。在妈祖家祭中，我们会准备丰盛的祭品，象征着对美好生活的追求。党也通过一系列民生工程，如脱贫攻坚、乡村振兴、教育医疗等，让人民群众过上了更加幸福的生活。妈祖家祭是一种传统习俗，但也在不断融入现代元素。党在为人民谋福祉的过程中，同样注重传承与创新相结合，既继承了中华民族的优秀传统文化，又不断推进理论创新、实践创新、制度创新，让民生福祉不断迈上新台阶。

第二节　绕境出游中的"福"文化

妈祖信俗中的绕境出游，是一种充满神圣与民俗色彩的传统活动。这一习俗盛行于妈祖的故乡福建莆田及周边、沿海一带，尤其在每年正月元宵节前后达到高潮。活动中，规模较大的妈祖宫庙会组织巡游队伍，包括仪仗、仪卫、清道、彩车、马队等，请出妈祖神像，在锣鼓喧天中起驾出游。巡游队伍绕境而行，经过居民住户门前，信众们摆好香案接驾，跪拜祈福，放鞭炮、燃篝火，以表达对妈祖的崇敬与感激之情。这一活动不仅展示了妈祖信仰的深厚底蕴，也促进了社区和谐与民众团结。此外，湄洲祖庙的妈祖金身出游更是绕境出游中的一大盛事，其规模宏大、仪式隆重，吸引了众多信众与游客前来观礼。

一、湄洲妈祖巡安

湄洲祖庙所供奉的妈祖神像的巡安，代表了最高级别的妈祖巡游活动，每年农历二月初二至初三在福建省莆田县湄洲岛举行。该活动的流程被划分为四个主要环节：起驾、迎驾、驻驾和返驾。在进行巡安活动之前，需要先通过"卜杯"的方式向妈祖请示，以确定具体的日期、出发的时间以及巡安的路线。当妈祖的銮驾经过时，首先，需要点燃稻草，这寓意着为妈祖的神灵温暖双脚。其次，信众们需要在妈祖的神像前献香、敬拜，并为妈祖"挂腹（dòu)"（信众们会用红绳绑上金牌、银锁或钱，作为礼物挂在妈祖神像的脖子上）。最后，妈祖神像离开后，还要将香盘放在桌上，供菩萨及其他神明享用①。

妈祖巡安仪式

资料来源：中国新闻网。

（一）起驾

在清晨的吉时，起驾仪式将会进行，其基本流程包括：主祭和陪祭人员将妈祖的神像恭敬地移至下殿；负责为妈祖的神像进行梳妆打扮、更换凤袍，并举办奉醮宴；当起驾仪式正式启动时，礼炮和钟鼓同时响起；献上香烛，进行三次跪拜和九次叩头的礼仪；湄洲祖庙的董事长（也是护驾团的团长）宣读《湄洲妈祖巡安起驾祈告文》；妈祖的神像启程，巡安的队伍开始出发。

① 林群，何莉莉.融媒体语境下的电视直播创新路径：以莆田市广播电视台网络直播"2023年海峡两岸同胞护驾湄洲妈祖金身巡安莆田"活动为例[J].东南传播，2024（7）：25-27.

（二）迎驾和驻驾

根据巡游的路线设计，妈祖的神像在巡游过程中，需要在途经妈祖分灵宫的庙宇停留驻午或驻夜。驻驾宫庙，需要提前进行适当的布置。除确保周围环境的清洁和道路的畅通外，还需在途中悬挂红色的横标和三角形的彩旗。每遇庙会期间，由当地民众轮流担任迎驾者和随香者。对于迎驾和陪香的工作人员，要求所有人都穿着整洁的服装[①]。以莆田地区为例，女性通常需要穿着红色的衣服和裤子，而头人和福首则主要穿着蓝色的长衫。在迎驾前和迎驾后，均须向神灵祈祷一番。迎驾的队伍是按照仪仗执事、锣鼓、宫旗、彩旗、迎驾宫妈祖銮驾、护驾人员、随香人员、民俗表演队伍等顺序有序接驾的。迎驾前，先绕殿走一圈，然后在神位旁摆花，再围大殿绕圈。妈祖的神像在临驾时，会鸣放礼炮并演奏礼乐。供奉妈祖像后，还要进行升殿拜祖活动，由领班主持。到了第二天，妈祖神像在启程之前需要进香和供茶。在启程之前，必须先进行诵经，并朗读起驾祈告文。在礼乐和鞭炮声的伴奏下，与香人员一同站在两侧，恭敬地邀请妈祖神像继续巡游。

（三）返驾

妈祖神像的巡安活动结束之后，神驾们回到殿前，并按照规定组织一场"抢轿"的活动。在这场活动中，銮驾被倒背，所有人争先恐后地抬着，经过三次前进和三次后退，最终直接冲进殿内进行安座。这是一种特殊形式的祭祀礼仪，目的在于向神灵祈求福佑安康。在妈祖的神像被安置好之后，信众们将会开始诵读妈祖平安经，并进行三跪九叩的敬礼，同时还会宣读《回銮安座礼赞文疏》。这是妈祖信仰传播过程中不可缺少的一个环节，也是对神灵的一种虔诚祈祷，更是人们祈求吉祥幸福的一种方式。

（四）湄洲妈祖巡安中的"福"文化

湄洲妈祖绕境活动的内涵体现了新时代的文化使命，与中国共产党促进

---

① 卢美松.闽山庙会文化[M].福州：福建人民出版社，2020：146.

人民精神生活共同富裕的目标是一致的。新时代的中国，不仅追求物质生活的富足，更致力于人民精神生活的共同富裕。精神生活的丰富与物质生活的改善相辅相成，共同构成了中国式现代化的核心内容。促进人民精神生活共同富裕，是实现中华民族伟大复兴的重要方面，它不仅关乎个体的全面发展，也关系到社会的和谐稳定与国家的长治久安。精神生活共同富裕的内涵丰富，涉及文化、教育、艺术等多个领域。习近平总书记指出："人无精神则不立，国无精神则不强。"精神富足是中华民族站起来、富起来、强起来的重要标志。新时代的中国，必须在物质文明高度发展的基础上，大力推进精神文明建设，满足人民群众多样化、多层次、多方面的精神文化需求①。

推动精神生活共同富裕的首要任务是加强公共文化服务体系建设。建立优质文化资源直达基层机制，是实现这一目标的关键举措。通过完善公共文化服务体系，推进城乡公共文化服务一体化建设，确保高品质文化资源能够覆盖到每一个角落。特别是要加大对农村、革命老区、民族地区和边疆地区的文化资源倾斜力度，让基层群众能够享受到丰富的文化生活。促进精神生活共同富裕还需要大力发展文化事业和文化产业。文艺作品是精神生活的重要组成部分，文艺工作者应坚持以人民为中心的创作导向，深入生活，扎根人民，创作出更多无愧于时代、无愧于人民的优秀作品。同时，要鼓励社会力量参与公共文化服务，推动文化设施的共建共享，提升公共文化服务的效能，如开展湄洲妈祖绕境活动②。哲学社会科学在促进精神生活共同富裕中也扮演着重要角色。哲学社会科学研究应坚持以人民为中心，聚焦人民实践，创造出经得起历史和实践检验的研究成果，为人民群众提供思想指引和精神支持。教育是提升人民精神素养的根本途径。要建设高质量教育体系，推进义务教育优质均衡发展、职业教育创新发展、高等教育内涵式发展，使每个公民都能享有公平的教育机会，从而提升全民的文化素质和道德修养。促进人民精神生活共同富裕，是一项长期而艰巨的任务，需要全社会的共同努力。

---

① 曾光，赵昱鲲.幸福的科学[M].北京：人民邮电出版社，2018：72.

② 陈盛钟，何金，李美显，等.妈祖文化，千年传承远播五洲[N].福建日报，2023-11-17（7）.

只有物质文明和精神文明协调发展，才能实现真正意义上的共同富裕，才能让人民群众在精神上获得更大的满足。

二、大甲妈祖绕境

大甲妈祖绕境一般为农历三月由台湾省台中市大甲镇澜宫举办的，长达九天八夜的大甲妈祖出巡绕境活动。大甲妈祖出巡时由镇里官员带领民众进入庙中参观祭祀并供奉彩纸供品和香火。1988年之前，人们会前往云林北港的朝天宫举行进香仪式，而从1988年开始，他们把最终目的地定为嘉义新港的奉天宫。2008年的7月，大甲妈祖绕境被认定为"台湾的重要无形文化活动资产"。

2022年大甲妈祖绕境开幕盛况

资料来源：海峡导报。

（一）发展脉络

大甲妈祖绕境进香的传统可以追溯到清代，最早是在镇澜宫成立时，人们前往湄洲进香。后来随着时间的推移，每年都会有不同规模和内容的进香仪式举行，并逐渐形成了一种传统文化现象——大甲镇澜宫绕境进香节。1959年以前，绕境进香的规定是七天六夜，但到了1962年，这一规定被修改为八天七夜，并新增了北斗镇奠安宫的驻驾时间。1988年，之前的"大甲镇澜宫天上圣母谒祖进香"被修改为"大甲镇澜宫天上圣母绕境进香",而进香的最终地点也从"云林北港朝天宫"更改为"嘉义新港奉天宫"。2010年,改为九天八夜的徒步绕境进香活动,并在回程的第八天增加了驻驾清水镇朝兴宫的时间。2011年,大甲妈祖绕境活动被重新命名为"台中大甲妈祖观光文化节"。

2019年大甲妈祖绕境中妈祖神像形象之一

资料来源:网易。

(二)流程安排

从镇澜宫启程的进香队伍,由来自各地的10多万信众组成,他们在九天八夜之间步行往返于大甲和新港奉天宫,途中经过台中、彰化、云林、嘉义4个县市,覆盖了21个乡镇的80多座寺庙,总行程超过300公里。进香者来自四面八方,其中有台湾本土信民也不乏大陆民众。每年大甲妈祖绕境进香的日期都是不固定的,都是在元宵节(农历正月十五)的晚上,由镇澜宫董事长掷筊来决定进香的出发日期和时辰。出发的第一天是从大甲镇澜宫前往彰化南瑶宫;第二天,驻驾西螺福兴宫;第三天,驻驾新港奉天宫;第四天,举办祝寿仪式,晚上返回;第五天,驻驾西螺福兴宫;第六天,驻驾北斗奠安宫;第七天,驻驾彰化天后宫;第八天,驻架清水朝兴宫;第九天,返回到大甲镇澜宫。

（三）仪式内容

在绕境活动的全程中，传统的献敬仪式，包括掷筊、竖旗、祈安、上轿、起驾、驻驾、祈福、祝寿、回驾和安座等十个主要的仪式环节，且每一个仪式环节都必须严格按照预定的程序、地点和时间来虔诚地进行[①]。

1.掷筊

于正月初七凌晨五点左右，由本庙内"圣祖"主持将正炉妈与副炉妈从宫外抬入殿中，正式开始迎送。每逢元宵节的下午六点钟，镇澜宫的大殿都会恭请正炉妈、副炉妈、湄洲妈以及千里眼和顺风耳两位将军，为他们准备香花和茶果。镇澜宫的董事长在向妈祖请示后，会决定该年的起驾日期。接着，头香、二香、三香和赞香的各个团队依次向大甲妈祖报告随驾绕境进香的相关事宜。宫内随即开始了一系列的筹备工作，并欢迎各地的香客报名参与绕境进香的活动。

2019年"筊筶"仪式

资料来源：ettoday新闻云。

2.竖旗

头旗是用于绕境进香的指挥旗，具体的竖旗日期是由镇澜宫的副董事长"卜杯"向妈祖请示后确定的。在竖头旗的仪式上，镇澜宫头旗组、祭典组、

[①] 福建省妈祖文化传承与发展协调同创新中心，莆田市湄洲妈祖祖庙董事会.妈祖文化研究论丛[M].北京：人民出版社，2016：38.

报马仔和诵经团等多个单位会在子时开始诵经。接着，他们会竖起头旗，正式向三界宣布年度绕境进香的各项工作已经开始。镇澜宫的各个阵头团队开始独立地整理他们的旗帜、服饰和工具，并进行演练。镇澜宫祭典组头旗组负责勘查路线，并通过张贴香条向经过的宫庙和广大民众传达他们的尊敬之情。

3.上轿

上轿典礼通常在出发前一天下午五点进行，也就是在祈安典礼结束后，在大家的欢呼声中，达官贵人将恭请天上圣母登上銮轿。大甲妈祖绕境活动中的"上轿"环节，是整个绕境旅程中具有标志性意义的一幕。这一环节不仅标志着妈祖神像即将启程开始她的绕境之旅，也承载着信众们对妈祖的深厚敬仰与虔诚祈愿。"上轿"仪式是妈祖绕境活动中的重要转折点，它象征着妈祖神像从静谧的庙宇中走出，步入凡间，巡游四方，庇佑万民。在仪式开始前，庙方会组织人员将妈祖神像从庙宇中请出，安放在特制的銮轿之中。同时，也会准备好各种供品、香烛等物品，以供信众们祭拜。在法师或道长的引领下，信众们依次上前，向妈祖神像行三跪九叩之礼，并恭请妈祖上轿。此时，銮轿班的成员会小心翼翼地将銮轿抬起，准备启程。随着銮轿的缓缓抬起，庙方会安排鸣放鞭炮、敲锣打鼓等仪式，以示庆祝和欢送。同时，也会有舞龙舞狮等民间艺术表演助兴，增添节日气氛①。通过这一仪式，信众们不仅表达了对妈祖的无限崇敬与感激之情，也传递了正能量和积极向上的生活态度。同时，"上轿"环节还承载着信众们对美好生活的向往与追求，寄托了他们对平安、健康、幸福的美好祈愿②。

4.祈福

第二天凌晨五点在新港奉天宫大殿举行盛大的仪式，需要提前准备所有相关的祭品，并为所有在镇澜宫参与点光明灯和拜斗的信众进行诵经和献疏文的祈福活动，同时也祈愿妈祖能够赐福给所有生灵。祈福环节作为妈祖绕境活动的重要组成部分，承载着信众们对妈祖无尽的感激与祈愿。通过向妈

---

① 郭斌.守护文化根脉谱写当代华章[N].福建日报，2023-11-30（1）.
② 陈吉.福文化简读[M].福州：福建教育出版社，2023：138.

祖祈求庇佑与赐福，信众们希望能够得到妈祖的庇护，让自己和家人远离灾厄，生活得更加幸福安康。在祈福仪式开始前，庙方会组织人员布置好祈福现场，准备好供品、香烛等物品。同时，也会安排法师或道长等宗教人士到场主持仪式。在法师或道长的引领下，信众们开始诵经祈福。他们虔诚地诵读经文和祈愿文，向妈祖表达自己的祈愿与感激之情。《说文解字》中解释"福"为"佑也"，即神灵的庇佑和赐福。这一解释反映了古代人们对"福"的最初理解：通过祭祀祈求神灵保佑，以获得幸福生活。这与台湾大甲妈祖绕境活动所蕴含的文化内涵相互融通，因此祈福环节正是闽台妈祖民俗中"福"文化的体现。

5.安座

经过九天八夜的时间，天上圣母返回大甲镇澜宫，并在那里安座。大家都向妈祖表示感谢，因为她保佑大家安全返回大甲，并恭请妈祖永远守护在宫中，赐予好运。大甲妈祖绕境活动中的"安座"环节，是整个绕境旅程的圆满结束，也是信众们最为期待和重视的时刻之一。这一环节不仅标志着妈祖神像历经数日的长途跋涉后终于回到庙宇安坐，更象征着妈祖对信众们的庇佑与赐福得以圆满实现。在妈祖神像即将抵达庙宇前，庙方会组织人员进行全面的准备工作，包括清扫庙宇、布置供桌、准备供品等。当妈祖神像抵达庙宇时，庙方会安排鸣放鞭炮、敲锣打鼓等仪式，以示庆祝和欢迎。信众们也会纷纷上前，向妈祖神像行三跪九叩之礼，表达敬意与感激之情。在法师或道长的引领下，信众们将妈祖神像小心翼翼地安放在庙宇中的神龛内。此时，庙方会再次安排诵经祈福等仪式，祈求妈祖保佑一方平安、赐福万民。"安座"环节作为大甲妈祖绕境活动的最后一部分，蕴含着丰富的文化内涵。它体现了信众们对妈祖信仰的虔诚与执着追求，也展示了民间信仰在传承和弘扬中华优秀传统文化方面的重要作用。通过安座仪式，信众们不仅表达了对妈祖的感激与崇敬之情，也传递了正能量和积极向上的生活态度。

（四）大甲妈祖绕境中的"福"文化

大甲妈祖绕境活动，是台湾地区一项具有深厚历史底蕴的民间信仰活动。

妈祖，作为海上丝绸之路的保护神，自古以来便深受海峡两岸人民的崇敬与敬仰。大甲妈祖绕境活动，便是以妈祖信仰为核心，通过抬神像巡游的方式，祈求平安、健康、幸福的一种民间习俗。这一活动不仅体现了人民对妈祖的深厚感情，也展示了台湾地区民间信仰文化的独特魅力。在历史的长河中，大甲妈祖绕境活动经历了多次演变与发展，逐渐形成了今天我们所看到的盛大场面。从最初的简单巡游，到如今的盛大庆典，这一活动不仅在规模上不断扩大，其内容也日益丰富。这项活动以其独特的仪式、丰富的文化内涵和广泛的社会影响，成为新时代人民追求幸福生活的生动写照。

"福"文化，作为中华传统文化的重要组成部分，其内涵丰富而多元。它包括"五福"——寿、富、康宁、攸好德、考终命，涵盖了人们对长寿、财富、健康、德行和善终的综合追求。在当代社会，"福"文化的研究不断深入，学者们从多维度探讨其时代价值与意义。福建省社科界于2022年举办的"新时代视域下的福文化"论坛，便是一次集思广益的学术盛会。专家们认为，"福"文化不仅是中华民族的精神寄托，更是促进社会和谐、增强民族团结的重要文化纽带。在新时代背景下，"福"文化更是被赋予了新的时代内涵和价值，成为人民追求幸福生活的精神支柱。

在大甲妈祖绕境活动中，"福"文化得到了充分的体现和传承。信众们通过向妈祖祈求，表达了自己对美好生活的憧憬和向往，这种对幸福生活的追求，正是"福"文化在新时代背景下的生动写照。

1.对平安健康的祈求

在大甲妈祖绕境活动中，信众们最主要的祈求之一就是平安健康。他们通过向妈祖祈求，希望自己和家人能够远离疾病、灾难等不幸，过上平安健康的生活。这种对平安健康的渴望，是新时代人民幸福追求的重要组成部分。在新时代背景下，人民对美好生活的向往更加迫切，对平安健康的需求也更加突出。大甲妈祖绕境活动不仅满足了人民的渴望，还成为他们追求幸福生活的精神寄托。

2.对和谐社会的向往

大甲妈祖绕境活动不仅是一项民间信仰活动，更是一项社区性活动。在活动中，人们不分年龄、性别、职业等，共同参与到妈祖的巡游和祈福中来。这种团结和谐的氛围，体现了新时代人民对于和谐社会的向往和追求。在新时代背景下，构建和谐社会已经成为全社会的共同目标。大甲妈祖绕境活动通过促进社区居民之间的交流与互动，增进了彼此之间的了解和信任，为构建和谐社会奠定了坚实的基础。

3.对文化传承的重视

大甲妈祖绕境活动作为台湾地区的一项传统文化活动，其仪式、习俗和文化内涵都承载着丰富的历史信息。新时代人民在参与这项活动时，不仅是对传统文化的体验和感受，更是对文化传承的重视和尊重。他们希望通过自己的参与和努力，将这项传统文化活动传承下去，让更多的人了解和感受到妈祖文化的魅力。在新时代背景下，传承和弘扬中华优秀传统文化已经成为全社会的共同责任。大甲妈祖绕境活动正是通过自身的努力和影响力，为传承和弘扬中华优秀传统文化做出了积极的贡献。

4.对美好生活的憧憬

在大甲妈祖绕境活动中，信众们通过向妈祖祈求，表达了自己对美好生活的憧憬和向往。他们希望自己和家人能够过上幸福美满的生活，拥有稳定的工作、温馨的家庭、健康的身体等。这种对美好生活的憧憬和追求，是新时代"福"文化的重要体现。在新时代背景下，人民对美好生活的追求更加迫切和多样化。大甲妈祖绕境活动正是通过满足人民对美好生活的向往和追求，成为他们追求幸福生活的精神支柱和动力源泉之一。

大甲妈祖绕境活动不仅是一项民间信仰活动，更是一项具有广泛社会影响的文化活动。它对促进闽台文化交流、增进两岸民族团结、推动闽台社会和谐等方面都具有重要意义。

1.促进闽台文化交流

大甲妈祖绕境活动作为台湾地区的一项传统文化活动，吸引了无数游客和信众前来参与和观赏。其中不乏来自大陆的游客和信众，他们通过参与这项活动，不仅了解了台湾地区的民间信仰文化，也感受到了两岸文化的深厚渊源和共同之处。这种文化交流不仅有助于增进两岸人民之间的了解和信任，也为推动两岸关系和平发展奠定了坚实的基础。

2.增进两岸民族团结

大甲妈祖绕境活动作为一项民间信仰活动，其参与者和支持者来自不同的民族。他们通过共同参与到妈祖的巡游和祈福中来，增进了彼此之间的了解和尊重。这种民族团结的氛围不仅有助于促进社会的和谐稳定，也为推动国家的长治久安提供了有力的支持。

3.推动闽台社会和谐

大甲妈祖绕境活动作为一项社区性的活动，其参与者和支持者来自社区的各个角落。他们通过共同参与到妈祖的巡游和祈福中来，增进了彼此之间的交流和互动。这种交流和互动不仅有助于增进社区居民之间的了解和信任，也为推动社区的和谐发展提供了有力的支持。同时，大甲妈祖绕境活动还通过宣传和教育等方式，引导人们树立正确的价值观和道德观，为社会的和谐发展提供有力的思想保障。

第三节　谒祖进香中的"福"文化

早在明朝嘉靖年间，福建莆田湄洲岛就有了祭扫妈祖神祇和供奉妈祖塑像的风俗活动，并形成了专门祭祀妈祖的社祭制度。"谒祖进香"是一种由世界各地的庙宇组织信众携带（或抬着）妈祖神像返回湄洲祖庙进行寻根、朝圣和祭拜的传统活动。这一活动深受祖庙文化的影响，主要是为了祈求神灵的庇佑和祝福，俗称"天下妈祖回娘家"。这一传统习俗不仅加深了信众们对妈祖的信仰与敬仰，也促进了"福"文化的传承与发展。同时，它也成为一种凝聚人心、促进社区和谐的重要文化活动。

2024年天后行宫进香交流

资料来源：中国新闻网。

一、"天下妈祖回娘家"活动

湄洲祖庙被全球的妈祖信众视为虔诚的朝圣之地和心灵的归宿。自北宋以来，历代都有许多地方官员前往湄洲供奉妈祖，以表达对妈祖的崇敬之情。每逢农历三月，各个地方的妈祖庙宇都会组织信众带着妈祖的神像返回湄洲祖庙进行朝拜和进香，这一传统被称为"天下妈祖回娘家"。信众们认为分灵妈祖也会怀念她的家乡和祖地，信众们带着分灵妈祖回到"娘家"以获取灵气和祈求福祉，这就是所谓的"天下妈祖回娘家"。这一活动是妈祖信仰文化中最具特色的一种祭祀活动，其内涵丰富而深厚，体现了民间对祖先与神灵的崇敬之情。湄洲妈祖祖庙在接待前来"回娘家"的谒祖进香团队时，通常会进行如迎驾、进香和送驾等的礼俗环节[1]。

湄洲妈祖祖庙节前装饰

资料来源：莆田文明网。

---

[1] 肖雁，吴慧巧，叶涛.图说台湾妈祖进香祝寿仪式[J].世界宗教文化，2011（3）：2.

（一）迎驾环节

任何到湄洲祖庙参拜的团队都必须提前与祖庙取得联系，详细告知进香团队的规模、到达的时间以及他们的停留时间等信息。如果是在农历二月初二至三月初八之间来参加祭拜活动的，就必须提前预约。湄洲祖庙专门组织了迎驾的仪式活动。迎驾队伍由"圣手"和民间民俗文化人组成，他们身着节日盛装，头戴花帽，手持神鞭，身披五彩纱巾，列阵迎接妈祖。湄洲祖庙的迎驾团队包括以下成员：祖庙的龙旗、宫灯、大锣、警跸牌、衔牌、封号旗、仪仗队、提灯、提炉、大吹、球炉、銮驾、日月扇、凉伞、护驾工作人员、彩旗以及湄洲祖庙的董监事等。自古以来，中国人就有盼福、崇福、惜福、祈福、祝福的优秀传统。迎驾环节体现了其中盼福、崇福的"福"文化内涵。盼福，是心怀期盼，渴望幸福降临；崇福，则是积善成德，以善求福。

（二）进香环节

在卜告进香祭典的良辰之后，设立祭坛。先设神位再设供台，置放香炉并放置供具和法器等。祖庙的董事长或副董事长负责主持祭祀活动。进香团按照规定的顺序献上供品，并开始向妈祖致敬，遵循三跪九叩的礼仪。在燃放鞭炮，举行"接炉"仪式后，主祭的人开始朗读祭文，并焚烧丝绸。最终的环节是"交炉"仪式，在这个仪式中，祖庙会提供特制的香灰袋，将祖庙古香炉中的"香灰"装上，然后与前来献香的分灵宫庙带来的"香灰"进行交换，这象征着香火的交融和平安共享，寓意分灵庙的香火永盛和神威显赫。进香环节体现了惜福、祈福的"福"文化内涵。惜福，是珍惜眼前福泽的智慧，是对生活馈赠的感恩与尊重。祈福，狭义是指向天地神明表达美好祈愿的仪式，深层含义是心灵深处对幸福生活的憧憬与追求。

（三）送驾环节

当谒祖进香团完成了他们的进香和朝拜礼，并确定了返回的具体时间后，会在湄洲祖庙的主殿进行送驾仪式。祭祀完毕后，由分灵庙负责人带领人员到祖庙门口迎接分灵妈祖。到了那个时候，钟声和鼓声将会同时响起，祖庙的董事长或副董事长将负责主持祭祖和回銮的仪式，进行三跪九叩的大礼，并演奏《送神曲》。随后，分两批向各宫方向巡礼。伴随着锣鼓和鞭炮声，分灵庙的妈祖神像被送回皇宫，以示敬意。同时还可向分灵庙赠送祭祀用品。送驾环节体现了祝福的"福"文化内涵，象征着新的希望与开始，对解决未来困难，创造美好生活的坚定信心。

民间社团组织通过各种方式开展妈祖文化传播活动，在促进海峡两岸民众交流互动中发挥着重要作用[①]。例如，2024年4月9日，"天下妈祖回娘家"活动在湄洲岛启动，市委常委、宣传部部长出席启动仪式并为活动鸣锣，活动现场十分热闹。2025年正月至今，已有660个谒祖进香团68万多人次来自天南海北的妈祖敬仰者回湄洲岛谒祖。在过去的几年中，每年都有超过20万的台湾信众主动返回湄州祖庙妈祖的"娘家"进行朝拜和进香，并且这一规模每年都在持续扩大。

"天下妈祖回娘家"实景图一

资料来源：中国新闻网。

---

① 福建省政协文化文史和学习委员会.加强"福"文化的宣传推广[J].甘肃政协，2023（5）：76–79.

"天下妈祖回娘家"实景图二

资料来源：中国新闻网。

二、苗栗通霄白沙屯妈祖北港徒步进香

台湾苗栗县通霄镇白沙屯拱天宫的妈祖进香活动，是一项延续了百年的传统文化盛事，每年吸引着成千上万的信众参与。这场信仰的盛宴不仅展示了妈祖文化的独特魅力，也成为台湾中部地区最重要的文化景观之一。

（一）路线多变

每年农历三月或四月，白沙屯拱天宫的妈祖神像会在信众的簇拥下起驾，开始长达数天甚至十天的徒步进香之旅。进香队伍从苗栗县出发，途经台中、彰化，最终到达云林县的北港朝天宫，全程近400公里。这一进香活动最大的特色在于没有固定的路线和期程，一切都由妈祖的意旨决定，信众们"跟着妈祖走"，充满了挑战与神秘色彩。为妈祖开路的报马仔，其穿着大有寓意，一般都是一脚着草鞋，一脚赤足，这寓意着人们在生活中应脚踏实地与知足惜福，珍惜来之不易的幸福生活，也体现出了闽台人民的社会价值观[1]。

（二）队伍壮大

近年来，随着妈祖信仰的传播，白沙屯妈祖进香活动的影响力不断扩大，

① 吕健吉.闽台岁时年俗中的福文化[M].厦门：鹭江出版社，2023：63.

进香队伍中不仅有徒步的信众，还逐渐增加了自行车队、摩托车队以及各种车辆组成的后勤队伍，场面十分壮观。由于中国人自古以来就有将美好事物归结为"福"的传统，如人有好运也被称为"有福气"，有美好事物的地方也被称为"福地"，因此，妈祖进香队伍的壮大，也体现出了人们在"福地"中追求"福"的美好愿望，不同的进香队伍正是不同群体对于"福"的不同理解而形成的。进香活动是带有民族风情与地域特色的"福"文化活动。

（三）形式创新

苗栗县政府也高度重视这一传统活动，每年结合妈祖文化嘉年华的形式，举办一系列庆祝活动。通过艺人表演、庙会等丰富多彩的形式，号召更多信众和游客参与，进一步弘扬妈祖文化，提升地方知名度。

三、进香中的"福"文化

谒祖进香，作为妈祖信仰文化中的一项重要活动，不仅承载着信众们对妈祖的虔诚敬仰，更在潜移默化中传承和弘扬着深厚的"福"文化。这一文化现象展现出更加丰富和深刻的内涵，主要体现在以下四个方面：

（一）福之源：祖庙的灵性与神圣，传统与现代的交融

湄洲祖庙，作为妈祖信仰的发源地，被誉为"天下妈祖庙的祖庭"。这里不仅是信众们朝圣的终点，更是"福"文化的源头。祖庙的灵性，源自妈祖的慈悲与神威，也源自历代信众的虔诚与奉献。在新时代，祖庙的灵性被赋予了新的时代意义，成为连接传统与现代、民族与世界的桥梁。传统与现代的交融在祖庙中得到了充分体现。一方面，祖庙保留了古老的建筑风格、祭祀仪式和传统文化，让信众们在谒祖进香的过程中感受到了历史的厚重和文化的底蕴。另一方面，祖庙也积极融入现代科技和形式，如数字化展示、网络直播等，使得文化传承更加高效和广泛。这种传统与现代的交融，不仅提升了祖庙的吸引力和影响力，也为"福"文化的传承和发展注入了新的活力。人类命运共同体的理念强调共同价值和文化多样性，祖庙的灵性也因此成为

全球信众共同的精神家园。无论信众来自何方，无论他们有着怎样的文化背景，都能在祖庙中找到情感共鸣。这种共同的精神家园，为构建人类命运共同体提供了坚实的文化基础和道德支撑。

（二）福之传：进香仪式中的文化传承，社区和谐与人心凝聚

谒祖进香仪式，作为妈祖信仰文化的重要组成部分，是"福"文化传承的重要载体。在新时代，这一仪式不仅保留了传统元素，还融入了现代科技和形式，如网络直播、数字化记录等，使得文化传承更加高效和广泛。进香仪式中的文化传承，不仅体现在仪式本身的庄严和神圣上，更体现在信众们的参与和体验中。通过参与进香仪式，信众们不仅加深了对妈祖的敬仰，也感受到了传统文化的魅力和力量。这种文化传承，不仅有助于提升信众们的文化自信和民族认同感，也为社会的和谐与稳定提供了文化支撑。谒祖进香活动，不仅是一种传统仪式，更是一种社区文化活动和人心凝聚的象征。通过共同参与进香活动，社区居民之间的情感联系得到了加深，社区凝聚力和向心力得到了提升。这种社区和谐与人心凝聚，不仅有利于社会的进步和发展，也为"福"文化的传承和发展提供了良好的社会环境。通过共同参与进香活动，不同国家和地区的信众们共同体验和传承"福"文化，共同构建一个和谐、繁荣的世界。

（三）福之新：现代语境下的文化创新，提升地方知名度与全球影响力

随着时代的发展和社会的进步，谒祖进香活动不断融入新的元素和形式。通过艺人表演、庙会等丰富多彩的形式，号召更多信众和游客参与，进一步弘扬妈祖文化，提升地方知名度。在中国式现代化的进程中，文化创新成为推动社会进步的重要动力。现代语境下的文化创新，不仅体现在进香仪式的现代化上，还体现在相关文化活动的多样化和国际化上。例如，通过举办妈祖文化节、国际妈祖文化研讨会等活动，吸引了来自世界各地的信众和游客参与，进一步提升了妈祖文化的影响力和知名度。这种文化创新，不仅有助于提升地方的文化软实力和经济实力，也为"福"文化的传承和发展注入了

新的活力。人类命运共同体的理念鼓励文化创新和多样性，进香活动也因此成为展示中国传统文化魅力和创新能力的重要窗口。通过进香活动，世界各地的信众和游客能够更加深入地了解中国传统文化和现代社会的融合发展，进一步增进对中国的认知和与中国人民的友谊。

（四）福之广：文化交流与传播，构建人类命运共同体的实践

谒祖进香活动，作为"福"文化的重要载体，在中国式现代化和人类命运共同体的背景下，其文化交流和传播的范围更加广泛。通过国际间的文化交流活动，如妈祖文化节的举办、国际妈祖文化研讨会的召开等，进香活动成为传播中国传统文化和促进国际间理解与友谊的重要渠道。文化交流与传播的广泛性，不仅体现在地理范围上，还体现在文化内涵上。通过进香活动，中国传统文化中的和谐、包容、互助等价值观得到了广泛传播和认同，为构建人类命运共同体提供了价值基础。例如，妈祖信仰中的"慈悲为怀""救苦救难"等理念，与人类命运共同体所倡导的全球团结、共同发展等理念相契合，成为不同文化背景下的共同价值追求。此外，谒祖进香活动还促进了民间层面的交流与合作。信众们在进香过程中，不仅加深了对妈祖信仰的理解，也增进了对其他国家和地区的文化、历史、社会的了解。这种民间层面的交流与合作，为构建人类命运共同体奠定了坚实的民意基础。中国政府在推动谒祖进香等民俗活动的发展方面，也发挥了积极作用。通过政策支持、资金投入、宣传推广等措施，政府为谒祖进香活动的顺利进行提供了有力保障。同时，政府还鼓励和支持民间组织、企业等社会力量参与谒祖进香活动的组织和管理，形成了政府引导、社会参与的良好格局。在人类命运共同体的理念指导下，谒祖进香活动还成为推动全球生态文明建设的重要力量。妈祖信仰中的"敬畏自然""保护环境"等理念，与全球生态文明建设的目标相一致。通过进香活动，信众们不仅表达了对妈祖的敬仰和感恩，也传递了保护环境、关爱自然的理念，为全球生态文明建设贡献了智慧和力量。

第四节　节庆庙会中的"福"文化

据《台湾文献通考》记载，早在清代中期之前，就有了以"妈祖"为中心的庙宇集会活动。随后，庙会上又增添了如踩街、歌舞、戏剧和杂耍等多种民间娱乐活动，使其成为当地的经济交易和民间艺术展示的重要场所。《韩非子》中提到"全寿富贵之谓福"，将福的含义囊括了"寿""富""贵"等，即将生命长寿、身体健康、财产丰富与社会地位看作"福"的具体内容，从而使人们对"福"的追求有了清晰的方向。而妈祖庙会中包含了丰富的传统民俗活动，如演戏酬神、歌舞表演、武术杂耍等，这些活动不仅展示了当地的文化特色和艺术魅力，同时也是人们追求"福"的重要载体。通过参与这些活动，人们能够感受到传统文化的魅力和价值，从而增强对"福"文化的认同感和归属感。在妈祖庙会中，各种福元素被巧妙地融入了各种仪式和活动中。例如：在祭祀仪式中，人们会献上寓意吉祥如意的鲜花和供品；在歌舞表演中，演员们会穿着寓意幸福美满的服装进行表演；在庙会现场，还会悬挂各种寓意吉祥的灯笼和横幅等。这些福元素的融入和体现，使得妈祖庙会成为展示和传播"福"文化的重要平台。①

"踩街"活动

资料来源：中国日报网。

---

① 廖瑜婷，刘婧.让"福"文化绽放璀璨光芒 [N].闽南日报，2024-01-02（1）.

一、庙会的筹备

庙会前数月，湄洲岛上的居民和信众们便开始忙碌起来，筹备各项事宜。他们清扫庙宇，装饰门面，准备祭品，制作灯笼和彩旗，邀请戏班和表演团队，确保庙会的顺利进行。同时，还会通过口口相传、张贴告示等方式，向周边地区和海外信众发布庙会的信息，吸引更多人前来参与。

（一）活动规划

确定活动时间、地点、活动主题、活动流程。时间选择：通常选在妈祖诞辰日（农历三月廿三）、妈祖升天日（农历九月初九）或元宵节期间（正月初八至正月二十九）等具有纪念意义的节日期间。地点选择：根据当地妈祖信仰的盛行程度和活动规模，选择庙宇内或周边空地作为举办庙会活动的场地。确定活动主题：围绕妈祖文化、海神文化、渔民文化等主题，设计具有地方特色的活动内容。确定活动流程：包括开幕仪式、展览展示、表演项目（如舞狮舞龙、歌舞表演、武术杂耍等）、民俗游戏、传统美食体验、音乐演出和舞台剧等环节。

（二）宣传推广

传统渠道宣传，通过报纸、电视、广播等传统媒体进行宣传报道，让更多的人了解到庙会活动的时间、地点、主题等信息。网络宣传，利用社交媒体、官方网站和电子公告栏等网络平台发布活动信息，吸引更多年轻群体的关注。合作宣传，与当地旅行社、酒店和景点合作，互相宣传，形成合力，吸引更多的游客前来参观和消费。

（三）场地布置

主会场布置，设置主舞台和观众席，用于音乐演出和舞台剧等表演。布置展览区，展示与妈祖相关的文物、艺术品和海洋生态展品等。美食街布置，设置多个美食摊位，展示当地的传统美食和特色小吃，营造浓厚的节日氛围。民俗游戏区布置，划分专门的区域设置民俗游戏，如踩高跷、耍毽子、放风筝、射箭等，让参与者感受到传统游戏的乐趣。

（四）安全保障

与当地公安部门合作，制定安全保卫和交通引导方案，确保活动现场的安全和秩序。设置安检口，对入场人员进行安全检查。设置医疗救护点，配备专业医护人员和急救设备，提供急救和医疗服务。制定紧急灾害应急预案，确保在灾害事件发生时能够及时应对并采取措施保障参与者的生命安全。

（五）其他筹备事项

根据活动需求采购必要的物资，如表演道具、展览展品、美食原材料等。招募志愿者参与活动筹备和现场服务，确保活动顺利进行。邀请专业表演团队和艺术家参与演出和展示。制定详细的预算计划，包括场地租赁费用、活动设备租赁费用、人员工资费用、宣传费用、物资采购费用、保险费用、医疗救护费用等，确保活动经费的合理使用和财务透明。活动结束后进行参与者满意度调查、赞助商满意度调查以及活动效果和社会反响的评估。根据评估结果总结经验和不足，为下一次的活动做好准备。

二、庙会的开幕

庙会通常在清晨时分拉开帷幕，伴随着悠扬的钟声和鞭炮声，信众们纷纷涌入庙宇，开始祭拜妈祖。庙宇内外，香烟缭绕，烛光摇曳，一派庄严肃穆的景象。此时，庙会的各项活动和表演也陆续开始。妈祖庙会的开幕细节充满了浓厚的传统氛围和仪式感，以下是根据相关参考文献和一般民俗习惯整理的开幕细节。

（一）鸣号与奏乐

在妈祖庙会开幕前，钟鼓楼前会安排司号手进行鸣号仪式。通常，钟鼓楼前两边各站列6名司号手，共12人，在听到"开始"的指令后，他们会吹响长号。鸣号的方式是鸣一长声稍停顿一下为一个音节，即"鸣——，呜——，呜——"，共三次。这一仪式标志着庙会的正式开始，也象征着对妈祖的崇敬和敬畏。随着鸣号声的结束，乐队开始奏乐。唢呐手、歌手和乐手等演奏人员会从指定位置缓缓进入场地，开始演奏莆仙乐曲等传统音乐。这一环节不仅增添了庙会的喜庆氛围，也展现了当地的音乐文化。

（二）升幡挂灯

升幡挂灯是妈祖庙会开幕活动中的重要仪式之一。在升幡台前，升幡手、护幡手、挂灯手等人员身着传统服装，按照既定的仪式流程进行操作。他们会在音乐的伴奏下，将天上圣母幡缓缓升至杆顶，这一仪式不仅是对妈祖的尊崇和献礼，也寓意着祈求妈祖保佑风调雨顺、国泰民安。

妈祖庙会中的升幡

资料来源：网易。

（三）祭祀仪式

在庙会开幕后，通常会举行庄重的祭祀仪式。祭祀仪式包括上香、献花、敬酒、宣读祭文等环节。参与祭祀的信众和嘉宾会虔诚地向妈祖神像鞠躬行礼，并献上自己的祈愿和祝福。这一环节是庙会中最具传统色彩的部分，也是信众们表达对妈祖信仰和崇敬之情的重要方式。

（四）表演活动

庙会开幕后，各种表演活动也会相继展开。这些表演活动包括舞龙舞狮、歌舞表演、武术杂耍等民间艺术形式。演员们身着华丽的服装，在舞台上尽情展示自己的才艺和技艺。这些表演不仅为庙会增添了更多的娱乐性和观赏性，也展现了当地的民俗风情和文化特色。

（五）巡游活动

在庙会期间，还会举行妈祖神驾巡游活动。巡游队伍通常由仪仗队、舞龙舞狮队、歌舞队等组成，他们会簇拥着妈祖神驾在庙宇周边或全岛进行巡游。巡游过程中，锣鼓喧天、鞭炮齐鸣，信众们纷纷跟随队伍前行，祈求妈祖的保佑和庇护。这一环节是庙会中最具视觉冲击力和震撼力的部分之一。

（六）演戏酬神

演戏酬神是庙会中的重头戏。妈祖故里是个著名的"戏曲之乡"，古老的莆仙戏、木偶戏等是庙会活动中的主要项目。庙会期间，十几个剧团轮番演出，有的对台表演、竞赛技艺。演出剧目既有《妈祖传》《月莲救母》等劝善内容，也有《三国》《水浒》《西游记》等连台本，或者比较流行的莆仙戏剧目。这些剧目不仅丰富了庙会的文化内涵，也满足了信众们的精神需求。

（七）民间杂耍与美食

庙会期间，还有各种民间杂耍和美食小吃。杂耍表演如魔术、兽戏等令人拍手叫绝；美食小吃则汇聚了当地的风味特色，如海鲜、糕点、小吃等，吸引了众多游客和信众前来品尝。

三、庙会中的"福"文化

闽台妈祖庙会作为两岸文化交流的重要载体，蕴含着丰富的"福"文化，这些文化元素对现实生活具有深远的意义。以下将从妈祖庙会的文化内涵、"福"文化的体现，以及这些文化元素对现实生活的意义进行详细阐述。妈祖庙会是融民间艺术、宗教信仰、文化艺术为一体的传统民俗盛会，通常在妈祖诞辰日、妈祖升天日、元宵节等节日举行。庙会期间，人们会举行演戏酬神、歌舞表演、开幡挂灯、武术杂耍、神驾巡游等一系列活动，这些活动不仅丰富了民众的文化生活，也传承和弘扬了妈祖文化。[1]

在闽台妈祖庙会中，"福"文化以其深厚的历史底蕴和丰富的精神内涵，得到了充分的体现与传承。作为中华传统文化的重要组成部分，"福"文化以"福祉"为核心，寓意着幸福、吉祥、和谐与美满。在妈祖庙会这一特定的文化场景中，"福"文化通过多种形式展现，不仅丰富了庙会的文化内涵，也加深了两岸民众的情感联结与文化认同。

①祈福仪式：传递"福"文化的正能量

庙会期间，人们会怀着虔诚的心情，通过各种仪式向妈祖祈福，祈求平安、健康、幸福和顺利。这些祈福仪式不仅体现了人们对美好生活的向往和追求，也传递了"福"文化的正能量。在妈祖的庇护下，人们相信自己的心愿能够得以实现，这种信仰的力量成为他们面对生活挑战时的精神支柱之一。

②福字元素：象征吉祥如意与幸福安康

在妈祖庙会的装饰和布置中，福字元素无处不在。灯笼上悬挂着鲜红的福字，对联上书写着吉祥的福语，人们佩戴着精美的福饰，这些都寓意着吉祥如意和幸福安康。福字元素不仅增添了庙会的喜庆氛围，也成为连接两岸民众情感的纽带，让他们共同感受到"福"文化的魅力。

---

[1] 黄国勇."福"文化之花开在百姓生活里[N].中国文化报，2024-03-26(6).

③民间艺术表演：展示"福"文化的深厚内涵

庙会上的民间艺术表演如舞龙舞狮、高跷、秧歌等，不仅展示了民间艺术的魅力，也寓含了"福"文化的深厚内涵。这些表演往往以吉祥、喜庆为主题，通过生动形象的表演形式，传递着人们对幸福生活的美好祝愿。这些表演不仅丰富了庙会的文化内容，也成为两岸民众交流互动的重要平台。

④信俗交流：共同传承和弘扬"福"文化

妈祖庙会是两岸民间信俗交流的重要平台。通过参与庙会活动，两岸民众可以共同缅怀妈祖的功德，增进彼此之间的了解和认同。在交流互动中，他们共同传承和弘扬"福"文化，让这一传统文化在新时代背景下焕发出更加璀璨的光芒。

闽台妈祖庙会中蕴含的"福"文化具有多方面的意义，具体体现在以下三个方面。

一是传统之福：历史之"福"是传承之"福"。在古代，"福"文化就已经逐渐形成并具有了丰富的内涵，体现在《诗经》《尚书》《礼记》等先秦典籍中。例如，"富，福也"（《毛诗诂训传》），"千禄百福"（《诗经·大雅·假乐》），"富也者，福也"（《礼记·郊特牲》），"福者，备也。备者，百顺之名也"（《礼记·祭统》）。在古代"福"文化中，"福"与佑、吉、祥、顺、助等联系在一起，是人们一切美好的过去、现在、愿景和想法的集中体现。而闽台孕育的妈祖文化正是"福"文化在福建、台湾等地的具体表现。在尊重和维护文化多样性的基础上，我们党推动多元文化交流交融，让"福"文化在两岸民众心中生根发芽，成为连接两岸情感的重要纽带。文化交流交融是人类社会发展进步的重要精神支撑。闽台妈祖庙会等文化活动，正是两岸文化交流交融的生动写照。通过参与庙会活动，两岸民众可以更加深入地了解彼此的文化传统和风俗习惯，增进相互之间的理解和认同。这种文化交流不仅有助于推动两岸关系的和平发展，也为构建人类命运共同体提供了有益的借鉴和启示。

二是现代之福：现代之"福"是人民之"福"。习近平总书记指出："要坚守人民情怀，紧紧依靠人民，不断造福人民，扎实推动共同富裕。"现代之"福"不再只是精神追求，而是精神与物质统一，人民获得感、安全感和幸福感统一之"福"。现代"福"要谨记"惜福"。在"享福"的同时，我们要珍惜来之不易的幸福。百年来，一代又一代中国共产党人为实现人民幸福、民族复兴矢志不渝、接续奋斗。他们用自己的实际行动诠释了"福"文化的深刻内涵，为新时代"福"文化的传承与发展注入了新的活力。因此，我们在造福和享福的同时，要惜福，要不断增强"四个意识"、坚定"四个自信"、做到"两个维护"，大力弘扬建党精神，自信自强、守正创新、踔厉奋发、勇毅前行，为全面建设社会主义现代化国家、全面推进中华民族伟大复兴而团结奋斗。

三是全球之福：全球之"福"是和平之"福"。当前，世界正处于"百年未有之大变局"中，各种风险和挑战层出不穷。闽台妈祖庙会等活动不仅加深了两岸情怀，彰显了"一个中国"的态度，也为世界和平与发展贡献了中国智慧和力量。在全球舞台上，中国将发挥重要作用，汇聚强大合力，促进共同繁荣进步。习近平主席相继提出了一系列重大倡议和主张，包括构建人类命运共同体、共建"一带一路"、全人类共同价值、全球发展倡议、全球安全倡议等。这些倡议和主张体现了中国对世界和平与发展的责任担当，也为全球之"福"的实现提供了重要保障。全球之"福"还是共同富裕之"福"。当今世界，饥饿、贫困、疾病、社会动荡等一系列问题仍然制约着人类发展。中国作为世界上最大的发展中国家之一，始终致力于推动全球减贫事业和共同发展。通过实施精准扶贫、乡村振兴等战略举措，中国已经取得了举世瞩目的减贫成就。同时，中国还积极推动构建人类命运共同体，为世界和平与发展持续贡献中国智慧和中国方案。

第四章

闽台妈祖庙宇中的"福"文化

在妈祖庙宇中,"福"文化以多种形式展现,如庙宇建筑中的福字雕刻、祈福活动中的福字挂饰以及信众们对妈祖赐福的虔诚信仰。庙宇的建筑设计往往蕴含丰富的"福"文化元素,如飞檐翘角上的福字雕饰,不仅美观,更寓意着吉祥如意、幸福美满。每年妈祖诞辰或重要节日,信众们会举行盛大的祈福活动,通过上香、献花、祈福等形式,祈求妈祖赐福保平安。在这些活动中,福字挂饰、福字对联等随处可见,营造出了一种浓厚的"福"文化氛围。

第一节 神器中的"福"文化

庙宇中的神器起源,尤其是与妈祖信仰相关的神器,往往蕴含着丰富的历史、文化和宗教意义。这些神器不仅是祭祀仪式中的重要工具,更是妈祖信仰文化传承的载体。以下将详细探讨庙宇中几种典型神器的起源及其背后的文化内涵。

一、妈祖法剑

妈祖法剑,又称令剑、宝剑或七星剑,是妈祖信仰中极具象征意义的法器之一。其起源可追溯至古代道教和民间信仰中对法器的使用。法剑是道教中常被用作辟邪、祈福的法器,而妈祖法剑则在此基础上融入了妈祖信仰的独特元素。在妈祖信仰中,法剑不仅具有辟邪之用,还象征着妈祖的权威和力量。钢铁锻制的剑身两面常镶有青铜制的北斗七星图样,靠近剑柄处则饰有龙等图案,这些设计既体现了道教文化的影响,又彰显了妈祖作为海上保护神的威严。此外,还有一种木制的妈祖法剑,多使用桃木雕制,称为"桃剑",寓意辟邪趋福、诸事随心。

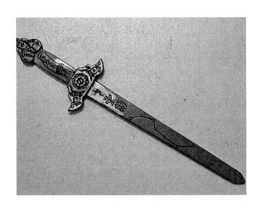

妈祖七星剑

资料来源：淘宝网。

（一）妈祖法剑的制作

在妈祖文化的传播与传承中，妈祖法剑作为其核心法器之一，备受敬仰与尊崇。妈祖法剑，不仅是祭祀活动中的神圣物品，更是信众们心中辟邪祈福的象征[1]。其制作过程，融合了传统工艺与信仰文化，充满了神秘与庄严。妈祖法剑的制作，首要步骤便是选料。优质的原材料是打造一把好剑的基础。传统上，妈祖法剑的剑身多采用上好的钢材，经过反复挑选与测试，以确保其坚韧耐用。同时，剑柄、剑鞘等部件则选用红木、牛角等具有吉祥寓意的材料，既美观又实用。

锻造成型是妈祖法剑制作的核心环节。匠人们将选好的钢材放入炉火中加热至通红，然后取出进行锻打。这一过程中，匠人需凭借丰富的经验和精湛的手艺，将钢材锻打成剑的形状。同时，他们还需在剑身上嵌入各种图案，如北斗七星、龙纹等，以增添法剑的神秘与威严。值得注意的是，在妈祖法剑的制作过程中还融入了一些独特的技艺。例如，有些匠人会采用桃木制作木剑，这种木剑虽然不具备钢剑的锋利，但却有着辟邪趋福的奇效。在制作桃木剑时，匠人会选用生长多年的桃木，经过精心雕刻与打磨，使其呈现出完美的形态。

---

[1] 妈祖文献整理与研究丛刊编纂委员会.妈祖文献资料整理与研究丛刊（第二辑）[M].福州：海峡文艺出版社，2018：78.

淬火是提升剑身硬度与韧性的关键步骤。匠人们会将锻造成型的剑身放入淬火液中快速冷却，使剑身组织发生变化，从而提升其性能。这一步骤需要极高的技术与经验积累，稍有不慎便可能导致剑身断裂或变形。开刃则是将剑身打磨出锋利的刃口。匠人们会使用磨石等工具对剑身进行细致的打磨与抛光，直至剑身呈现出寒光闪闪、锋利无比的效果。这一步骤不仅考验匠人的手艺与耐心，更关系到法剑的实际使用效果。

最后一步是祈福与开光。在妈祖法剑制作完成后，匠人们会举行隆重的祈福仪式与开光仪式。他们会在妈祖庙前焚香祷告、祈求妈祖保佑法剑能够辟邪祈福、保佑平安。同时他们还会邀请高僧或道士为法剑进行开光加持等仪式，以赋予法剑更多的神秘力量与灵性。通过这一系列的制作流程与仪式，一把精美的妈祖法剑便诞生了。它不仅是一件精美的艺术品与收藏品，更是妈祖文化中的重要象征与传承载体。在未来的日子里，它将继续承载着信众们的信仰与祈愿，为人们的生活带来平安与幸福。

（二）妈祖法剑的祭祀用途

妈祖法剑，作为妈祖文化中的重要法器，其祭祀用途广泛，意义深远，不仅承载着信众们的信仰与祈愿，还在妈祖祭祀活动中扮演着举足轻重的角色。以下是对妈祖法剑祭祀用途的详细阐述：妈祖法剑的首要祭祀用途在于辟邪驱凶，保佑信众及其家庭的平安。在妈祖诞辰日、升天日等重要节日或庆典活动中，信众们会手持妈祖法剑，向妈祖祈求健康、长寿、事业有成、家庭和睦等。妈祖法剑作为连接信众与妈祖神灵的媒介，承载着信众们的虔诚期盼，信众们将他们的祈愿传递给妈祖，祈求得到妈祖的庇佑与赐福。在信仰妈祖的社区中，妈祖法剑的祭祀用途还体现在增强社区凝聚力、促进和谐共处等方面。通过共同参与妈祖祭祀活动，使用妈祖法剑等法器进行祈福辟邪，社区成员之间的信仰纽带得以加强，彼此之间的情感联系也更加紧密。这种基于共同信仰的社区凝聚力有助于促进社区内部成员的和谐共处与团结合作，为社区的繁荣与发展奠定坚实的基础。

（三）妈祖法剑中的"福"文化

妈祖法剑，作为妈祖文化中一颗璀璨的明珠，不仅承载着深厚的民俗意义，更蕴含着丰富的"福"文化内涵，成为连接人类命运共同体的纽带。从人类命运共同体的视角出发，我们可以更加深刻地理解妈祖法剑所承载的历史、文化与社会价值，以及它如何在全球化的今天，继续发挥着促进和平、传递福祉的重要作用。

妈祖法剑，作为妈祖文化中的重要象征之一，其制作工艺考究，多由钢铁锻制而成，剑身两面镶有青铜制的北斗七星图样，靠近剑柄处还刻有龙等图案，寓意着辟邪趋福、诸事随心。此外，还有使用桃木制成的妈祖法剑，称为"桃剑"，同样具有辟邪保平安的功能。这些独特的元素和寓意，使得妈祖法剑在民间信仰中占据了重要的地位。在古代，人们相信法剑能够斩妖除魔，保护信众免受邪恶侵害。这种信仰背后，是人们对平安、顺遂生活的美好向往。妈祖法剑作为辟邪祈福的工具，正是"福"文化在民间信仰中的具体体现。它不仅仅是一件法器，更是人们追求幸福生活的精神寄托和心灵慰藉。

"福"文化，作为中华传统文化的重要组成部分，强调的是对美好生活的向往和追求。妈祖法剑所蕴含的辟邪祈福功能，与"福"文化中的"平安是福"理念不谋而合。它传递的是一种积极向上的生活态度，即无论面对何种困难和挑战，都要保持内心的平静和坚定，相信通过努力和信仰的力量，一定能够战胜邪恶，迎来幸福美好的生活。同时，妈祖法剑的历史传承性也与"福"文化所强调的历史积淀和文化底蕴相呼应。妈祖文化历史悠久，妈祖法剑作为其重要组成部分，见证了妈祖信仰从形成到发展壮大的全过程。这种历史传承性不仅使得妈祖法剑成为一件珍贵的文物和艺术品，更使得它所蕴含的"福"文化内涵得到了更加深刻的体现和传承。

妈祖法剑不仅是一件法器，更象征着斩妖除魔、匡扶正义的力量。这种正义力量是人类共同价值中的重要组成部分，是社会制度的重要价值，也是社会和谐的基本条件。在古代社会，妈祖法剑作为正义的象征，能够惩恶扬善，维护社会秩序和公平正义。它激励人们追求公正、善良和勇敢，形成了一种积极向上的社会风尚。这种风尚不仅在当时的社会中发挥了重要作用，也为后世留下了宝贵的精神财富。在当今社会，妈祖法剑所代表的正义力量仍然具有重要的现实意义。随着全球化的深入发展，各国之间的联系日益紧密，但同时也面临着各种挑战和冲突。挖掘妈祖法剑中"福"文化的柔性魅力，能够帮助人类正确看待与解决冲突与争端，促进国际社会的和谐与稳定。

人类命运共同体理念强调的是各国之间的相互依存和共同利益。在这一理念下，各国应该携手共进，共同应对全球性挑战，实现共同发展和繁荣。妈祖法剑所蕴含的"福"文化和正义力量，与人类命运共同体的理念相契合，为构建人类命运共同体提供了重要的精神支撑和文化基础。

首先，妈祖法剑所传递的"平安是福"理念，与人类命运共同体所倡导的和平、安全理念相契合。在当今世界，和平与安全仍然是各国人民共同追求的目标。通过弘扬妈祖法剑所蕴含的"平安是福"理念，可以激发各国人民对和平的向往和追求，推动国际社会共同维护和平与安全。其次，妈祖法剑所代表的正义力量，其内涵与人类命运共同体所倡导的公平正义理念相契合。在当今社会，公平正义仍然是各国人民共同关注的问题。通过挖掘妈祖法剑中正义力量的内涵和价值，可以推动国际社会共同维护公平正义，促进全球治理体系的完善和变革。最后，妈祖法剑所蕴含的历史传承性和文化底蕴，与人类命运共同体所倡导的文明交流互鉴理念相契合。文明多样性是人类社会的基本特征，通过加强文明交流互鉴，可以推动各国对彼此文化的相互理解和尊重，促进人类文明的共同进步和发展。妈祖法剑作为中华传统文化的载体之一，其历史传承性和文化底蕴为文明交流互鉴提供了资源和平台。

中国外交始终秉持着和平、发展、合作、共赢的理念，致力于推动构建人类命运共同体。在这一过程中，"福"文化理念和妈祖法剑都发挥了重要作用。"亲仁善邻"和"止戈为武、以战止战""和为贵"的理念深深植根于中国的历史和文化传统之中。中华人民共和国成立之初就提出了和平共处五项原则，为国际社会树立了处理国与国之间关系的基本准则。如今，中国又提出了人类命运共同体和全球安全倡议等理念，为推动国际社会的和平与发展贡献了中国智慧和力量。中国外交始终秉持着公平正义的原则，致力于维护国际社会的公平正义和秩序。在国际事务中,中国始终站在正义的一边,支持各国人民追求和平、发展、合作、共赢的努力。这种正义力量不仅赢得了国际社会的广泛赞誉和支持,也为中国外交树立了良好的形象和声誉。

二、妈祖拂尘

妈祖拂尘,作为妈祖信仰中的另一种重要法器,其起源同样可追溯到道教文化。拂尘在道教中常被用作拂去尘缘、超凡脱俗的象征,而在妈祖信仰中,拂尘则成为妈祖施展法力、救苦救难的法器。在《妈祖圣迹图》等文献中,我们可以看到妈祖使用拂尘的形象,这进一步印证了拂尘在妈祖信仰中的重要地位。拂尘的材质多样,既有丝质、麻质等柔软材质制成的,也有金属、玉石等硬质材质制成的。不同材质的拂尘在祭祀仪式中可能具有不同的用途和象征意义。妈祖拂尘的文化内涵主要体现在其象征意义和实用功能上。作为象征意义,拂尘代表妈祖的慈悲与智慧,是妈祖文化敬仰者心中神圣与纯洁的象征。在实用功能上,拂尘则常被用于祭祀仪式中的清洁和净化环节,寓意信众们通过妈祖的庇佑能够拂去心中的尘埃和烦恼,获得内心的平静与安宁。

(一)妈祖拂尘的制作

妈祖拂尘,作为妈祖文化中独具特色的法器之一,不仅承载着深厚的文化内涵,还展现出匠人们精湛的制作工艺与对美好生活的祈愿。妈祖拂尘,又称尘拂、拂子,自古便是道家及民间信仰中常见的物品,寓意着扫去尘埃、净化心灵、驱邪避害。在妈祖信仰体系中,拂尘更是作为神圣的法器,常被用于祭祀、祈福等仪式中,象征着妈祖的慈悲与护佑。其精美的外观与深邃的寓意,使得妈祖拂尘成为信众们争相供奉的宝物。手柄材料:妈祖拂尘的手柄多选用质地坚硬、纹理美观的木材,如檀木、桃木等。这些木材不仅耐用,且寓意吉祥,能够增添拂尘的神圣感。拂尘毛料:拂尘的毛料通常选用马尾毛、棕丝等天然材料。马尾毛因其质地柔软、光泽度好而备受青睐;棕丝则因其坚韧耐用、易于编织而广泛使用。匠人们会采用传统的编织技艺,将毛料逐层缠绕在手柄上，并用绳子进行固定。在编织过程中，匠人们会注重毛料的分布均匀和紧密程度，以确保拂尘的美观和实用。同时，他们还会根据设计需求在拂尘上添加装饰元素，如珠子、流苏等，以增加其观赏价值。编织完成后，匠人们会对拂尘进行修剪和整理。他们会使用剪刀修剪掉多余的毛料和绳子部分，使拂尘看起来更加整洁美观，同时还会检查拂尘的牢固程度并进行必要的加固处理，以确保其耐用性。

妈祖拂尘

资料来源：淘宝网。

（二）妈祖拂尘的祭祀用途

妈祖拂尘作为妈祖文化中一个重要的象征物，不仅体现了对妈祖的崇敬与信仰，还蕴含着丰富的文化内涵和民俗风情。以下是对妈祖拂尘祭祀用途的详细阐述。妈祖拂尘作为法器之一，在祭祀活动中常被用来驱妖避邪，保佑一方平安。据民间传说，拂尘具有神奇的力量，能够扫除一切邪恶与不幸，为信众带来吉祥与安宁。在妈祖庙的祭祀仪式中，道士或祭司手持拂尘，通过特定的仪式和咒语，祈求妈祖庇佑，使海域风平浪静、渔民出海平安归来、百姓安居乐业。妈祖拂尘还象征着纯洁与高尚，其柔软的毛须轻拂而过，如同春风化雨，能够净化人的心灵，消除烦恼与杂念。在祭祀过程中，信众们手持香火，虔诚地围绕妈祖像转经祈福，而拂尘则作为连接人与神的媒介，传递着信众的祈愿与妈祖的慈悲。通过拂尘的轻拂，信众们相信自己的心灵得到了净化，同时也祈求妈祖赐予自己及家人健康、平安、幸福等福祉。

（三）妈祖拂尘中的"福"文化

妈祖拂尘，这一蕴含深厚文化底蕴的法器，不仅是妈祖信仰中的重要象征，更是妈祖文化创造性转化与创新性发展过程中的璀璨明珠。它巧妙地融入了"福"文化的精髓，成为连接信仰与幸福生活的桥梁。以下是对妈祖拂尘中"福"文化的深入探析，旨在探讨其在妈祖文化创造性转化与创新性发展过程中的独特价值。拂尘，作为妈祖像或妈祖庙中常见的法器，其意义远非简单的清洁工具所能涵盖。在妈祖信仰体系中，拂尘不仅仅是驱除邪祟的工具，更具有一种包容万物的力量，寓意着接纳万物、和谐共处。这种"福"文化在妈祖信仰体系中与包容精神紧密相连，展现了中华"福"文化的博大胸怀与和谐理念。在闽台各地的宫庙中，无论主神是否为妈祖，都常常可以看到妈祖拂尘的身影。这种包容性不仅体现了妈祖信仰的广泛群众基础，更成为不同信仰、不同文化背景的人们的共同精神支柱。妈祖拂尘所蕴含的"福"文化，正是通过其包容万物的特性，将不同信仰的人们紧密地联系在一起，共同追求和谐、幸福的生活。

妈祖拂尘作为妈祖文化的重要组成部分，其"福"文化内涵丰富而深刻。在推动构建人类命运共同体的过程中，妈祖拂尘所蕴含的"福"文化理念，为中国与世界各国的文化交流与合作提供了宝贵的经验。中国倡导"和为贵""兼济天下""自强不息""厚德载物""与人为善"等思想原则和精神追求，妈祖拂尘所蕴含的包容精神与这些理念不谋而合。中国以"海纳百川，有容乃大"的胸襟和气魄，向世界各国传达着文化"和而不同"的价值理念。这种理念强调在尊重多文化元素的基础上，找到一条和谐共生的道路，实现不同文化之间的共存与繁荣。《国语·郑语》中有言："夫和实生物，同则不继。以他平他谓之和，故能丰长而物生之；若以同裨同，尽乃弃矣。"这句话深刻揭示了和谐共生的真谛。在面对不同文化的差异时，我们应该以开放的心态去接纳和理解，而不是极力打压和遏制文化的多样性发展。妈祖拂尘所蕴含的"福"文化，正是通过其包容万物的特性，为我们提供了处理不同文化差异的启示。中国所倡导构建的人类文明共同体理念，为世界各国处理人类文明多样性的问题提供了中国方案。这一理念强调文化没有高下优劣之分，只有特色地域之别。要实现人类命运共同体，就要在文化领域实现求同存异，推动世界文化的繁荣发展。妈祖拂尘所蕴含的"福"文化，正是这一理念的具体体现和生动实践。

手持拂尘的妈祖像

资料来源：淘宝网。

随着时代的发展，妈祖拂尘"福"文化也在不断地传承与发展。在消费心理层面，妈祖拂尘相关"福"文化产品满足了人们对幸福、平安、和谐生活的追求。这些产品不仅具有实用价值，更承载着深厚的文化内涵和精神寄托。"福"文化深深影响着中国人的审美观念和消费行为。在传统节日或重要场合，人们习惯通过购买"福"文化产品来表达对美好生活的祝愿和对家庭幸福的期盼。妈祖拂尘"福"文化产品因其独特的文化内涵和象征意义，成为人们表达祝福和期盼的理想选择。从创意设计的角度来看，妈祖拂尘"福"文化产品通过将传统元素与现代设计理念相结合，不断推陈出新，焕发出新的生命力。设计师们通过对妈祖拂尘的不同手柄材质、吉祥图案的运用以及色彩的搭配，创造出具有现代感的"福"文化产品。这些产品不仅保留了妈祖拂尘的传统元素，更融入了现代审美和时尚元素，使其更加符合现代人的审美需求。例如，将妈祖拂尘与当代流行的设计风格相结合，推出具有时尚元素的"福"文化衍生品。这些衍生品不仅具有收藏价值，更成为年轻人表达个性和追求时尚的选择。通过跨界合作，妈祖拂尘"福"文化产品还与时尚、艺术等领域进行深度融合，为传统文化注入了新的活力和内涵。

妈祖拂尘"福"文化产品的价值不仅体现在其商业价值上，更体现在其对社会和文化的积极影响上。作为一种正能量文化，"福"文化的传播有助于促进社会和谐，提升人们的幸福感。妈祖拂尘"福"文化产品通过其独特的文化内涵和象征意义，传递着正能量和祝福，使人们在日常生活中感受到幸福和温暖。同时，"福"文化产品的开发和销售也为相关产业带来了经济效益，推动了文化创意产业的发展。随着妈祖拂尘"福"文化产品的不断推陈出新和市场的不断拓展，相关产业也迎来了新的发展机遇。这些产业的发展不仅为当地经济注入了新的活力，也为传统文化的传承与发展提供了新的平台和渠道。此外，妈祖拂尘"福"文化产品的推广和传播还有助于提升中国文化的国际影响力。在全球化背景下，文化交流和传播变得越来越重要。妈祖拂尘"福"文化产品以其独特的文化内涵和象征意义，成为中华文化走向世界的一张名片。通过参加国际展览、文化交流活动等途径，妈祖拂尘"福"文化产品向世界各国展示了中华文化的魅力和内涵，增进了中外文化的交流与理解。

三、妈祖筶杯

妈祖筶杯，是妈祖信仰中用于占卜和问卜的神器。其起源可追溯至远古时期的占卜文化。筶杯的形态为半月型，最早用贝壳制成，后来逐渐发展为用玉、竹、木、铸铁、铜等多种材质制成。筶杯的两面中一面凸出一面平整，凸出为阳，平整为阴。在占卜时，祷告者将重叠的两片筶杯放在手心，口中诚祈欲问之事，然后向神前地面掷出。根据筶杯落地后的不同组合形式（如阳阳杯、阴阴杯、圣杯等），占卜者可以得到妈祖的神谕和指引。妈祖筶杯的文化内涵主要体现在其占卜功能和象征意义上。作为占卜工具，筶杯为信众提供了一种与妈祖沟通的方式，使他们能够在面对困难和疑惑时得到妈祖的指引和帮助[①]。同时，筶杯的投掷过程也寓意着信众对妈祖的虔诚和信任，以及他们对美好生活的期盼和追求。

妈祖筶杯

资料来源：淘宝网。

（一）妈祖筶杯的制作

妈祖筶杯的制作材料多样，既有自然之物如贝壳，也有人工制品如玉、竹、木等。不同材料的选择，不仅体现了古人的智慧与创造力，还赋予了筶杯不同的文化内涵和象征意义。贝壳：作为早期的筶杯材料，贝壳以其天然的形态和质地，完美契合了筶杯作为占卜工具的需求。其天然的纹理和色泽，更增添了筶杯的神秘感。玉：玉质筶杯因其温润的质感和高贵的气质，被视为尊贵与神圣的象征。然而，由于玉材难得且加工复杂，玉质筶杯并不多见。竹、木：竹、木因其易得且易于加工，成为筶杯制作的主要材料。竹木筶杯不仅轻便耐用，还蕴含着自然与生命的活力，与妈祖信仰中的海洋文化相得益彰[②]。铸铁：在民间传说中，妈祖曾向铸鼎老匠讨要铁水制成筶杯。这一传说不仅增添了筶杯的神秘色彩，还展示了妈祖的神通广大。然而，在实际制

---

① 林旻雯.民俗生活中的掷筊实践与衍变[J].民俗研究，2023（3）：123–134.

② 徐晓望.妈祖的子民：闽台海洋文化研究[M].上海：上海学林出版社，1999：62.

作中，铸铁筊杯并不常见，可能更多的是出于传说和象征意义的考虑。

妈祖筊杯的制作工艺十分精湛，需要经过多道工序才能完成。以竹、木筊杯为例，其制作过程大致包括选材、切割、打磨、雕刻、抛光等步骤。在选材方面，通常选择质地坚硬、纹理清晰、无裂痕的竹、木材料作为原料。将选好的材料按照规定的尺寸和形状进行切割，形成两个半月形的木片。对切割好的木片进行细致的打磨处理，使其表面光滑平整，无毛刺和凹凸不平之处。在木片上雕刻各种图案或文字，如妈祖像、海浪纹等，以增添筊杯的艺术价值和文化内涵。对雕刻好的筊杯进行抛光处理，使其表面更加光滑亮丽，具有更好的手感和视觉效果。

（二）妈祖筊杯的祭祀用途

妈祖筊杯，作为妈祖信仰中独特的祭祀与占卜工具，承载着深厚的文化内涵和宗教意义。其祭祀用途不仅体现在信众与妈祖之间的沟通上，还贯穿于妈祖信仰的多个方面，成为连接人间与神界的桥梁。妈祖筊杯最初作为妈祖与天界通话的法器，其根本用途在于沟通神谕。在祭祀活动中，信众通过虔诚的祷告，将心中的祈愿或疑问寄托于筊杯之上。随后，将两片筊杯掷于地面，根据其落地后的形状和方位来解读妈祖的神意。这种方式既体现了信众对妈祖的敬畏与信赖，也展示了古人对于自然规律和超自然力量的探索与理解。

在妈祖信仰中，筊杯常被用作占卜吉凶的工具。信众在面对生活中的重大决策或疑惑时，会通过掷筊杯的方式来寻求妈祖的指引和庇护。根据筊杯的不同组合（如阳阳杯、阴阴杯、圣杯等），信众可以解读出不同的吉凶预兆和应对之策。这种占卜方式不仅为信众提供了心理上的安慰和支持，还引导他们在面对困境时保持冷静和理智。在妈祖的祭祀仪式中，筊杯扮演着十分重要的角色。无论是官方的祭海仪式还是民间的妈祖庙会，筊杯都是不可或缺的祭祀工具。在仪式开始前，信众会先向妈祖像敬献香烛、花果等供品，并诚心祷告。随后，通过掷筊杯的方式来占卜吉凶或祈求神谕。这种仪式不仅加深了信众对妈祖的信仰和敬仰之情，还增强了社区的凝聚力和向心力。

（三）妈祖筶杯中的"福"文化

妈祖筶杯中的"福"文化，是中华传统文化中独特而丰富的一部分，它融合了妈祖信仰与"福"文化的精髓，体现了人们对美好生活的向往和追求。妈祖信仰不仅仅是一种宗教信仰，更是一种文化现象，它蕴含着丰富的文化内涵和人文精神。"福"文化，作为中华民族的传统文化之一，代表着吉祥、幸福和美好的祝愿。在妈祖信仰中，"福"文化得到了充分的体现和传承。妈祖筶杯作为信仰的重要载体，其每一次的掷出都寄托了信众对福祉的期盼和祈愿。

妈祖筶杯，作为占卜吉凶和祈求神谕的工具，其本身就蕴含着祈福的意义。信众在掷筶杯时，会虔诚地祷告，将自己的祈愿寄托于筶杯之上。当筶杯掷出并呈现出特定的组合时，信众会根据其象征意义来解读妈祖的神意和指引。这种祈福的方式不仅体现了信众对妈祖的敬仰和信赖，也展示了他们对美好生活的向往和追求。在妈祖筶杯中，"福"文化得到了生动的体现，每一次的掷杯都充满了对幸福生活的渴望和期盼。

虽然妈祖筶杯本身并不直接刻有"福"字，但其所蕴含的祈福意义和象征价值却与"福"字紧密相连。在中国传统文化中，"福"字代表着吉祥、幸福和美好的祝愿。妈祖筶杯作为祈福的工具，其每一次的掷出都承载着信众对"福"的期盼和追求。当筶杯掷出并呈现出吉祥的组合时，信众会认为这是妈祖赐予的福气和庇佑，从而感到无比的喜悦和安心。因此，可以说妈祖筶杯中的"福"字象征是隐性的、有寓意的，它体现在信众的祈愿和妈祖的神意之中。

妈祖筶杯作为妈祖信仰的重要组成部分，其传承和发展也促进了"福"文化的传播和弘扬。在妈祖庙会、祭祀仪式等活动中，妈祖筶杯都是不可或缺的祭祀工具。通过这些活动，信众不仅加深了对妈祖信仰的理解和认同，还感受到了"福"文化的魅力和力量。同时，妈祖筶杯的制作和使用也促进了相关技艺的传承和发展，为"福"文化的传承注入了新的活力和动力。妈祖筶杯中的"福"文化是中华传统文化中独特而丰富的一部分。它融合了妈祖信仰与"福"文化的精髓，体现了人们对美好生活的向往和追求。在妈祖

筶杯中,我们不仅看到了祈福的意义和象征价值,还感受到了"福"文化的
魅力和力量。因此,我们应该珍视和传承这份宝贵的文化遗产,让妈祖筶杯
中的"福"文化继续发扬光大。

四、其他神器

除了上述三种神器,妈祖庙宇中还有许多具有象征意义和实用功能的神
器,如妈祖龙旗、妈祖符、妈祖牛角、妈祖银圭等。这些神器各具特色,共
同构成了妈祖信仰文化的丰富内涵。妈祖龙旗:作为妈祖信仰中的吉祥物之
一,龙旗象征着妈祖的威严和力量。在祭祀仪式中,龙旗常被高高挂起或手
持挥舞,以表达对妈祖的敬仰和祈求。妈祖符:妈祖符是妈祖信仰中用于辟
邪消灾的符咒。信众们在朝拜妈祖后常会得到一张妈祖符,带在身上或贴在
家里以祈求平安吉祥。妈祖牛角:象征着斗胜与辟邪,能够阻挡并驱除煞
气。在妈祖信仰中,牛角被视为一种具有神秘力量的法器,能够保护信众免
受邪恶的侵扰。除了辟邪之外,妈祖牛角还常被用于传递信息。在祭祀仪式
中,牛角的声音可以传达信众们的祈愿和心声,使妈祖能够感知并回应他们
的请求。

妈祖符

资料来源:网易。

第二节　供品中的“福”文化

　　妈祖庙宇中的供品承载着深厚的文化意义与信仰寄托。这些供品，无论是海鲜、面制还是其他食物制成的精美盆景，都代表着信众们对妈祖的敬仰与感激。它们不仅展示了沿海地区丰富的物产与手工艺，更寓意着丰收、富饶、吉祥与平安。通过供奉这些供品，信众们祈求妈祖保佑家庭幸福、事业有成、身体健康，同时也体现了人与自然和谐共生的理念。妈祖庙宇中的供品，是妈祖信仰文化中不可或缺的一部分，它们传承着千年的历史与文化，是连接信众与妈祖之间的精神纽带。

妈祖庙宇中的供品

资料来源：360百科。

一、海鲜供品

（一）海鲜供品类型与寓意

　　妈祖庙宇里的海鲜供品，作为妈祖信仰文化中不可或缺的一部分，不仅种类繁多，而且制作精细，寓意深远。这些海鲜供品不仅展示了沿海地区丰富的海洋资源，更体现了信众们对妈祖的敬仰与感激之情，以及对美好生活的向往与追求。

　　妈祖庙宇中的海鲜供品类型丰富多样，主要包括但不限于以下几类：第一，传统海鲜类：如鱼类、虾类、蟹类等，这些海鲜供品往往以整只或切片的形式呈现，经过精心挑选和处理，确保其新鲜和美观。这些海鲜供品不仅代表了海洋的馈赠，也寓意着丰收和富饶。第二，面塑海鲜类：在特定的祭祀时期，如妈祖诞辰或其他重要节日，渔民们会遵循传统习俗，禁止下海捕鱼，因此会用面粉等来制作各种海鲜供品。这些面塑海鲜供品以淀粉、面筋等为主要原料，经过名师巧匠的精心制作，外形逼真，色彩鲜艳，几乎可以乱真。它们不仅展示了高超的民间手工艺，也体现了信众们对妈祖的虔诚与敬意。

海鲜供品的制作过程十分讲究，需要经历多个环节。首先，需要挑选新鲜、优质的海鲜作为原料。对于面塑海鲜供品，则需要选用高质量的淀粉、面筋等原料。其次，对于传统海鲜供品，需要进行清洗、去鳞、去内脏等处理步骤，以确保其干净卫生。对于面塑海鲜供品，则需要将原料混合均匀，并经过反复揉捏、塑形等步骤，以制作出逼真的海鲜形状。再次，在制作过程中，还会根据需要进行装饰，如用彩带、花朵等点缀，以增加美观度和节日气氛。最后，将制作好的海鲜供品摆放在供桌上，按照一定的顺序和布局进行排列，以表达对妈祖的敬仰和感激之情[1]。

妈祖庙宇中的海鲜供品不仅具有观赏价值，更蕴含着丰富的寓意。丰收与富饶：海鲜供品作为海洋的馈赠，代表着丰收和富饶。信众们通过供奉海鲜供品，祈求妈祖保佑他们渔业丰收、生活富足。感恩与敬仰：海鲜供品的制作和供奉过程，体现了信众们对妈祖的感恩与敬仰之情。他们通过这种方式，表达对妈祖的感激和崇敬。和谐与共生：妈祖信仰强调人与自然的和谐共生。海鲜供品的制作和供奉过程，也体现了信众们对海洋生态的尊重和保护意识。他们希望通过这种方式，祈求妈祖保佑海洋生态平衡、渔业资源可持续利用。妈祖庙宇里的海鲜供品不仅是妈祖信仰文化中的重要组成部分，更是信众们对妈祖敬仰与感激之情的物化表达。这些海鲜供品以其丰富的类型、精细的制作和深远的寓意，展示了妈祖信仰文化的独特魅力和深厚底蕴。

---

① 刘福铸，周金琰.妈祖文献史料汇编：第一辑档案卷[M].福州：海风出版社，2011：147.

（二）海鲜供品中的"福"文化

妈祖庙宇里的海鲜供品，作为妈祖信仰文化中独具特色的一部分，不仅展现了海洋的丰饶与多样，更蕴含着深厚的"福"文化。这种"福"文化体现在供品的命名、制作、供奉以及背后的寓意之中，是信众们对妈祖信仰的虔诚表达和对美好生活的热切期盼。

妈祖庙宇中的海鲜供品，其命名往往寓意吉祥、美好，寄托了信众们对幸福的向往。例如："年年有余"的鱼类供品，寓意着生活富足、年年有余粮；"鸳鸯贵子"的虾类供品，则象征着夫妻恩爱、子孙满堂。这些寓意深远的命名，不仅为海鲜供品增添了文化色彩，也使其成为传递福气的使者。海鲜供品的制作过程，本身就是一种对"福"文化的传承与弘扬。信众们精心挑选优质海鲜，经过清洗、处理、烹饪等工序，最终制作成精美的供品。在这个过程中，他们倾注了心血与汗水，也寄托了对妈祖的敬仰与感激。同时，制作过程中还融入了民间手工艺和传统文化元素，使得海鲜供品不仅具有观赏价值，更蕴含了深厚的文化底蕴。这种对传统文化的坚守与传承，正是"福"文化得以生生不息的重要源泉。

"伞舞生平"鱼供品

资料来源：360百科。

在妈祖庙宇中，海鲜供品被供奉在神坛之上，成为信众们祈求妈祖保佑的重要媒介。展现了海洋的丰饶与多样，更蕴含着"福"文化中人与自然和谐共生的文化内涵。从"天人合一"自然生态观提出时人们就已经开始思考人与自然之间的关系，如孔子提出的"畏天命"，《礼记》中的"万物并育而不相害，道并行而不相悖"，都是告诫人们要敬畏自然、顺应自然、与自然和谐共生；荀子的"节用裕民，而善臧其余"是"足国之道"，劝诫人们要对自然资源取之有度，不要过度浪费、消耗自然资源。中国古代先贤们对自然与人和谐共生的思考从未中断。现代化工业在促进人类社会快速发展的同时也带来了一系列人与自然之间的矛盾。自然资源的过度开采和使用导致全球性生态环境问题层出不穷，海洋生态环境治理和保护迫在眉睫。要想实现经济发展和环境保护的双赢，需要各国的共同努力。

二、面制供品

（一）面制供品类型与寓意

妈祖庙宇中，面制供品作为一种独特的文化表现形式，不仅展示了民间手工艺人的高超技艺，更蕴含了丰富的文化寓意和信仰内涵。这些面制供品以其独特的造型、精湛的制作工艺和深厚的文化底蕴，成为妈祖信仰文化中不可或缺的一部分。

妈祖庙宇中的面制供品种类繁多，形态各异，主要包括以下几类。糕果类：这是面制供品中最为常见的一类。糕果通常以糯米粉、面粉等为主要原料，加入适量的糖、油、水等辅料，经过搅拌、发酵、蒸煮等工序制作而成。它们的外形多样，有圆形、方形、菱形等，表面往往还会装饰上各种图案或文字，以增加其美观性和寓意性。人物故事类：这类面制供品以妈祖故事、民间传说、历史故事等为题材，通过面塑技艺将人物形象和故事情节生动地展现出来。例如："妈祖故事"供品可能包括妈祖出生、成长、成神等关键场景的人物造型；"八仙过海"供品则展现了八仙各显神通渡海的情景。这些供品不仅具有观赏价值，更传递了深厚的文化内涵。花鸟鱼虫类：自然界中的花鸟鱼虫也是面制供品常见的创作题材。信众们利用面塑技艺将这些生灵栩栩如生地呈现出来，既展现了自然界的美丽与和谐，也寄托了对美好生活的向往和追求。吉祥寓意类：除了以上几类具体的题材外，还有一些面制供品以吉祥寓意为主题进行创作。如"福""禄""寿""喜"等字样的面塑作品，以及寓意丰收、平安、健康等美好愿望的图案和造型。这些供品通过直观的视觉形象传达了人们对幸福生活的渴望和期盼。

妈祖面制供品

资料来源：360百科。

妈祖庙宇中的面制供品制作工艺精湛，流程复杂。一般来说，其制作过程主要包括以下几个步骤。首先，选料与准备：选择优质的糯米粉、面粉等原料，并准备好适量的糖、油、水等辅料。同时，准备好制作过程中所需的工具和设备如模具、刀具等。其次，和面与发酵：将原料按一定比例混合后加水搅拌成面团，然后进行发酵处理，使面团更加松软有弹性。这一步是制作面制供品的关键环节之一，它直接影响到成品的口感和质量。再次，塑形与装饰：将发酵好的面团按照设计好的造型进行塑形。这一过程需要工匠们具备高超的技艺和丰富的想象力，他们通过揉、捏、搓、切等手法将面团塑造成各种生动的形象，同时还会使用色素等辅料进行装饰以增加供品的观赏性和寓意性。最后，蒸煮与晾干：将塑好形的面制供品放入蒸锅中进行蒸煮处理使其熟透定型。蒸煮完成后取出晾干即可进行后续的供奉或展示活动。

妈祖庙宇中的面制供品不仅具有观赏价值，更蕴含着丰富的文化寓意和信仰内涵。面制供品作为信众们对妈祖的敬仰与感激之情的物化表达，承载着他们祈求妈祖保佑家庭幸福、事业有成、身体健康等美好愿望。通过面制供品的制作和供奉活动可以传承和弘扬妈祖信仰文化以及与之相关的民间手工艺和传统文化，这对于维护文化多样性和促进文化交流具有重要意义。面制供品以其独特的造型和精湛的制作工艺成为一种具有艺术价值的审美对象。人们在欣赏这些供品的过程中可以感受传统文化的魅力和民间艺术的智慧，从而得到精神上的享受和满足。妈祖庙宇中的面制供品作为一种独特的文化现象，不仅展示了民间手工艺人的高超技艺，更蕴含着丰富的文化寓意和信仰内涵，其不仅是信众们对妈祖的敬仰与感激之情的物化表达，更是传统文化与民间艺术完美结合的典范。

（二）面制供品中的"福"文化

在妈祖庙宇中，面制供品不仅是供奉妈祖的重要物品，更是"福"文化深刻体现的载体。这些面制供品以其精湛的工艺、丰富的寓意和深厚的文化内涵，成为连接人与神、传承与弘扬"福"文化的桥梁。

面制供品的制作是一项精细且富有艺术性的工作，它融合了民间工艺与传统文化，体现了劳动人民的智慧和创造力。从选料、和面、塑形到装饰，每一步都蕴含着匠人的心血和对妈祖的虔诚敬意。这种精益求精的制作态度，正是"福"文化中"勤劳致富""精益求精"精神的体现。劳动是财富的源泉，是实现美好生活的重要手段。"六稳""六保"政策正是我们党在新时代背景下对勤劳致富理念的具体实践。"六稳"旨在通过稳就业、稳金融、稳外贸、稳外资、稳投资、稳预期，为劳动者提供稳定的就业环境和经济保障；"六保"则进一步确保居民就业、基本民生、市场主体、粮食能源安全、产业链供应链稳定以及基层运转，使发展成果更多、更公平地惠及全体人民。这些政策不仅保障了人民的基本生活，更为勤劳致富创造了良好的社会环境。"精益求精"是党对高质量发展的重要要求。在党的理论体系中，"精益求精"不仅是对劳动者个人技能提升的要求，更是对整个国家产业发展水平的期望。党强调要通过技术创新、管理优化等手段，不断提高产品质量和服务水平，推动产业升级，实现经济的高质量发展。在实际工作中，党鼓励广大劳动者不断学习新知识、掌握新技能，提高自身的职业素养和竞争力，以适应日益激烈的市场竞争。同时，党还通过制定一系列政策措施，支持企业进行技术创新和研发投入，促进科技成果的转化应用，为精益求精提供了有力保障。

妈祖庙宇中的面制供品制作技艺历史悠久，代代相传。在传承过程中，匠人们不仅保留了传统的制作工艺和寓意，还不断创新和发展，使面制供品更加精美、更具时代感。这种传承与发展，正是"福"文化中"继往开来""勇于创新"的体现。我们党也不断"继往开来，勇于创新"，在艰苦、落后的客观条件下奋力赶超，实现转型跨越发展，走超常规的创新之路：敢于打破常规，善于发现问题，勇于不断超越，把握发展规律，正确认识自己，接受实践检验。吕梁精神中的"与时俱进、开拓进取、求真务实、勇攀高峰"，就是党勇于创新的生动体现。党密切关注时代发展趋势，更新观念和思维方式，创新工作方式方法，推动理论与实践的结合。在中国共产党的领导下，未来的社会将更加智能化、绿色化、全球化，注重跨文化交流和合作，实现共赢。

三、斋菜供品

（一）斋菜供品类型与寓意

在妈祖庙宇中，斋菜作为供奉妈祖的重要供品，不仅种类繁多，而且制作精细，寓意深远。以下将从斋菜供品的类型、制作与寓意三个方面进行详细阐述。

妈祖庙宇中的斋菜供品类型丰富多样，主要包括素食干品、面塑食品以及各类素食盆景等，具体来说，可以细分为以下几类。素食干品：如香菇、金针菜、木耳等，这些食材常被用来制作各种素食拼盘或盆景，以展现丰富的色彩和层次。面塑食品：利用面粉、豆皮、紫菜等材料制作而成的各种面塑食品，如"妈祖故事""群仙聚会""八仙献寿"等人物造型，以及"二十四孝故事"等场景再现，形象逼真，栩栩如生。素食盆景：以素食原料为基础，通过精心设计制作而成的各种盆景造型，如花卉、山水、果蔬等，既美观又富有文化意蕴。

斋菜供品的制作是一项精细而复杂的工艺,需要匠人们具备高超的技艺和丰富的经验。其制作过程大致可以分为以下几个步骤。选材:选用新鲜、优质的素食原料,如新鲜蔬菜、豆制品、菌菇类等。设计:根据供品的种类和用途,进行精心的设计和构思,确定其形状、色彩和寓意。制作:通过切、雕、塑、拼等多种手法,将原料加工成各种形状和图案,并进行精细的装饰和点缀。摆盘:将制作好的斋菜供品按照一定的规律和顺序摆放在供桌上,使其呈现美观、和谐的视觉效果。

斋菜供品

资料来源:搜狐网。

妈祖庙宇中的斋菜供品不仅制作精美,而且寓意深远,寄托了人们对妈祖的敬仰和对美好生活的祈愿。首先,斋菜供品作为供奉妈祖的祭品,体现了人们对妈祖的敬仰和崇拜之情。通过制作精美的供品,表达对妈祖的感激和祈求。其次,各种斋菜供品都蕴含着丰富的寓意和象征意义,如"长寿""吉祥""平安"等。人们通过供奉这些供品,祈求妈祖保佑自己和家人平安健康、幸福美满。最后,斋菜供品的制作和供奉过程也是妈祖文化传承和发展的重要途径。通过这一活动,人们可以更加深入地了解妈祖文化的内涵和精髓,增强文化认同感和归属感。妈祖庙宇中的斋菜供品类型丰富多样、制作精细复杂、寓意深远厚重,它们不仅是供奉妈祖的重要物品,更是妈祖文化传承和发展的重要载体。

（二）斋菜供品中的"福"文化

在妈祖庙宇中，斋菜供品不仅承载着信众们的虔诚与敬意，更蕴含着丰富的"福"文化元素，传递着人们对美好生活的向往与祈愿。这些斋菜供品，以其独特的制作工艺、丰富的色彩搭配和深刻的寓意，成为妈祖文化中不可或缺的一部分，也是"福"文化在民间信仰中的生动体现。

妈祖庙宇中的斋菜供品，在食材的选择上便蕴含了深厚的"福"文化。素食原料如新鲜蔬菜、豆制品、菌菇类等，不仅营养丰富，更因其纯净无染的特性，被视为吉祥之物。这些食材经过精心挑选与搭配，不仅满足了信众们对健康的追求，更寓意着生活的纯净与美好。例如，金黄色的南瓜象征着丰收与富贵，翠绿的菠菜则寓意着生机与希望。这些食材的巧妙运用，使得斋菜供品在视觉上充满了"福"的氛围。

斋菜供品的造型设计更是匠心独运，将"福"文化元素巧妙地融入其中。匠人们运用高超的技艺，将素食原料雕刻成各种寓意吉祥的图案和造型，如莲花、牡丹、蝙蝠、寿桃等。这些图案和造型不仅美观大方，更蕴含着丰富的文化内涵和象征意义。莲花象征着纯洁与高雅；牡丹则寓意着富贵与繁荣；蝙蝠因"蝠"与"福"谐音，常被用来象征幸福与吉祥；寿桃则寓意着长寿与健康。这些造型设计的巧妙运用，使得斋菜供品在传递美味的同时，也传递着人们对幸福生活的美好祝愿。

色彩在妈祖庙宇的斋菜供品中同样扮演着重要的角色。匠人们通过精心的色彩搭配，使斋菜供品在视觉上更加丰富多彩，同时也强化了"福"文化元素的表达。红色、黄色、金色等暖色调常被用来象征喜庆与吉祥，如红色的辣椒象征着红红火火的日子，黄色的南瓜则寓意着丰收的喜悦。而绿色、白色等冷色调则用来营造清新脱俗的氛围，如翠绿的蔬菜象征着生命的活力与希望。这些色彩的巧妙运用，不仅使得斋菜供品更加美观动人，也增强了其传递"福"的效果。

妈祖庙宇中的斋菜供品不仅具有观赏性和食用性，更蕴含着深刻的寓意和象征意义。这些寓意和象征意义通过一代一代的口耳相传和文献记载得以保留和传承。在供奉斋菜供品的过程中，信众们不仅是在向妈祖表达敬意和祈求，更是在传承和弘扬妈祖文化中的"福"文化。他们通过解读斋菜供品中的寓意和象征意义，更加深刻地理解了妈祖文化的内涵和精髓，也进一步坚定了对幸福生活的追求和向往。妈祖庙宇里的斋菜供品是"福"文化在民间信仰中的生动体现。它们通过食材选择、造型设计、色彩搭配以及寓意解读等多个方面展现了"福"文化的丰富内涵和深刻寓意。这些斋菜供品不仅满足了信众们的物质需求和精神寄托，更成为传承和弘扬妈祖文化及"福"文化的重要载体。在未来的日子里，我们有理由相信这些充满福气的斋菜供品将继续在妈祖庙宇中熠熠生辉，为信众们带来无尽的福祉与希望。

四、其他供品

在妈祖庙宇中，除常见的海鲜供品、面制供品和斋菜供品外，还有许多其他种类的供品，这些供品共同构成了对妈祖信仰的丰富表达。鲜花与水果：在妈祖庙宇中，常常能看到各种时令鲜花作为供品，如牡丹、菊花、百合等，它们不仅美丽芬芳，还寓意着吉祥与祝福；新鲜的水果如苹果（寓意平安）、橘子（寓意吉祥）、桃子（寓意长寿）等也是常见的供品，它们不仅代表了信众对妈祖的敬意，也象征着丰收与富饶。糕点与面食：除面制供品外，庙宇中还可能摆放各种精美的糕点和面食，如发糕、红龟粿、红汤圆等，这些食品不仅美味可口，还蕴含着丰富的文化寓意和祝福。茶与酒：妈祖信众常以清茶作为供品，表达对妈祖的虔诚与敬意。茶在中国文化中有着深厚的底蕴，代表着清净与和谐。在一些特定的祭祀场合，也会用酒来祭拜妈祖，寓意对妈祖的敬仰与感恩。妈祖庙宇中的供品种类繁多，每一种都蕴含着深厚的文化寓意和信众们的虔诚与敬意。这些供品不仅是对妈祖信仰的表达和传承，也是中华传统文化的重要组成部分。

第三节　楹联中的"福"文化

　　妈祖庙宇里的楹联大多由历代文人墨客、达官显贵或民间高手所题写，内容丰富多样，寓意深远。在妈祖庙宇中，常见的楹联主题包括歌颂妈祖的慈悲与灵验，祈愿国泰民安、风调雨顺等。例如，"四海恩波颂莆海，五洲香火祖湄洲"这副楹联，就高度概括了妈祖信仰在全球范围内的广泛传播与深远影响。又如，"大海作慈航，为示现天后身而说法；众生行善业，必能得福德神之降祥"，则通过生动的比喻，展示了妈祖作为海上保护神的慈悲形象以及信众们希望其护佑众生的美好愿景。此外，妈祖庙宇中的楹联还常常运用对仗工整、平仄相谐的修辞手法，使得每一副楹联都如同一首隽永的小诗，令人回味无穷。这些楹联不仅美化了庙宇环境，更在潜移默化中弘扬了妈祖文化与中华优秀传统的文化的精髓。

一、楹联的历史起源与发展

（一）楹联的起源

　　楹联，作为中华传统文化的重要组成部分，其历史源远流长，发展历程丰富多彩。楹联的起源，最早可追溯至古代的桃符。早在秦汉以前，我国民间就有过年悬挂桃符的习俗。据《后汉书·礼仪志》记载："以桃印，长六寸，方三寸，五色书文如法，以施门户，止恶气。"这种桃符是用桃木制成的，上面书写着传说中降鬼大神"神荼"和"郁垒"的名字，用以驱鬼压邪。这种习俗持续了一千多年，直至五代时期，人们开始将联语题于桃木板上，这标志着楹联的初步形成。关于楹联的最早起源，学术界存在多种说法。其中，较为普遍的观点认为中国第一副有历史记载的春联诞生于五代后蜀，是后蜀皇帝孟昶于公元964年撰写的"新年纳余庆，嘉节号长春"[①]。孟昶的这一副春

---

① 高启新.新年纳余庆　嘉节号长春　温州博物馆馆藏名家楹联[J].收藏家，2007（5）：59-66.

联不仅是中国用文字记载下来的最早的春联,也标志着楹联作为一种文学形式正式登上了历史舞台。此外,也有人提出南朝梁代文学家刘孝绰和他妹妹刘令娴所作的楹联是我国最早载于史书中的楹联。尽管这些楹联在艺术性上尚显稚嫩,但它们作为骈丽语句题于门上的行为,无疑为楹联的发展奠定了基础。

(二)楹联的发展

隋唐时期,随着格律诗的日渐兴盛,楹联艺术也得到了进一步发展。永明体的产生,为楹联的形成提供了良好的条件。这一时期的文人墨客喜欢将一些精彩之笔凝注于对句上,形成了"摘句欣赏评品"的时风,如李白的"三山半落青天外,二水中分白鹭洲",杜甫的"一去紫台连朔漠,独留青冢向黄昏"等名句,都是楹联艺术的瑰宝。宋代是楹联发展的一个重要时期。这一时期,楹联艺术得到了广泛的普及和发展,成为文人雅士和市井百姓都喜爱的文学形式。宋代的欧阳修、苏东坡、黄庭坚、米芾、朱熹等文人都积极参与了楹联的创作,留下了许多脍炙人口的名联。如朱熹的"日月两轮天地眼,诗书万卷圣贤心"等联句,不仅体现了作者深厚的文化底蕴,也展示了楹联艺术的独特魅力。明清时期是楹联发展的鼎盛时期。这一时期的楹联不仅在数量上大幅增加,在艺术性上也达到了前所未有的高度。明清两代的文人墨客在楹联创作上倾注了大量心血,留下了许多传世佳作。如清代的纪晓岚、郑板桥等都是著名的楹联大师。明清时期的楹联还广泛应用于社会生活的各个领域,无论是宫殿庙宇、园林亭阁还是商铺民居,都可以看到楹联的身影。

(三)楹联的特点

楹联作为一种独特的文学形式,具有对仗工整、平仄协调、字数相等、内容相关等基本特点。这些特点使得楹联在形式上呈现出一种独特的对称美和和谐美。同时,楹联在内容上也非常丰富多样,可以表达人们对生活的感悟、对自然的赞美、对历史的回顾以及对未来的憧憬等。根据内容和用途的不同,楹联大致可以分为以下几类。春联:春节时贴在门上的对联,寓意着辞旧迎新、祈福纳祥。门联：用于装饰门户的对联，一般具有吉祥、祝福的寓意。堂室联：挂在厅堂内的对联，多用于表达主人的志趣和追求。书斋联：挂在书房内的对联，多用于勉励自己或他人勤奋学习、修身养性。婚联：用于喜庆婚嫁时贴挂的对联，寓意着幸福美满、白头偕老。寿联：为老人祝寿时所用的对联，一般突出"福、寿"等吉祥字眼。新居联：用于新居落成或乔迁之喜时贴挂的对联，寓意着安居乐业、吉祥如意。馈赠联：亲友之间相互往来赠送的对联，多用于表达情谊和祝福。

二、妈祖庙宇中的楹联类型

妈祖庙宇中的楹联，作为妈祖文化的重要组成部分，不仅体现了中华传统文化的精髓，也承载着人们对妈祖的敬仰与祈愿。这些楹联类型多样，内容丰富，可以分为以下几类。

妈祖庙宇中的楹联

资料来源：搜狐网。

（一）楹联的类型

1.御赐楹联

御赐楹联是指由历代皇帝亲自书写或赐予的楹联。这类楹联往往具有极高的历史价值和文化意义，它们不仅是对妈祖信仰的肯定，也是皇帝对地方神祇的加封和褒奖。例如，乾隆二十二年（1757年），皇帝第二次南巡时，曾书赐苏州三山会馆天后宫对联："忠信涉波涛，周历玉洲瑶岛。神明昭日月，指挥水伯天吴"。这类楹联文字庄重，气势恢宏，展现了皇家的威严与对妈祖的崇敬。

2.达官显贵题写楹联

除御赐楹联外，许多达官显贵也热衷于为妈祖庙宇题写楹联。这些楹联往往体现了题写者的政治地位、文化素养和对妈祖的敬仰之情。如林则徐为江苏太仓刘家港天后宫题写的楹联："八百年寰海昭灵，溯湄屿飞升，九牧宗风荣庙祀；四万顷具区分派，喜娄江新浚，三吴水利沐神庥。"这副楹联不仅赞美了妈祖的灵验与功德，还巧妙地融入了地方水利建设的内容，体现了题写者的远见卓识和人文关怀。

3.文人雅士赋颂楹联

文人雅士是楹联创作的重要力量。他们凭借深厚的文化底蕴和敏锐的艺术感受力，为妈祖庙宇创作了大量富有诗意和哲理的楹联。如赵朴初先生为番禺南沙天后宫撰写的楹联："大海作慈航，为示现天后身而说法；众生行善业，必能得福德神之降祥。"这副楹联以大海为喻，赞美了妈祖的慈悲与智慧，同时也寄寓了对众生的殷切期望和美好祝愿。

4.民间献词楹联

在妈祖庙宇中，还有许多由民间高手创作的楹联。这些楹联虽然出自普通百姓之手，但同样充满了智慧和创意。它们往往以通俗易懂的语言和生动的形象描绘出妈祖的功德与形象，深受信众的喜爱。如湄洲妈祖祖庙天后宫的一副楹联："齐齐齐齐齐齐齐齐齐齐齐戒，朝朝朝朝朝朝朝朝朝朝音"，这副楹联巧妙地运用了叠字和重复的手法，表达了信众对妈祖的虔诚与敬畏之情。

（二）楹联的内容

1.歌颂妈祖功德

妈祖庙宇中的楹联大多以歌颂妈祖的功德为主题。这些楹联通过赞美妈祖的慈悲、智慧、勇敢和灵验等品质，表达了信众对妈祖的敬仰与感激之情。

如"济难扶危施德泽，静波息波仰威灵"等联句，都是对妈祖功德的高度概括和赞美。

2.寄托美好祈愿

除歌颂妈祖功德外，许多楹联还寄托了信众的美好祈愿。这些祈愿包括祈求平安、健康、幸福、丰收等各个方面。如"祈愿拈香心而敬，昭灵颂德善以行"等联句，都表达了信众对妈祖的虔诚祈愿和美好期望。

3.体现地域特色

妈祖庙宇遍布全国各地乃至海外华人聚居地，因此楹联也往往体现出浓郁的地域特色。这些特色包括地方历史、文化、风土人情等方面。如嵌入宫庙名称或所在地名称的联文"白云舒卷天赐福，漈木滋润地生财"等就体现了地方特色和文化底蕴。

4.展示书法艺术

楹联不仅是一种文学形式，也是一种书法艺术的表现形式。许多妈祖庙宇中的楹联都是由著名书法家题写的，他们运用精湛的书法技艺将楹联的文字之美与书法之美完美结合，为庙宇增添了浓厚的文化氛围和艺术气息。如下图，李鸿章的楷书八言联"含谟吐忠行为士表，种德收福世有令名"，展现了李鸿章楷书的端庄与隽秀，其楹联书法内容的意思是：含辛茹苦、忠心耿耿的行为可以作为士兵的表率，播种美德、收获幸福的人将会获得一世的美名。其中，"种德收福"强调了播种美德的重要性，认为只有种下美德的种子，才能收获幸福和美好的果实，传达了一种积极向上的价值观，鼓励人们要忠诚、勤劳，要有美德，并以拥有这些品质为荣，努力成为社会的楷模和榜样。

李鸿章的楷书八言联

资料来源：360doc个人图书馆。

三、妈祖庙宇楹联中的"福"文化

妈祖庙宇中的楹联作为妈祖文化的重要组成部分，具有深远的文化意义。它们不仅丰富了妈祖文化的内涵和外延，也促进了中华传统文化的传承与发展。可以说，"福"字不仅是吉祥的象征，更是中华民族对幸福生活的向往和追求的具体体现。在楹联中，"福"字常常作为核心词汇出现，寄托着人们对未来的美好祝愿。楹联以独特的艺术形式，将"福"文化的内涵和精髓展现得淋漓尽致。首先，楹联中的"福"字常与其他吉祥词汇组合，形成寓意深远的对句。如"五福临门"中的"五福"，便包含了长寿、富贵、康宁、好德、善终等多重含义，体现了人们对幸福生活的全面追求。其次，楹联中的"福"字还常常以不同的形式出现，如倒贴的"福"字，寓意"福到"，体现了人们对幸福生活的渴望和期盼。同时，一些书法家还会在"福"字中融入各种创意元素，使其更加生动有趣，富有艺术感染力。最后，楹联中的"福"文化是中华民族传统文化的重要组成部分，它以独特的艺术形式展现了人们对幸福生活的向往和追求，具有深厚的文化内涵和广泛的社会影响。

随着时代的变迁，楹联中的"福"文化也在不断发展和创新。现代楹联中的"福"文化相关内容，不仅体现了中华民族对幸福生活的向往和追求，更与中国式现代化的文化镜像高度契合。在中国式现代化的进程中，党和国家始终将人民群众的利益放在首位，致力于实现全体人民的共同富裕和全面发展。妈祖庙宇楹联中也有相应的体现，如"民安国泰福星照，家和业兴福满堂"等楹联，都表达了对人民群众幸福生活的深切关怀和美好祝愿，与中国式现代化追求的经济繁荣、政治稳定、文化昌盛、社会和谐、人民幸福等全面发展的目标相一致。在妈祖庙宇的楹联中，"福"字常与"国""家""民"等词汇相连，共同构成了对国家繁荣富强、家庭和睦美满、人民群众生活幸福的祝愿和期盼。例如，"勤劳门第春光好，和睦人家幸福多"这样的春联，既保留了传统福文化的精髓，又体现了现代人对幸福生活的理解和追求。中国式现代化强调对中华优秀传统文化的传承和创新，而妈祖庙宇楹联中的"福"文化作为中华优秀传统文化的重要组成部分，不仅承载着丰富的历史信息和深厚的文化内涵，更在传承中不断创新和发展，丰富了中华优秀传统文化的内涵和外延。

此外，妈祖庙宇历代楹联中的"福"文化不仅体现了中华民族对幸福生活的向往和追求，更在无形中传递着民本思想的精髓和内涵。一是民本思想强调以民为本、为民谋利。在妈祖庙宇的楹联中，"福"字常与"民"字相连，共同表达了对人民群众生活幸福的深切关怀和美好祝愿。这种关怀不仅体现在对物质生活的追求上，更体现在对精神生活的丰富和提升上。这种以民为本、为民谋利的理念是中国传统文化的核心价值观之一，也是中国式现代化所追求的社会发展目标之一。二是民本思想强调尊重人民群众的主体地位和首创精神。在妈祖庙宇的楹联中，"福"字常常与人民群众的实际生活紧密相连，都表达了对人民群众勤劳、和睦等美好品质的赞美和肯定。这种赞美和肯定不仅体现了对人民群众主体地位的尊重，更是对人民群众首创精神的鼓励和激发。三是民本思想维护人民群众的根本利益。在妈祖庙宇的楹联中，"福"字常常与"安""乐"等词汇相连，共同表达了对人民群众安居乐业、社会和谐稳定的祝愿和期盼。

第四节　碑刻中的"福"文化

妈祖庙宇里的碑刻，是妈祖文化的重要载体，它们不仅记录了妈祖信仰的历史渊源，还展现了历代文人墨客对妈祖的崇敬与歌颂。这些碑刻大多集中在妈祖庙宇的碑林区域，如莆田湄洲妈祖祖庙的碑林，就是一处集妈祖文化、书法艺术与园林景观于一体的多功能文化游览区。碑刻内容丰富，既有帝王御书，如明永乐皇帝的御笔，也有历代文人墨客歌颂妈祖丰功硕德的诗词及楹联。书法体裁涵盖真、草、隶、篆等多种风格，造型各异，有的仿古，有的天然，还有的充满艺术创意。这些碑刻不仅展示了妈祖文化的深厚底蕴，也为后人提供了研习书法艺术的宝贵资料。此外，一些妈祖庙宇的碑刻还记录了庙宇的修建历程、重修情况以及妈祖信仰在当地的传播与发展。这些碑刻不仅是历史的见证，更是妈祖信仰在民间传承与发扬的重要标志。

一、碑刻的历史起源与发展

（一）碑刻的起源

中国的碑刻文化源远流长，其起源可追溯到商周时期。在刘勰的《文心雕龙·诔碑》中，有"碑者，埤也。上古帝皇，纪号封禅，树石埤岳，故曰碑也"的记载，这表明在上古时期，碑刻就已经出现，并用于纪念和记录重要事件。此外，还有学者认为，碑的起源可以追溯到西周时期，那时的青铜器铭文已具备了一定的铭记功能，而碑则可能是从这些铭文形式中逐渐演变而来[1]。世界其他地区的碑刻起源，如古埃及、古巴比伦等文明在公元前也曾出现过方尖碑等形式的碑刻。这些碑刻大多用于宗教、纪念性建筑或政治宣传，展现了这些古代文明独特的文化和艺术风貌。然而，从数量、时代延续、应用广泛性和地位重要性等方面来看，中国的碑刻文化无疑是独一无二和最

---

① 刘福铸，周金琰.妈祖文献史料汇编：第四辑碑记卷[M].福州：海风出版社，2011：27.

为突出的。

（二）碑刻的发展

1.秦汉时期

秦汉时期是碑刻发展的重要阶段。这一时期，碑刻的形式和内容逐渐多样化，不仅用于纪念和记录重要事件，还开始被用于刻写法律、政令等官方文书。秦始皇统一六国后，多次巡游各地并留下刻石，这些刻石虽已不存，但据《史记》等文献记载，它们对后世碑刻的发展产生了深远影响。汉代则是碑刻艺术发展的高峰期，尤其是东汉时期，由于朝野盛行立碑刻石之风，存世碑刻数量众多且艺术水平高超。

2.魏晋南北朝时期

魏晋南北朝时期是中国历史上一个分裂动荡的时期，但碑刻艺术却在这一时期得到了进一步发展。墓碑的形制和纹饰逐渐丰富多样起来，出现了神道碑、墓志铭等新的形式。同时，随着佛教的传入和兴盛，碑刻艺术也吸收了佛教文化的元素，形成了独具特色的佛教碑刻艺术。

3.隋唐时期

隋唐时期是中国历史上一个空前统一和强盛的时期，碑刻艺术也达到了鼎盛阶段。这一时期的碑刻作品数量众多、形制多样、刻工精美，不仅体现了当时书法艺术的高度成就，也展现了隋唐时期的社会风貌和文化特色。如欧阳询的《九成宫醴泉铭》、颜真卿的《多宝塔碑》等作品都是碑刻艺术中的经典之作。

4.宋元明清时期

宋元明清时期碑刻的发展逐渐趋于稳定，但仍保持着一定的活力。在这一时期碑刻的应用领域更加广泛，不仅用于纪念和记录重要事件，还被广泛用于建筑装饰、宗教场所等。同时，随着文人墨客对碑刻艺术的关注和研究，碑刻的文化内涵和艺术价值也得到了进一步挖掘和提升。

（三）碑刻的保护与传承

随着时间的推移，许多碑刻作品因自然侵蚀和人为破坏而逐渐损毁甚至消失，因此保护和传承碑刻文化已成为我们义不容辞的责任。一方面，我们需要加强对现有碑刻作品的保护，通过采取科学有效的措施防止其进一步损毁；另一方面，我们还需要加强对碑刻文化的挖掘和研究，深入挖掘其文化内涵和艺术价值并将其传承给后人。同时，我们还可以通过举办展览、出版书籍等方式向公众普及碑刻文化，提高公众对碑刻文化的认识和兴趣。

二、妈祖庙宇中的碑刻类型

（一）碑刻的主要类型

1. 主碑

主碑是妈祖庙宇中最为庄重和显赫的碑刻，通常位于庙宇的中心位置或重要区域。主碑的形制高大、雄伟，寓意深远。例如，在湄洲妈祖祖庙碑林中，主碑高 3.23 米，宽 9.9 米，寓意妈祖诞辰及升天日。主碑的碑文往往由著名书法家书写，内容多为对妈祖的颂扬之词或妈祖信仰的重要历史事件。主碑的存在不仅彰显了妈祖庙宇的威严和庄重，也体现了妈祖信仰在信众心中的崇高地位。

2. 辅碑

辅碑是妈祖庙宇中数量较多的一类碑刻，它们围绕在主碑周围或分布在庙宇的各个角落。辅碑的形制和风格各异，但大多具有一定的艺术价值和文化内涵。辅碑的碑文内容广泛，包括历代文人墨客对妈祖的诗词歌赋、楹联对句等，也有记述妈祖被历代朝廷御赐及妈祖庙宇建设等碑文。这些辅碑不仅丰富了妈祖庙宇的文化内涵，也为后人研究妈祖信仰提供了宝贵的资料。

3. 碑廊与碑亭

除主碑和辅碑外，妈祖庙宇中还常常建有碑廊和碑亭等建筑形式来展示碑刻。碑廊是一种长廊式的建筑，内部两侧墙壁上镶嵌着各种碑刻；而碑亭则是一种独立的亭式建筑，内部中央竖立着碑刻。这些碑廊和碑亭不仅为碑刻提供了良好的展示空间，还增加了庙宇的观赏性和文化内涵。在湄洲妈祖祖庙碑林中，就包括了碑坊、碑廊、碑亭等多个部分，共同构成了一个完整的碑刻展示区。碑林的主碑，由我国书法家协会副主席刘炳森先生题写。碑文为清进士庄俊元的五言绝句："宋代坤灵播，湄洲圣迹彰，至今沧海上，无处不馨香"，充分展示了妈祖对人们的教化作用和影响力，其中"馨香"是对妈祖信仰中蕴含的做好事、行善举的肯定，与"福"文化中倡导的善良、仁爱、乐于助人的价值观相契合。

湄洲妈祖庙碑林主碑

资料来源：搜狐网。

4.天然石碣与加工碑刻

妈祖庙宇中的碑刻还分为天然石碣和艺术再加工两种类型。天然石碣是指利用自然形成的岩石或石块进行简单加工后制成的碑刻；而艺术再加工碑刻则是指经过精心设计和雕刻而成的碑刻作品。这些碑刻的材质和风格各异，有的古朴自然，有的精美绝伦，共同展现了中华书法艺术和石刻艺术的魅力。

（二）碑刻的艺术特色

妈祖庙宇中的碑刻不仅内容丰富多样，还具有独特的艺术特色。首先，这些碑刻的书法涵盖了真、草、隶、篆等多种书体，风格多样、气势磅礴。例如，在湄洲妈祖祖庙碑林中，就汇集了全国众多书法名家的墨宝，他们的作品各具特色、相互辉映，构成了一幅幅精美的书法画卷。其次，这些碑刻的雕刻工艺也十分精湛，无论是线条的流畅度还是造型的逼真度都达到了极高的水平。此外，一些碑刻还融入了雕塑、绘画等多种艺术形式，使得整个作品更加生动形象和富有感染力。

妈祖庙宇中的碑刻不仅具有艺术价值，还具有重要的文化意义。首先，这些碑刻是妈祖信仰历史传承的重要载体，它们记录了妈祖信仰的起源、发展和传播过程，以及妈祖在信众心中的崇高地位。其次，这些碑刻也是中华传统文化的重要组成部分，它们展现了中华文化的博大精深和独特魅力。最后，这些碑刻还为后人研究妈祖信仰和中华传统文化提供了宝贵的资料和线索。

三、妈祖庙宇碑刻中的"福"文化

妈祖庙宇中的碑刻不仅是妈祖信仰的重要载体，也是中华传统文化中"福"文化的重要体现。这些碑刻不仅见证了妈祖信仰的深厚底蕴，也展示了中华文明在追求幸福、吉祥方面的独特智慧。

在妈祖庙宇的碑刻中，"福"字往往以直接或间接的方式出现，成为碑刻的重要元素之一。这些"福"字或镌刻于碑文之中，或独立成碑，以不同的书体和风格呈现，不仅展示了书法艺术的魅力，更寓意着吉祥、幸福和美好。例如，在湄洲妈祖祖庙的太师殿立柱上，刻有醒目的"福"字。这个"福"字不仅是对妈祖信仰的颂扬，更是对信众们幸福生活的美好祝愿。它传递出一种积极向上的精神力量，激励人们追求更加美好的生活。除直接的"福"字体现外，妈祖庙宇碑刻的内容也往往蕴含着丰富的"福"文化寓意。这些碑刻大多记述了妈祖的生平事迹、功德善行以及信众们对她的敬仰和祈求。

通过这些内容，我们可以感受到妈祖信仰所传递的慈悲、仁爱、勇敢和无私等精神品质，这些品质正是"福"文化所倡导的核心价值观[①]。

　　妈祖庙宇碑刻与"福"文化之间存在着深刻的内在联系。这种联系不仅体现在碑刻的内容和形式上，更体现在妈祖信仰与"福"文化所倡导的价值观和精神品质的高度契合上。这些碑刻不仅书法精湛、雕刻细腻，还融入了中华传统文化中的吉祥图案和象征符号。例如，在碑刻的边框或空白处，经常可以看到龙凤呈祥、祥云瑞气、莲花宝座等图案，这些图案都寓意着吉祥如意、幸福安康。此外，一些碑刻还通过巧妙的构图和布局，将"福"字与妈祖形象或其他吉祥元素相结合，形成了独具特色的艺术效果。妈祖庙宇碑刻与"福"文化之间存在着深刻的内在联系。首先，妈祖信仰本身就是一种追求幸福和安宁的信仰体系。它强调慈悲为怀、助人为乐、勇于担当等精神品质，这些品质与"福"文化所倡导的价值观高度契合。在妈祖庙宇碑刻中，我们可以看到许多关于妈祖救助海难、庇护渔民的事迹记载，这些事迹都体现了妈祖信仰的慈悲和仁爱精神。这种精神与"福"文化所倡导的善良、宽容、和谐等价值观相呼应，共同构成了中华民族优秀传统文化的重要组成部分。其次，妈祖庙宇作为妈祖信仰的重要场所，其碑刻不仅记录了妈祖信仰的历史传承和发展脉络，也反映了信众们对幸福生活的向往和追求。在碑刻中，我们可以看到信众们对妈祖的敬仰和祈求，以及对美好生活的期盼和祝愿。这些期盼和祝愿都体现了信众们对"福"文化的认同和追求。

　　此外，从文明交流互鉴的视角来看，妈祖庙宇碑刻中的"福"文化具有深远的意义和价值。它不仅展示了中华文明在追求幸福、吉祥方面的独特智慧，也为不同文明之间的交流与互鉴提供了重要的平台和资源。在当今世界，不同文明之间的交流与合作日益频繁，妈祖庙宇碑刻中的"福"文化作为一种具有深厚历史底蕴和广泛影响力的文化现象，可以为不同文明之间的交流与互鉴提供有益的借鉴和启示。通过深入了解妈祖庙宇碑刻中的"福"文化，我们可以更好地理解中华文明的独特魅力和价值所在，也可以更加深刻地认识到不同文明之间相互尊重、平等相待的重要性。同时，妈祖庙宇碑刻中的

---

　　① 中共福建省委宣传部.福建"福"文化[J].福建林业，2021（6）：50.

"福"文化也可以为不同文明之间的融合发展提供有益的参考和借鉴。在全球化不断深入的今天,不同文明之间的融合与发展已经成为一种趋势。妈祖庙宇碑刻中的"福"文化所倡导的慈悲、仁爱、勇敢和无私等精神品质,可以为不同文明之间的融合发展提供重要的精神支撑和价值引领。通过借鉴和融合这些精神品质,我们可以推动不同文明之间更加深入、更加广泛的交流与互鉴,共同构建人类命运共同体。

第五节　壁画中的"福"文化

妈祖庙宇里的壁画,是展现妈祖文化与信仰的重要艺术形式。这些壁画往往以妈祖的生平事迹、神话传说以及护佑海民的神迹为主题,色彩鲜艳,线条流畅,人物栩栩如生。它们不仅美化了庙宇环境,更深刻传达了妈祖扶危济困、护国佑民的高尚精神。在福建莆田的湄洲妈祖祖庙中,有一幅巨型壁画《天后圣迹图》,该壁画由著名画家蔡长奎历经四年精心创作完成,高度2.6米,总长度近32米,展现了妈祖的多个圣迹故事,是当代壁画艺术的杰出代表。此外,许多妈祖庙宇的壁画还融入了当地的历史文化元素和民俗风情,使得每一幅壁画都独具特色,成为妈祖文化的重要载体。

一、壁画的历史起源与发展

壁画,作为人类历史上最古老的艺术形式之一,其起源与发展历程充满了丰富的文化内涵和艺术价值[①]。

(一)壁画的起源

1.原始洞穴壁画

壁画的起源可以追溯到石器时代。最早的壁画实例是在法国的拉斯科洞

---

① 朱基元.壁画百图[M].福州:福建美术出版社,2004:40.

窟和西班牙的阿尔塔米拉洞穴中发现的，这些洞穴壁画距今已有约两万年的历史，是人类最早的绘画作品。这些壁画多描绘动物形象，如野牛、鹿、马等，采用矿物质颜料绘制，色彩鲜艳。这些洞穴壁画不仅是人类艺术创作的早期尝试，也反映了原始人类的生活方式和精神世界。

2.岩画与石刻

除洞穴壁画外，岩画和石刻也是壁画早期的重要形式。广西花山、云南沧源、内蒙古阴山、新疆阿尔泰等地发现了大量的岩画遗存，这些岩画多作于4000年之前，描绘了狩猎、舞蹈、祭祀和战争等场景，反映了古代人类的社会生活和精神追求。此外，古代石刻如汉代画像石、画像砖等，也是壁画的一种重要表现形式，它们以石材为载体，通过雕刻的方式呈现图像，具有极高的艺术价值和历史意义。

（二）壁画的发展

秦汉时期是中国壁画发展的重要阶段。秦始皇统一六国后，为了宣扬功业，显示王权，在宫殿、陵墓等建筑中大量绘制壁画。西汉时期，壁画创作更加繁荣，不仅宫殿壁画得到进一步发展，墓室壁画也开始兴起。这些壁画内容广泛，包括神话传说、历史故事、天文星象、祥瑞图案等，技法精湛，色彩丰富，具有很高的艺术价值。隋唐时期是中国壁画发展的鼎盛时期。随着国家的统一和经济的繁荣，文化艺术得到了空前的发展。这一时期的壁画在技法上更加成熟和完善，色彩更加鲜艳明快，构图更加宏大复杂。唐代壁画以佛教壁画为主流，但又不局限于宗教题材，还广泛涉及社会生活、历史故事等各个方面。敦煌莫高窟是唐代壁画的杰出代表，其壁画内容丰富、技法精湛、色彩绚丽，被誉为"墙壁上的博物馆"。到了明清时期，中国壁画的发展相对缓慢，但仍然保持着一定的创作活力。这一时期的壁画在技法上更加精细和工整，色彩也更加丰富。在题材上除宗教题材外还广泛涉及历史故事、民间传说、风俗民情等各个方面。此外，在宫廷建筑中也出现了一些精美的壁画作品，这些壁画多为皇家御用画师所绘，技法高超、构图严谨，具有很高的艺术价值。

（三）现代壁画的发展

进入现代以来，随着科技的进步和文化的多元化，壁画艺术也迎来了新的发展机遇。现代壁画不再局限于传统的材料和技法，而是广泛采用各种新材料、新技术和新手法进行创作。同时现代壁画也不再局限于宗教场所和建筑空间，而是逐渐走进公共空间、商业空间和文化空间等各个领域，成为当代艺术的重要组成部分。现代壁画以其独特的艺术魅力和文化内涵为城市空间增添了无限生机和活力。

二、妈祖庙宇中的壁画类型

妈祖庙宇中的壁画，作为妈祖文化的重要载体，不仅展现了妈祖生平事迹和神迹传说，还蕴含着丰富的艺术价值和文化内涵。妈祖庙宇中的壁画，是寺庙建筑装饰艺术的重要组成部分，通常绘制于殿堂、廊庑、山门等建筑的墙壁或天花板上。这些壁画通过精美的画面和生动的情节，讲述着妈祖的生平故事和神迹传说，是传承和弘扬妈祖文化的重要方式之一。

（一）壁画类型

1.神迹传说类壁画

此类壁画往往以连环画的形式，将妈祖的神迹传说按时间顺序或故事情节串联起来，形成一系列完整的画面。这些画面之间既有独立性，又有连续性，共同构成了一个完整的妈祖故事体系。例如，湄洲妈祖祖庙中的壁画就采用了这种形式，描绘了妈祖从出生、成长到成神的全过程，以及她扶危济困、护国佑民的神迹传说。除连环画外，还有一些妈祖庙宇中的壁画采用单幅画的形式，每幅画独立成章，专注于描绘妈祖的某一神迹或传说。这些单幅画构图饱满、色彩鲜艳、人物形象生动，具有强烈的视觉冲击力和艺术感染力。例如，枫亭灵慈庙中的《机上救亲》和《勇救父兄》等壁画就是典型的单幅画作品，它们通过精妙的构图和生动的描绘，展现了妈祖的孝悌之情和无边神力。

2.风俗画类壁画

除神迹传说类壁画外，还有一些妈祖庙宇中的壁画以风俗画的形式出现。这些壁画以描绘妈祖信仰地区的风土人情、生活习俗等为主题，展现了当地民众的生活场景和文化特色。例如，壁画中可能描绘妈祖信众们朝拜、祈福的场景，也可能展现当地渔民出海捕鱼、丰收庆祝等生活画面。这些风俗画类壁画不仅丰富了妈祖庙宇的文化内涵，还为游客提供了了解当地文化的窗口。

3.装饰性壁画

在妈祖庙宇中，还有一些壁画以装饰性为主，它们不直接讲述妈祖的故事或传说，而是通过精美的图案、色彩和构图来装点建筑空间，营造一种庄严、神秘或祥和的氛围。这些装饰性壁画可能采用花卉、山水、云纹等自然元素作为主题，也可能运用龙、凤、麒麟等神兽形象来象征吉祥和威严。这些壁画虽然不以叙事为主，但它们在提升庙宇整体艺术效果和增强信仰氛围方面发挥着重要作用。

（二）壁画艺术特色

1.构图饱满

妈祖庙宇中的壁画往往构图饱满、画面紧凑，充分利用有限的空间来展现丰富的内容和情节。画师们通过巧妙的布局和安排，将众多的人物、场景等元素融合在一起，形成一幅幅生动形象的画面。这种构图方式不仅使画面看起来更加充实和丰富，还能够更好地吸引游客的注意力并传递妈祖文化的精神内涵。

2.色彩鲜艳

妈祖庙宇中的壁画色彩鲜艳、明快，给人以强烈的视觉冲击。画师们运用红、黄、蓝、绿等鲜艳的色彩来描绘画面中的场景和人物形象，营造出一种欢快、祥和的氛围。同时，这些鲜艳的色彩也象征着妈祖信仰的繁荣和昌盛，以及信众们对美好生活的向往和追求。

3.造型生动

妈祖庙宇中的壁画人物形象生动、栩栩如生。画师们通过精细的刻画和生动的描绘，将妈祖以及其他神话人物的形象塑造得栩栩如生。这些人物形象不仅具有鲜明的个性和特征，还蕴含着深刻的文化内涵和象征意义。例如，妈祖往往被描绘成端庄秀丽、慈眉善目的女神形象，寓意着她对世人的关爱和庇护[①]。

4.技法多样

妈祖庙宇中的壁画技法多样、技艺精湛。画师们根据壁画的内容和形式选择合适的技法，如工笔重彩、写意水墨等进行创作。这些技法不仅能够更好地表现画面的细节和质感，还能够营造出不同的艺术效果和氛围。例如，工笔重彩技法能够呈现出细致入微的画面效果，而写意水墨技法则能够展现出一种挥洒自如、气韵生动的艺术境界。

三、妈祖庙宇壁画中的"福"文化

在妈祖庙宇壁画中，最常见的就是妈祖救难解厄、保佑海上平安的场景。这些画面不仅是对妈祖神力的颂扬，也是人们对平安生活的深切祈愿。平安是福，这一朴素而深刻的道理在壁画中得到了充分的体现。壁画中常出现人与自然和谐共处的画面，如妈祖与海洋生物、渔民共同生活的场景。这些画面传达了人们对和谐社会的向往，以及对自然环境的敬畏之心。和谐共生，是"福"文化中的重要理念，也是妈祖信仰所倡导的生活态度。妈祖以慈爱仁善著称，壁画中也常有她救助弱小、扶危济困的场景。这些画面展现了妈祖的博爱精神，也体现了人们对善良、仁慈品质的崇敬和追求。慈爱仁善，是"福"文化中的重要美德，也是妈祖信仰所倡导的道德标准。

妈祖庙宇壁画在艺术风格上往往采用传统工笔重彩技法，色彩鲜艳、线条流畅、构图严谨。这种艺术风格不仅体现了中国传统绘画的精髓，也赋予了壁画浓厚的"福"文化韵味。壁画中的每一笔、每一画都蕴含着艺术家对

---

① 李露露.妈祖神韵：从民女到海神[M].北京：学苑出版社，2003：37.

妈祖信仰的虔诚和对"福"文化的热爱，使得壁画成为传递"福"文化的重要载体。妈祖庙宇壁画不仅具有艺术审美价值，还具有重要的社会功能。它们作为妈祖信仰的重要组成部分，通过直观的视觉形象向信众传递着妈祖的慈悲与智慧，以及"福"文化的深刻内涵。同时，壁画也是连接信众与神祇的桥梁，人们在参观壁画时能够感受到妈祖的庇佑和福祉的降临，从而增强对"福"文化的认同感和归属感。

妈祖庙宇的壁画内容丰富，形式多样，其中最为常见的便是妈祖神像以及与之相关的吉祥图案。妈祖神像通常被描绘得雍容华贵，手持如意，象征着吉祥如意。在这些壁画中，如意不仅是妈祖手中的法器，更是一种吉祥的象征，代表着妈祖赐福于天下的美好意愿。五福文化在妈祖庙宇壁画中同样占据着重要地位。所谓"五福"，即长寿、富贵、康宁、好德、善终。在壁画中，这些寓意常常通过各种吉祥图案来表现。例如，蝙蝠因其谐音"福"而成为壁画中常见的元素，常常与铜钱、云纹、山海等图案组合，寓意"福在眼前""福如东海"等。除了蝙蝠，仙桃也是壁画中常见的吉祥图案之一。仙桃象征着长寿，与蝙蝠结合则寓意"福寿双全"。这种组合不仅在壁画中频繁出现，也在妈祖庙宇的其他装饰中广泛使用，成为妈祖文化中极具代表性的吉祥符号。此外，妈祖庙宇壁画中还常常出现象征功名和财富的图案。例如，鲤鱼跃龙门的图案寓意着金榜题名，前途无量；而金元宝、聚宝盆等图案则象征着生意兴隆，财源广进。这些图案不仅丰富了壁画的内容，也进一步体现了妈祖信仰中祈求平安、财运、功名、婚姻和子嗣的"求五福"文化。在妈祖庙宇的壁画中，五福文化与吉祥文化通过细腻的绘画语言和丰富的图案元素被生动地展现出来。这些壁画不仅是艺术作品，更是民间信仰和文化的载体，传递着人们对美好生活的向往和追求。通过欣赏这些壁画，人们不仅能感受到妈祖文化的独特魅力，也能更好地理解中国传统吉祥文化的深厚底蕴。

第五章

闽台妈祖祈愿中的"福"文化

在闽台地区，向妈祖祈愿这一行为早已经跨越海峡，情深意长。两地信众共聚一堂，心怀虔诚，向妈祖祈求风调雨顺、国泰民安。闽台信众向妈祖的祈愿，寄托着对家乡的深深眷恋，对亲人的无尽思念，以及对美好生活的共同向往。妈祖作为和平与守护的象征，成为连接闽台同胞情感的桥梁，她让祈愿的力量汇聚成海，共同守护这片土地的安宁与繁荣。

第一节　许愿中的"福"文化

当人们在生活的十字路口徘徊，或是对未来充满憧憬与期待时，往往会选择向妈祖许下心愿。这不仅仅是一种简单的祈求，更是心灵深处对美好生活的渴望与向往。许愿之时，人们或闭目沉思，或虔诚跪拜，将心中的愿望化作最真挚的祈愿，向妈祖默默诉说。这些愿望或许关乎事业的成功、家庭的幸福，或许是对健康的祈愿、对爱情的期盼。每一个愿望都承载着个人的情感与梦想，寄托着对未来的无限希望。在妈祖的慈爱目光下，许愿成为一种心灵的寄托与慰藉。人们相信，只要心怀善念，坚持信仰，妈祖便会倾听他们的心声，给予他们力量与指引。因此，许愿不仅仅是一种仪式，更是一种精神的寄托与鼓舞，让人们在面对生活的挑战时，能够更加勇敢与坚定[①]。

一、许愿的流程

妈祖庙宇许愿的流程与注意事项，是信众在表达对妈祖信仰与祈求时所需遵循的一系列步骤与规范。这些流程与注意事项不仅体现了对妈祖的崇敬，也体现了中华传统文化中的礼仪与习俗。

---

① 祝跃容.幸福药方[M].深圳：深圳出版社有限责任公司，2021：83.

（一）妈祖庙宇许愿的流程

1.准备阶段

（1）了解妈祖信仰：在许愿之前，信众应了解妈祖的生平事迹、信仰内涵及庙宇的基本情况，以增强对妈祖信仰的理解和认同。

（2）准备供品：根据传统习俗，信众需准备供品以献给妈祖。供品通常包括五牲（半生熟的肉类）、果品（应时水果数种）、清茶、酒、红龟粿、发糕、扎红纸的面线、各式菜碗、红汤圆等。这些供品寓意对妈祖的敬意和祈求的诚心。

（3）选择许愿时间：信众可选择在妈祖诞辰（农历三月廿三）、羽化升天日（九月初九）或其他重大节庆时前往庙宇许愿，因为这些日子被认为是妈祖最为灵验的时刻。

天后宫许愿牌

资料来源：网易。

2.许愿过程

（1）进庙前净手：进入庙宇前，信众应先净手，以示对妈祖的尊敬和虔诚。

（2）点烛焚香：进入庙宇后，信众需先至庙前的天公炉或香炉点烛焚香，以表达对妈祖的敬意和祈求。焚香时，可默念自己的愿望和祈求。

游客在妈祖庙内上香

资料来源：网易。

（3）上供：将准备好的供品摆放在妈祖像前，以示对妈祖的供养和感谢。

（4）祈求平安与许愿：在神前恭敬地祈求平安与实现自己的愿望。可以默念或大声说出自己的祈求内容，但应注意言辞诚恳、尊重。

（5）行跪拜礼：按照庙宇的规定和习俗，信众需行跪拜礼以表达对妈祖的敬意和感激。常见的跪拜礼有三跪九叩等。

信众向妈祖行跪拜礼

资料来源：网易。

（6）掷筊问卜：部分庙宇允许信众通过掷筊的方式来询问妈祖是否接受了自己的祈求。掷筊时，应一边掷一边默念自己的祈求内容，并根据筊的落地情况来判断妈祖的回应。

（7）烧金纸与爆竹：在祈求完成后，信众可烧金纸（如大寿金、寿金、刈金、福金等）及燃放爆竹以示庆祝和感谢妈祖的庇佑。

（8）撤供：许愿结束后，信众需将供品收拾干净并妥善处理。部分庙宇会提供撤供服务或指导信众如何正确撤供。

二、许愿的内容类型与"福"文化的联系

许愿的内容类型丰富多样，与"福"文化紧密相连，共同体现了人们对美好生活的向往和追求。

（一）许愿的内容类型

1.健康平安类

健康平安是人们最基本也是最重要的祈求之一。在妈祖庙宇中，许多信众会许愿祈求家人和自己的身体健康、平安无事。这类许愿体现了人们对生命安全的珍视和对健康生活的渴望，与"福"文化中"平安是福"的理念相契合。

2.事业成功类

事业成功是许多人追求的目标之一。在许愿时，不少信众会祈求妈祖保佑自己在工作中顺利晋升、事业有成。这类许愿反映了人们对职业发展的重视和对成功的渴望，与"福"文化中"事业兴旺"的愿景相呼应。

3.家庭和睦类

家庭和睦是幸福生活的基石。许多信众在许愿时会祈求妈祖保佑家庭和睦、夫妻恩爱、子女孝顺。这类许愿体现了人们对家庭和谐美满的向往和追求，与"福"文化中"家和万事兴"的传统观念相一致。

4.学业进步类

对于学子而言，学业进步是他们关注的重要方面。在妈祖庙宇中，不少家长会祈求妈祖保佑孩子学业有成、金榜题名。这类许愿寄托了人们对知识改变命运的信念和对未来美好生活的期待，与"福"文化中"知识就是力量"的价值观相契合。

湄洲当地儿童向妈祖许愿

资料来源：人民网。

5.感情顺利类

感情生活是人们生活中不可或缺的一部分。在许愿时，有些人会祈求妈祖保佑自己感情顺利、婚姻美满。这类许愿反映了人们对爱情和婚姻的美好向往和追求，与"福"文化中"有情人终成眷属"的美好祝愿相契合。

（二）许愿中的"福"文化

1.共同的价值观追求：铸牢中华民族共同体的精神纽带

许愿与"福"文化都深深植根于中华民族的文化土壤之中，体现了人们对美好生活的共同向往和追求。无论是健康平安、事业成功、家庭和睦，还是学业进步、感情顺利，这些许愿内容都蕴含着人们对幸福生活的渴望和期待。这些愿望与"福"文化中关于幸福、吉祥、和谐等不谋而合，共同构成了中华民族共同体的精神纽带。社会主义价值观中的富强、民主、文明、和谐等价值目标追求与许愿中的"福"文化的内涵紧密相连。富强意味着国富民强，是国家繁荣昌盛、人民幸福安康的物质基础；民主是人类社会的美好诉求，中国追求的是人民民主，其实质和核心是人民当家作主；文明是社会进步的重要标志，代表着社会主义现代化国家文化建设的应有状态；和谐则是中华传统文化的基本理念，是经济社会和谐稳定、持续健康发展的重要保证。在铸牢中华民族共同体的过程中，我们应该深入挖掘许愿中的"福"文化与社会主义价值观的内在联系，通过宣传教育、文化交流等方式，让更多的人了解和认同这些共同价值观。同时，我们也应该注重将许愿中的"福"文化融入日常生活中，让人们在追求个人幸福的同时，也为中华民族共同体的繁荣和发展贡献自己的力量。

2.信仰与寄托的载体：构建中华民族共同体的精神家园

许愿作为一种信仰和寄托的方式，在妈祖庙宇等场所中得到了广泛的体现。信众们通过向妈祖许愿来表达自己的心愿和祈求，希望得到妈祖的庇佑。这种信仰和寄托的方式与"福"文化中关于神灵庇佑、祈福消灾的传统观念紧密相连，共同构成了中华民族共同体的精神家园。在铸牢中华民族共同体的过程中，我们应该注重保护和传承这些具有民族特色的信仰和文化传统。通过加强宗所的建设和管理，提高信众的信仰水平和文化素养，让更多的人能够在信仰中找到归属感和认同感。同时，我们也应该注重将信仰与社会主义核心价值观相结合，引导信众在追求个人信仰的同时，也为社会的和谐与进步贡献自己的力量。

3.文化传承与弘扬：铸牢中华民族共同体的文化根基

许愿作为民间信仰的一种表现形式，承载着丰富的文化内涵和历史传承。在妈祖庙宇等场所中许愿不仅是对妈祖信仰的体现和传承，也是对"福"文化等中华优秀传统文化的弘扬和发展。通过许愿活动，人们可以更加深入地了解和感受中华文化的博大精深和独特魅力，从而增强文化自信和文化认同感。在铸牢中华民族共同体的过程中，我们应该注重挖掘和传承这些具有民族特色的文化传统和文化元素。通过加强文化教育、文化交流等方式，让更多的人了解和认同中华文化，增强对中华民族共同体的认同感和归属感。同时，我们也应该注重将中华文化与现代社会相结合，推动中华文化的创新性发展和创造性转化，让中华文化在新时代焕发出更加绚丽的光彩。

4.社会和谐的促进力量：铸牢中华民族共同体的社会基础

许愿与"福"文化都具有促进社会和谐的重要作用[①]。在许愿过程中人们会祈求家庭和睦、社会和谐等，这些愿望的实现有助于增进人与人之间的互信和团结，促进社会的和谐稳定。同时"福"文化中关于和谐、包容、互助等理念也为人们提供了处理人际关系和社会问题的指导原则，有助于推动社会的和谐与进步。党的二十大报告指出，要深入开展社会主义核心价值观宣传教育，深化爱国主义、集体主义、社会主义教育，着力培养担当民族复兴大任的时代新人。高校作为人才培养的主战场，应把"培育什么样的价值观"和"培养什么样的人"紧密结合起来，不断提高青年学生对社会主义核心价值观的政治认同、思想认同、理论认同、情感认同。引导大学生坚定理想信念，厚植爱国情怀，担当时代责任，涵养道德品质，为以中国式现代化全面推进强国建设、民族复兴伟业提供有力的人才支撑。通过许愿活动人们可以表达自己的心愿和祈求，寻求心灵安慰和精神寄托，同时也能够传承和弘扬中华优秀传统文化，促进社会和谐与进步。

第二节　还愿中的"福"文化

在妈祖信仰的温暖光辉下，"还愿"成为一种神圣而庄重的仪式。当信众们的心愿在妈祖的庇佑下得以实现时，他们满怀感激之情，再次踏入妈祖庙，以虔诚之心，向妈祖表达谢意，这便是"还愿"。还愿，是信众们对妈祖慈悲与灵验的见证，也是他们心灵深处对妈祖信仰的坚定与升华。在还愿的过程中，信众们或献上鲜花、果品，或燃香祈福，用各种方式表达着对妈祖的崇敬与感激。每一次的还愿，都是对妈祖信仰力量的又一次肯定，也是妈祖文化在民间传承与发扬的生动体现。它不仅加深了信众们对妈祖的信仰与依赖，

---

① 杨海艳.幸福的力量[M].北京：西苑出版社，2012：50.

也促进了社区之间的和谐与团结。因此，还愿不仅仅是一种仪式，更是一种心灵的洗礼与升华。它让我们在感恩与回馈中，更加珍惜眼前的幸福与安宁，也更加坚定对妈祖信仰的坚守与传承。

一、还愿的流程

还愿作为一种传统的信仰活动，其流程与注意事项因地域、信仰体系的不同而有所差异。然而，尽管存在这些差异，还愿的基本精神和核心要素却是相通的。还愿流程分为三个阶段，即准备阶段、实施阶段、结束阶段。

1.准备阶段

首先，明确还愿对象。需要明确自己是在向哪位神佛或神灵还愿，这有助于在后续的仪式中保持专注和虔诚。其次，准备还愿物品。根据传统和信仰习惯，准备相应的还愿物品，如供品（水果、糕点、鲜花等）、香烛、纸钱等。这些物品应清洁、新鲜、无破损，以表示对神灵的尊敬。最后，做好心理准备。在还愿前，调整好自己的心态，保持恭敬、虔诚和感恩的心情，准备在仪式中表达自己对神灵的感激之情。

2.实施阶段

进入寺庙或神殿：穿着得体，保持安静和恭敬，不要大声喧哗或嬉笑打闹。进入时，可以跨过门槛，以示对神灵的尊重。行拂尘礼：在佛殿前或神殿前，行拂尘礼，以表示除去身上的尘土和烦恼，为还愿做准备。拂尘时，可磕三个头，以示尊敬。点燃香烛：点燃香烛，供奉给神灵。在点香时，要注意安全，避免引起火灾。同时，要保持双手清洁，以示对神灵的尊敬。放下供品和礼品：将准备好的供品和礼品放在指定的位置，以表示对神灵的感恩和回报。默念还愿词：在心中默念还愿词，表达自己对神灵的感激之情和还愿的意愿。可以提及自己许愿时的情况、愿望的实现过程以及自己对未来的期许等。祈求神灵加持：举起双手，恭请神灵加持，以祈求神灵继续保佑自己和家人平安、健康、幸福等。

3.结束阶段

在还愿仪式结束后，要保持感恩的心态，时刻铭记神灵的恩德和保佑。最后，整理好还愿时使用的物品，保持环境整洁。同时，可以适当地向寺庙或神殿捐赠一些钱款或物品，以支持其日常运营和修缮。

二、还愿的内容类型与"福"文化的联系

（一）还愿的内容类型

还愿，作为一种古老的宗教和民间信仰习俗，其核心在于实践对神佛或神灵许下的承诺或愿望实现后的感恩回报。根据不同的信仰体系和地域文化，还愿的内容类型丰富多样，但总体上可以归纳为以下几个方面。

1.感恩祈福类

这是最常见的还愿内容类型。当个人或家庭在遭遇困境时向神佛许愿求助，一旦愿望得以实现，便会前往寺庙或神殿进行还愿，以表达感激之情并祈求未来的平安与福祉。这类还愿通常包括烧香、供奉供品、捐赠钱款等形式，以象征回馈神灵的恩德。

2.兑现承诺类

在许愿时，有些人会明确地向神佛承诺，如果愿望实现将进行某种特定的还愿活动。这类还愿内容更具针对性和个性化，如修建庙宇、塑造佛像、举办法会等。这些活动不仅是对神灵的感激之情的表达，也是个人或社区对信仰的坚定践行和传承。

3.祈福消灾类

在一些特定的信仰体系中，人们认为通过还愿可以消除灾难、祈求平安。因此，在遭遇疾病、灾难等不幸事件后，人们会向神佛许愿祈求庇佑，并在愿望实现后进行还愿，以祈求神灵继续保佑自己和家人免受灾难的侵扰。这类还愿内容往往与祈求健康、平安、长寿等愿望紧密相连。

4.求子嗣、姻缘类

在一些传统信仰中，人们认为神佛能够主宰生育和姻缘。因此，当人们在子嗣或姻缘方面遇到困难时，会向神佛许愿求助。一旦愿望实现，便会进行还愿以表达感激之情，并祈求神灵继续保佑孩子健康成长或婚姻幸福美满。这类还愿内容往往与家族传承和血脉延续紧密相关。

5.特殊仪式类

在某些地区或信仰体系中，还愿还涉及一些特殊的仪式活动。如土家族的"傩愿戏"就是一种集祭祀、娱乐、教化于一体的综合性仪式活动。通过表演傩戏来酬谢神灵并祈求平安吉祥。这类还愿内容不仅具有浓厚的宗教色彩和文化内涵，也是当地民俗风情的重要体现。

《还阳傩》表演

资料来源：荆楚网。

（二）还愿中的"福"文化

"福"文化，作为中华民族传统文化的瑰宝，自古以来便深深植根于华夏儿女的心中，它不仅仅是对幸福生活的向往与追求，更是中华民族共同体精神内涵的重要体现。而还愿作为一种民间信仰习俗，与"福"文化之间存在着千丝万缕的联系与互动，共同构筑了中华民族丰富多彩的精神世界。

1.共同建构的精神追求：和谐共生的福祉愿景

还愿与"福"文化在精神追求上高度契合，都体现了人们对美好生活的无限向往。还愿，作为对神佛承诺的兑现与感激之情的表达，是人们对幸福生活的祈愿与承诺的实践。而"福"文化，则通过各种形式的祝福与祈福活动，祈求平安、健康、长寿等吉祥之事，体现了中华民族对和谐生活的深切期盼。在还愿的过程中，人们往往会祈求家庭和睦、社会安定、五谷丰登等，这些愿景不仅是对个人幸福生活的追求，更是对中华民族共同体和谐共生的向往。"福"文化的理念在于和谐与平衡，它强调人与人、人与自然之间的和谐共生，这种理念在还愿活动中得到了淋漓尽致的体现。此外，"福"文化还倡导"惜福"，即珍惜现有的幸福生活，这种理念促使人们在追求幸福的同时，不忘感恩与回报社会，进一步强化了中华民族共同体的凝聚力与向心力。

2.相互促进的文化传承：福祉追求的生动实践

还愿作为一种古老的民间信仰习俗，其传承和发展离不开"福"文化的滋养和支持。"福"文化为还愿提供了丰富的文化内涵和精神支撑；而还愿则通过具体的仪式活动和实践行为来传承和弘扬"福"文化。"福"文化的核心精神在于对幸福的追求和祝愿。在中国传统文化中，"福"为"福、禄、寿、喜、财、吉"六大吉祥之首，而"五福"更是具体化为"寿、富、康宁、攸好德、考终命"，构成了人们对幸福生活的全面理解。还愿行为，正是对幸福追求的具体体现。人们通过祭祀、祈祷等形式，向神明表达自己的愿望，祈求得到福佑。这种行为不仅仅是对物质利益的追求，更是对精神安宁和心灵满足的渴望，两者相互促进、相得益彰，共同构成了中华传统文化中一道独特的风景线。

妈祖阁前来许愿与还愿的信众

资料来源：搜狐网。

3.价值相通的社会功能：维稳和谐的强大力量

还愿通过实践诺言与感恩回报来强化人们的道德观念与责任感；而"福"文化则通过祈福与祝福活动来增强社会凝聚力与向心力：两者都有助于维护社会稳定与促进社会和谐。"福"文化的价值在于其强大的社会凝聚力与精神激励作用。"福"文化跨越了民族与文化的界限，被社会大众广泛认可。它不仅为个人提供了精神寄托，也为社会和谐发展提供了文化支撑。在现代社会，"福"文化通过与文创产业的结合，形成了独特的"福"文化IP，如"福"字号农产品、"全福游"等，这些不仅促进了经济的发展，也丰富了人们的精神文化生活。在铸牢中华民族共同体的过程中，我们应该充分发挥还愿与"福"文化的社会功能。通过加强道德教育、弘扬社会正气等方式，提高人们的道德素质与责任感；同时，通过举办各种祈福与祝福活动，增强社会凝聚力与向心力，共同为构建和谐社会贡献力量。

4.多样丰富的表现形式：多元文化的生动展现

还愿和"福"文化在表现形式上都具有多样性和丰富性。还愿可以通过烧香、供奉供品、捐赠钱款等多种方式进行；而"福"文化则可以通过书法、绘画、剪纸、雕刻等多种艺术形式进行表达和传播。这些丰富的表现形式不仅丰富了人们的文化生活，也加深了人们对还愿和"福"文化的理解和认同。

第三节　践愿中的"福"文化

在妈祖信仰的深邃世界里，"践愿"二字承载着无尽的虔诚与希望。信众们向妈祖许下心愿，不仅是对未知挑战的祈愿，更是对美好生活的向往与追求。践愿，即是这些心愿在妈祖的庇佑下逐一实现的过程。它如同海上的灯塔，为远航者指引方向，让人们在风浪中看到希望的曙光。每一次的践愿，都是对妈祖信仰力量的见证。信众们或因事业顺利而感恩，或因家庭和睦而喜悦，或因健康平安而庆幸。这些看似平凡却又不凡的福报，都是妈祖慈爱之心的体现，也是信众们虔诚信仰的回馈。践愿的过程，也是人们自我修行与成长的过程。它教会我们坚持与努力，让我们在追求梦想的路上更加坚定；它教会我们感恩与回馈，让我们在享受幸福的同时，也不忘传递爱与希望。因此，践愿不仅是妈祖信仰中的一个重要环节，更是中华民族传统文化中"福"文化生动实践的缩影。它让我们相信，只要心怀善念，坚持信仰，美好的愿望终将在妈祖的庇佑下得以实现。

一、践愿的流程

践愿，即实现并履行自己的愿望或承诺，是一个既包含个人努力又涉及外部环境的复杂过程。以下为笔者总结的践愿流程。

1.明确目标，设定愿望

首先，需要明确自己的愿望是什么，这个愿望应该是具体、可衡量的，避免模糊不清或过于宏大的目标。例如，设定"今年内通过英语××考试"比"提高英语水平"更为具体。确保这个愿望是真正发自内心的，而非外界强加或一时冲动的结果。只有内心真正认同的愿望，才能激发持久的动力。

2.分析现状，识别障碍

对自己的现状进行客观评估，包括能力、资源、时间等方面。这有助于识别实现愿望过程中可能遇到的障碍。将识别出的障碍一一列出，无论是技能不足、时间冲突还是资源匮乏等，都需要清晰地呈现出来。

3.制订计划，规划路径

根据障碍和问题，制订详细的行动计划，将大目标分解为若干个小目标或步骤。每个步骤都应该是具体、可操作的。为每个步骤设定明确的时间表，确保按计划推进。同时，要预留一定的缓冲时间以应对突发情况。

4.采取行动，执行计划

一旦计划制订完毕，就要立即采取行动，不要拖延或等待完美的时机，因为完美的时机往往永远不会到来。在执行计划的过程中，要保持持续的努力和专注。遇到困难时，要勇于面对并寻求解决方案。

5.监控进度，调整策略

定期回顾自己的进度和成果，检查是否按照计划推进，这有助于及时发现问题并调整策略。如果发现原计划无法达到预期效果或遇到新的障碍，要及时调整策略并重新规划路径。

6.达成目标，庆祝成果

当目标达成时，要认真验收自己的成果。这既是对自己努力的肯定也是对未来的激励。以适当的方式庆祝自己的成功，可以是一个小型的聚会、一份特别的礼物或是一次旅行等。庆祝成功有助于增强自信心和成就感。

二、践愿的内容类型与"福"文化的联系

妈祖践愿中的"福"文化体现，是中华传统文化中一个独特而深刻的方面。妈祖，作为海洋文化的象征和民间信仰的重要组成部分，其践愿过程不仅体现了信众们对妈祖的虔诚与敬仰，更深刻地展示了"福"文化在民间信

仰中的生动实践和广泛影响。

（一）践愿的内容类型

1. 平安之福

在妈祖践愿中，平安是最为核心的内容之一。妈祖作为海上保护神，其信仰的核心在于保佑渔民和航海者平安归来。这种对平安的祈愿和追求，正是"福"文化中"康宁"之福的具体体现。每当渔民出海前或归航后，都会到妈祖庙中祈求妈祖保佑平安，这种信仰习俗已经深入人心，成为沿海地区人民生活中不可或缺的一部分。

渔民祭拜妈祖的活动现场

资料来源：搜狐网。

2. 和谐之福

妈祖信仰还强调人与自然、人与社会之间的和谐共处。妈祖文化中的"大爱无私"精神，鼓励人们以宽容、慈悲的心态对待他人和自然，追求和谐共生的社会理想。这种和谐之福，与"福"文化中"攸好德"的理念相契合，共同构成了中华民族精神文化的重要组成部分。在妈祖践愿的过程中，信众们通过参与各种妈祖文化活动，如祭祀、巡游、庙会等，不仅加深了彼此之间的了解和友谊，还促进了社区的和谐与稳定。

妈祖信众巡游

资料来源：新华网。

3.顺遂之福

除了平安与和谐，妈祖践愿还涵盖了事业有成、家庭和睦、身体健康等顺遂之事。这些祈愿涵盖了人们生活的方方面面，体现了人们对幸福生活的全面追求。在妈祖信仰的实践中，信众们通过虔诚的祈愿和不懈的努力，往往能够在事业、家庭和健康等方面获得顺遂和成功。这种顺遂之福的实现，不仅是对妈祖信仰的验证和肯定，更是对"福"文化在民间信仰中生动实践的最好诠释。

（二）践愿中的核心价值观

践行愿望的过程体现了社会主义核心价值观的多个方面，主要包括以下两大部分。

1.个人层面的价值准则

爱国：践行愿望时，个体或团体往往将个人发展与国家、民族的命运紧密相连。他们可能通过实现个人愿望来为国家做出贡献，或者其愿望本身就与国家的繁荣发展息息相关。这种将个人愿望融入国家大局的精神，正是爱国主义情怀的体现。

敬业：在践行愿望的过程中，需要付出大量的努力、时间和精力。这种践行愿望的认真态度和不懈努力,正是敬业精神的体现。无论是科研工作者追求科学真理,还是企业家创造经济价值,都展现了他们对事业的热爱和专注。

诚信:在践行愿望的过程中,诚信是必不可少的品质。诚信意味着言行一致、信守承诺,这对于建立信任关系、获得他人支持至关重要。只有以诚信为本,才能赢得他人的尊重和信任,从而更好地实现愿望。

友善:友善是人际交往中的润滑剂,也是践行愿望过程中的重要品质。在践行愿望的过程中,个体或团体需要与各方建立合作关系,共同克服困难。友善的态度有助于增进彼此的理解和信任,促进合作关系的稳定和发展。

2.社会层面的价值取向

自由:在践行愿望的过程中,个体或团体需要享有充分的自由来探索、尝试和创新。这种自由不仅体现在思想观念的自由表达上,也体现在行动的自主决策上。只有在自由的环境中,个体或团体才能充分发挥其创造力和潜力,更好地实现愿望。

平等:平等是社会主义社会的核心价值理念之一。在践行愿望的过程中,无论个体或团体的出身、背景如何,都应该享有平等的机会和权利来实现自己的愿望。这种平等不仅体现在法律的平等保护上,也体现在社会资源的公平分配上。

公正:公正是衡量社会发展的重要标尺之一。在践行愿望的过程中,需要确保社会公正的实现,这包括在资源分配、机会获得、权益保障等方面做到公平合理、不偏不倚。只有在一个公正的社会环境中,个体或团体的愿望才能得到充分的尊重和实现。

法治:法治是保障社会公正和个体权利的重要手段。在践行愿望的过程中,需要遵守法律法规的约束和规范。这不仅有助于维护社会秩序和稳定,也有助于保护个体或团体的合法权益不受侵犯。同时,法治精神还鼓励个体或团体通过合法途径实现自己的愿望。

综上所述,践行愿望的过程体现了社会主义核心价值观的多个方面,包括爱国、敬业、诚信、友善等个人层面的价值准则以及自由、平等、公正、法治等社会层面的价值取向。这些价值观相互关联、相互促进,共同构成了推动社会进步和发展的重要力量。

(三)践愿中的"福"文化

1.文化认同与心理慰藉

妈祖践愿中的"福"文化,有助于增强人们对中华传统文化的认同感和归属感。在妈祖信仰的实践中,信众们通过参与各种妈祖文化活动,不仅加深了对妈祖文化的了解和认识,还感受到了传统文化的魅力和力量。这种文化认同感的增强,有助于促进社会的和谐与稳定,为人们的心理提供强大的慰藉和支持。

2.社会团结与凝聚力

妈祖践愿中的"福"文化,还具有重要的社会团结和凝聚力作用。在妈祖信仰的实践中,信众们通过共同参与各种妈祖文化活动,加强了彼此之间的联系和沟通,形成了紧密的社区关系和社会网络。这种社会团结和凝聚力的增强,有助于推动社会的发展和进步,为人们的幸福生活提供坚实的保障。党为人民谋幸福的精神力量,体现在一系列伟大精神之中。井冈山精神、长征精神、延安精神、西柏坡精神,以及后来的载人航天精神、抗震精神和抗疫精神等,都是党在不同时期应对各种挑战时形成的宝贵精神财富。这些精神不仅激励着中国共产党人和全国各族人民攻坚克难,更彰显了党始终把人民利益放在首位的坚定信念。

3.跨文化交流与传播

妈祖信仰作为中华文化的重要组成部分,其践愿中的"福"文化还具有跨文化的交流与传播功能。随着全球化的发展和国际交流的增多,妈祖信仰逐渐走向世界舞台,成为连接不同国家和地区人民的文化桥梁和纽带。在跨文化交流与传播的过程中,妈祖践愿中的"福"文化元素得到了广泛的传播和认同,为增进不同国家和地区人民之间的友谊和合作发挥了积极作用。

"妈祖大爱　两岸情缘"海峡两岸（北京）妈祖文化交流暨纪念妈祖诞辰1063周年活动现场

资料来源：中国侨网。

妈祖践愿中的"福"文化体现是中华传统文化中一个独特而深刻的方面。妈祖信仰与"福"文化在内涵上具有高度的契合性，共同构成了中华民族精神文化的重要组成部分。在妈祖践愿的过程中，平安之福、和谐之福和顺遂之福等"福"文化元素得到了生动的实践和广泛的传播。这些"福"文化元素不仅为人们的幸福生活提供了强大的精神支撑和心理慰藉，还促进了社会的和谐与稳定以及跨文化的交流与传播。因此，我们应该珍视和传承妈祖信仰中的"福"文化元素，让它们在新时代继续发扬光大、造福人类。

湄洲妈祖祖庙"慈善之光"春节送温暖活动现场

资料来源：搜狐网。

167

第六章

闽台妈祖艺文中的"福"文化

妈祖艺文作为福建乃至两岸文化的重要组成部分，蕴含着丰富的"福"文化元素。这种文化以"福祉"为核心，代表着人民对幸福生活的向往和追求。习近平同志指出："党的一切工作都是为老百姓利益着想，让老百姓幸福就是党的事业。"这一重要论断彰显了党的事业与人民群众幸福的内在联系，对于更好坚持人民主体地位、贯彻落实以人民为中心的发展思想具有十分重要的意义。党的十八大以来，"幸福中国"这一伟大目标被提上日程，通过国家的发展和社会的进步，让全体人民共享幸福成果即将实现。妈祖艺文中的"福"文化，与"幸福中国"所倡导的幸福理念高度契合，都是对美好生活的共同向往和追求。

第一节　戏曲戏剧中的"福"文化

一、戏曲戏剧中的感恩之福

闽台妈祖戏曲戏剧中的感恩之福，是中华传统文化中一种深邃而温暖的情感表达。这些戏曲戏剧作品不仅讲述了妈祖的传奇故事，更蕴含了人们对自然、社会、家庭以及个人命运的感激与敬畏，体现了深厚的感恩情怀[①]。以下是对闽台妈祖戏曲戏剧中感恩之福的详细阐述。

（一）感恩自然的恩赐

闽台地区依山傍海，自然环境优美，人民对自然的依赖与敬畏之情深植于心。在妈祖戏曲中，这种情感得到了生动的体现。戏曲往往通过妈祖治水救灾、保护渔民等情节，展现人们对自然力量的敬畏与感激。例如，在《妈

---

① 吴韩娴.新时期以来福建戏曲创作研究[M].北京：中国社会科学出版社，2022：41.

祖》一剧中，妈祖利用自己的神力平息风浪，保护渔船安全归来，渔民们因此对妈祖充满感激之情，这种情感不仅是对妈祖个人的崇拜，更是对自然恩赐的感恩。

（二）感恩社会的关怀

妈祖戏曲中不乏反映社会现实、弘扬社会正能量的作品。这些流传下来的戏曲通过讲述妈祖如何在中国古代社会动荡、百姓疾苦时伸出援手，传递出感恩社会的价值观。例如，在《妈祖显圣》一剧中，当地方遭遇瘟疫时，妈祖显灵救治百姓，使疫情得以控制，社会重归安宁。这一情节不仅展现了妈祖的神通广大，更强调了在社会危难时刻人们之间的相互扶持与关爱，体现了对社会关怀的深深感激。

（三）感恩家庭的养育

家庭是每个人成长的摇篮，妈祖戏曲中对家庭亲情的描绘尤为细腻感人。戏曲中的妈祖往往被塑造成一个孝顺父母、关爱兄弟姐妹的形象，她的言行举止中透露出对家庭养育之恩的深深感激。例如，在《妈祖传奇》一剧中，妈祖在成为海神之前，是一个普通的渔家女，她勤劳善良、孝顺父母，这种品质深深感染了周围的人。戏曲通过展现妈祖与家人的深厚情感，强调了家庭在个人成长中的重要性，以及对家庭养育之恩的铭记与回报。

黄梅戏《妈祖传奇》中剧照

资料来源：搜狐网。

（四）感恩命运的安排

妈祖戏曲中常有人命运多舛，但历经磨难最终获得圆满结局的情节设置。这些故事通过展现人物在逆境中的坚持与奋斗，传递出感恩命运、珍惜当下的生活态度。例如，在《妈祖升天》一剧中，妈祖虽然历经种种磨难，但她始终保持着乐观向上的心态，用自己的行动去帮助他人、改变命运。最终，她得道成仙，成为护佑一方的海神。这一情节不仅体现了妈祖的英勇与智慧，更强调了人们对命运安排的坦然接受与感恩之心。

（五）感恩文化的传承

妈祖戏曲作为中华传统文化的重要组成部分，其本身就是一种感恩文化的传承与弘扬。戏曲艺人们在舞台上演绎着妈祖的传奇故事，不仅让观众在娱乐中受到教育与启迪，也让妈祖文化得以生生不息、代代相传。这种对文化传承的感恩之情，体现在戏曲艺人们对传统艺术的坚守与创新上，他们用自己的才华与汗水为观众呈现出一个个生动感人的妈祖形象，让妈祖文化在戏曲舞台上绽放出更加璀璨的光芒。

因此，闽台妈祖戏曲戏剧中的感恩之福体现在多个方面：对自然的恩赐心怀感激，对社会的关怀铭记于心，对家庭的养育深表敬意，对命运的安排坦然接受，以及对文化传承的珍视与弘扬。这些感恩之情不仅丰富了戏曲的内涵与表现力，也让观众在欣赏戏曲的过程中得到了心灵的净化与升华。在当今社会快速发展的背景下，弘扬闽台妈祖戏曲戏剧中的感恩之福具有重要意义，有助于构建和谐社会、传承中华优秀传统文化并推动文化事业的繁荣发展。

二、戏曲戏剧中的修德之福

妈祖戏曲戏剧中的修德之福，是一个深刻而丰富的主题，它贯穿于众多以妈祖为主角的戏曲作品中，展现了妈祖作为海上和平女神的崇高品德与深远影响。

（一）妈祖形象中的修德典范

在妈祖戏曲中，妈祖被塑造成一个集善良、勇敢、智慧、慈悲于一身的修德典范。她不仅拥有超凡的神力，更以高尚的品德赢得了人们的尊敬与爱戴。妈祖的一生都在践行"立德、行善、大爱"的精神，她救苦救难、扶危济困，无论是对待家人还是陌生人，都表现出无私的关爱与帮助①。这种品德不仅为戏曲作品增添了道德光辉，也深刻影响了观众的价值观念。

（二）修德之福的具体体现

妈祖戏曲通过讲述妈祖的生平事迹，鼓励人们向妈祖学习，不断提升自己的品德修养。观众在欣赏戏曲的过程中，会受到妈祖高尚品德的感染与熏陶，从而自觉践行善行义举，提升个人品德②。这种提升不仅有助于个人的精神成长，也有助于社会的和谐稳定。妈祖戏曲中的修德之福还体现在对社会风气的净化作用上。通过弘扬妈祖的善行义举，戏曲作品传递出积极向上的价值观和社会正能量，引导人们树立正确的道德观念和行为规范。这种正能量的传播有助于消除社会上的不良风气，促进社会的文明进步。在妈祖戏曲中，妈祖不仅关注人类社会的福祉，也关注自然界的生态平衡。她利用自己的神力平息风浪、保护渔业资源，展现了人与自然和谐共处的理念。这种理念对于现代社会具有重要的启示意义，提醒人们要尊重自然、保护环境，实现可持续发展。妈祖戏曲作为中华传统文化的重要组成部分，承载着人们的精神寄托与心灵慰藉。在戏曲作品中，妈祖不仅是人们祈求平安、幸福的象征，更是人们面对困难与挑战时寻求精神力量的源泉。观众在欣赏戏曲的过程中，可以感受到妈祖的庇佑与关怀，从而获得内心的平静与力量。

（三）修德之福的现代意义

在当代社会，妈祖戏曲中的修德之福仍然具有重要的现实意义。随着经

---

① 王少安，周玉清.大爱精神与社会主义和谐文化建设[M].北京：人民出版社，2009：24.

② 肖东发.闽合戏苑：福建戏曲种类与艺术[M].北京：现代出版社，2014：57.

济的快速发展和社会的不断进步,人们面临着越来越多的挑战与压力。在这样的背景下,妈祖戏曲所传递的修德精神显得尤为珍贵。它提醒人们要保持一颗善良、勇敢、智慧、慈悲的心,积极面对生活中的困难与挑战;同时,也呼吁社会各界关注道德建设、弘扬社会正气,共同营造一个和谐、文明、进步的社会环境[①]。总之,妈祖戏曲戏剧中的修德之福是一个深刻而丰富的主题。它不仅展现了妈祖作为海上和平女神的崇高品德与深远影响,也传递出积极向上的价值观和社会正能量。在当代社会,我们应该继续弘扬妈祖的修德精神,让这种精神成为推动社会进步的重要力量。

三、戏曲戏剧中的奉献之福

在妈祖戏曲戏剧的丰富多彩的艺术表现中,奉献之福是一个深刻而动人的主题。它贯穿于妈祖的生平事迹与救助众生的过程中,展现了妈祖无私奉献、舍己为人的崇高精神,以及这种精神所带来的深远福祉。

(一)妈祖的奉献精神

妈祖,作为闽台海上女神,她的奉献精神是戏曲戏剧中最为突出的特点。无论是面对汹涌的海浪、肆虐的瘟疫,还是人心的迷茫与社会的动荡,妈祖总是挺身而出,用自己的神力与智慧,为众生排忧解难。她的奉献不仅仅是对亲人的关爱,更是对天下苍生的深情厚谊。在戏曲中,我们经常可以看到妈祖不顾个人安危,冒险救助遇险的渔民,用自己的神力平息风浪,保护渔船安全归来。这种无私奉献的精神,让观众深感震撼与敬佩。

(二)奉献之福的体现

妈祖的奉献精神不仅仅是一种道德上的崇高表现,它更带来了实实在在的福祉。在戏曲戏剧中,这种福祉体现在多个层面。对个体的救助:妈祖的奉献最直接地体现在对个体的救助上。每当渔民遭遇海难,妈祖总是及时显灵,用自己的神力保护他们免受伤害。这种救助不仅挽救了渔民的生命,也

---

① 叶乃泊.修德立言[M].南宁:广西民族出版社,2003:46.

给他们带来了精神上的巨大安慰。对社会的贡献：除了对个体的救助，妈祖的奉献还体现在对社会的贡献上。在戏曲中，妈祖经常用自己的神力平息社会动荡，消除瘟疫等灾难，使得百姓能够安居乐业。她的这种贡献，为社会的和谐稳定带来了重要的保障。对文化的传承：妈祖戏曲戏剧作为中华传统文化的重要组成部分，通过讲述妈祖的奉献事迹，传承了妈祖文化所蕴含的修德、行善、大爱等价值观念。这些价值观念对于现代社会仍然具有重要的启示意义，能够引导人们向善、积德、行善，共同营造一个更加美好的社会环境。

（三）奉献之福的现代意义

在当代社会，妈祖戏曲戏剧中的奉献之福仍然具有重要的现实意义。随着社会的快速发展和人们生活水平的提高，人们对于奉献精神的需求也日益增强。妈祖的奉献精神提醒我们，无论身处何种环境，都应该保持一颗无私奉献的心，用自己的力量去帮助他人、服务社会。同时，妈祖的奉献之福也启示我们，奉献不仅仅是一种付出，更是一种收获。通过奉献，我们能够感受到内心的满足与快乐，也能够赢得他人的尊重与敬仰。更重要的是，奉献能够为社会带来正能量，推动社会的和谐与进步[1]。

因此，妈祖戏曲戏剧中的奉献之福是一个深刻而动人的主题。它展现了妈祖无私奉献、舍己为人的崇高精神，以及这种精神所带来的深远福祉。在当代社会，我们应该继续弘扬妈祖的奉献精神，让这种精神成为推动社会进步的重要力量。同时，我们也应该通过学习妈祖的奉献精神，不断提升自己的品德修养，用自己的力量去创造一个更加美好、和谐的社会环境。在未来的发展中，让妈祖的奉献之福继续照耀着我们的前行之路，引领我们走向更加美好的未来。

---

① 北京大学心理与认知科学学院，中航集团（在京）财务系统党建课题组.奉献：新时代党员健心实践篇[M].北京：世界图书出版公司，2019：63.

第二节　音乐舞蹈中的"福"文化

一、音乐舞蹈中的信仰之福

妈祖音乐舞蹈中的信仰之福，是一个融合了民间信仰、文化艺术与民众情感的多维度现象。在妈祖信仰的广泛传播与深入人心的背景下，妈祖音乐舞蹈不仅成为祭祀仪式中不可或缺的一部分，更是信众们表达虔诚信仰、祈求福祉的重要方式。以下是对妈祖音乐舞蹈中信仰之福的深入探讨。

（一）妈祖信仰与音乐舞蹈的紧密结合

妈祖信仰起源于我国沿海地区，尤其是福建莆田的湄洲岛，这里不仅是妈祖的故乡，也是妈祖文化的发祥地。妈祖信仰作为一种民间信仰，历经千余年的传承与发展，已经深深扎根于民众的心中。在这一过程中，妈祖音乐舞蹈作为信仰表达的重要载体，与妈祖信仰紧密结合。无论是妈祖诞辰、升天日等重要的祭祀节日，还是日常的信仰活动中，妈祖音乐舞蹈都扮演着至关重要的角色[①]。

（二）妈祖音乐舞蹈的艺术特征

妈祖音乐舞蹈以其独特的艺术魅力吸引了无数信众与观众。在音乐方面，妈祖祭典乐舞的音乐创作融合了中国传统祭典音乐与莆仙民间音乐的元素，既凸显了中国祭典音乐的庄重与肃穆，又富有莆仙地域文化的特色。乐队的配置多样，既有交响乐团的大气磅礴，也有民乐团的细腻温婉，二者相辅相成，共同营造出一种神圣而庄严的氛围。在舞蹈方面，妈祖祭典乐舞的动作设计精巧复杂，既有模拟古代祭祀仪式的庄重步伐，也有展现海洋文化特色的灵动舞姿。舞者身着华丽的服饰，随着音乐的节奏翩翩起舞，将妈祖的慈悲与威严展现得淋漓尽致。特别是在一些重要的祭祀仪式中，如"耍刀

---

① 林元桓.妈祖民俗表演欣赏与教程[M].北京：中国文史出版社，2015：36.

轿""摆棕轿"等舞蹈表演,更是将信仰的力量与艺术的魅力完美融合,给人以强烈的视觉冲击和心灵震撼。

首届海峡旅游博览会开幕大型舞蹈诗剧《妈祖》中的"天孕"

资料来源:新浪网。

首届海峡旅游博览会开幕大型舞蹈诗剧《妈祖》中的"海灵"

资料来源:新浪网。

（三）信仰之福的体现

妈祖音乐舞蹈中的信仰之福主要体现在以下几个方面。心灵的慰藉与寄托：对于信众而言，妈祖音乐舞蹈不仅仅是一种艺术表演，更是一种心灵的慰藉与寄托。在观看和参与妈祖音乐舞蹈的过程中，信众们能够感受到妈祖的慈悲与关怀，从而获得内心的平静与安宁。这种心灵的慰藉与寄托是信仰之福的重要体现。祈求福祉与庇护：妈祖信仰作为一种民间信仰，其核心在于祈求福祉与庇护。妈祖音乐舞蹈作为信仰表达的重要方式之一，承载着信众们对美好生活的向往和对妈祖庇护的祈求。舞蹈的每一个动作、每一个旋律，都蕴含着信众们对妈祖的虔诚信仰和对未来生活的美好憧憬。文化传承与教育：妈祖音乐舞蹈作为妈祖文化的重要组成部分，承载着丰富的历史文化内涵和民族情感。通过学习和传承妈祖音乐舞蹈，年青一代不仅能够了解妈祖信仰的历史渊源和文化价值，还能够培养对传统文化的认同感和自豪感。这种文化传承与教育的作用也是信仰之福的重要体现之一。

妈祖音乐舞蹈中的信仰之福是一个多维度、多层次的现象。它不仅是信众们表达虔诚信仰、祈求福祉的重要方式之一，也是妈祖文化传承与发展的重要载体。在未来的发展中，我们应该继续弘扬妈祖音乐舞蹈的艺术魅力和文化价值，让更多的人了解和感受其中的信仰之福。同时，我们也应该积极探索妈祖音乐舞蹈与现代社会的结合点，推动其在新的时代背景下焕发出更加绚丽的光彩。

二、音乐舞蹈中的智慧之福

妈祖音乐舞蹈中的智慧之福，是一个深刻体现中华民族智慧与创造力的文化现象。这些音乐舞蹈不仅承载了妈祖信仰的深厚底蕴，还展现了古代人民在艺术创作、民间信仰与社会生活方面的卓越智慧。

（一）艺术创作的智慧

妈祖音乐舞蹈是中华传统艺术宝库中的瑰宝，其创作过程充满了智慧与匠心。音乐创作：妈祖祭典乐舞的音乐融合了传统祭典音乐与民间音乐的精髓，通过巧妙的编排与组合，形成了独特而庄重的旋律。这些音乐不仅具有高度的艺术价值，还深刻表达了信众们对妈祖的崇敬与祈求。音乐创作中的智慧体现在对音色的选择、节奏的把握以及旋律的构思上，每一处细节都透露出创作者对艺术的深刻理解与独特见解。舞蹈编排：妈祖祭典乐舞中的舞蹈动作设计精巧复杂，既有模拟古代祭祀仪式的庄重步伐，也有展现海洋文化特色的灵动舞姿。舞蹈编排中的智慧体现在对动作的设计、队形的变换以及情感的传达上。通过舞蹈，观众能够感受到妈祖的慈悲与威严，同时也能领略到古代人民在艺术创作方面的卓越才华。

（二）民间信仰的智慧

妈祖信仰作为中华民间信仰的重要组成部分，其音乐舞蹈中蕴含着丰富的民间信仰智慧。信仰表达：妈祖音乐舞蹈是信众们表达虔诚信仰的重要方式之一。通过音乐与舞蹈的结合，信众们能够将自己的祈愿与崇敬之情传递给妈祖，并祈求得到她的庇护与赐福。这种信仰表达的方式不仅体现了古代人民对妈祖信仰的深厚情感，也展现了他们在民间信仰方面的独特智慧。文化传承：妈祖音乐舞蹈作为妈祖文化的重要组成部分，承载着丰富的历史文化内涵和民族情感。通过学习和传承这些音乐舞蹈，年青一代不仅能够了解妈祖信仰的历史渊源和文化价值，还能够培养对传统文化的认同感和自豪感。这种文化传承的智慧体现在对传统文化的尊重与保护上，以及对年青一代的教育与引导上。

（三）社会生活的智慧

妈祖音乐舞蹈不仅仅是一种艺术表现形式，还与社会生活紧密相连，体现了古代人民在社会生活方面的智慧。社区凝聚：妈祖祭典等活动中的音乐舞蹈表演往往能够吸引大量社区居民参与其中。这些活动不仅增强了社区成员之间的交流与互动，还促进了社区的凝聚与和谐。通过共同参与妈祖音乐舞蹈的表演与观赏，社区居民能够感受到彼此之间的紧密联系与共同信仰的力量。精神寄托：在古代社会中，人们面临着各种自然灾害与社会动荡的挑战。妈祖音乐舞蹈作为一种精神寄托的方式,为信众们提供了心灵的慰藉与力量。通过观赏和参与这些音乐舞蹈表演,信众们能够感受到妈祖的慈悲与关怀,从而获得内心的平静与安宁。这种精神寄托的智慧体现在对信仰力量的深刻认识与利用上。

妈祖音乐舞蹈中的智慧之福体现在艺术创作、民间信仰与社会生活等多个方面。这些音乐舞蹈不仅展现了古代人民在艺术创作方面的卓越才华与独特见解,还承载了丰富的历史文化内涵和民族情感。同时,它们还与社会生活紧密相连,为信众们提供了心灵的慰藉与力量。在未来的发展中,我们应该继续弘扬妈祖音乐舞蹈的智慧之福,让更多的人了解和感受其中的深刻内涵与独特魅力。

三、音乐舞蹈中的正直之福

妈祖,不仅以其慈悲与智慧深受人们敬仰,更因其正直无私的品质而成为人们的信仰。在妈祖音乐舞蹈中,这种正直之福被生动地展现出来,从而传递出其中蕴含的文化内涵和社会价值。以下是对妈祖音乐舞蹈中正直之福的详细阐述。

(一)正直品质的体现

妈祖的正直品质在音乐舞蹈中得到了充分的体现。无论是音乐的旋律还是舞蹈的动作,都透露出一种坚定、不屈的精神。这种精神,正是妈祖正直品质的写照。她不畏强权,不媚世俗,始终坚守自己的信仰和原则,这种正直的品质在音乐舞蹈中得到了完美的诠释。妈祖音乐舞蹈中的音乐部分,以其独特的旋律和节奏,传递出正直之福的深刻内涵。音乐的每一个音符都像是妈祖的化身,诉说着她正直无私的故事。在音乐的旋律中,我们可以感受到妈祖面对困难时的坚定与不屈,也可以感受到她对待信众时的慈悲与关怀。这种正直与慈悲的结合,使得妈祖音乐舞蹈中的音乐部分充满了独特的魅力。

舞蹈是妈祖音乐舞蹈中另一个重要的组成部分。舞蹈的动作设计精巧复杂，既有模仿古代祭祀仪式的庄重步伐，也有展现海洋文化特色的灵动舞姿。在舞蹈中，舞者们通过身体的动作和表情，将妈祖的正直品质生动地展现出来。他们的每一个动作都充满了力量与决心，仿佛是在向世人宣告妈祖的正直与无畏。这种通过舞蹈传递的正直之福，使得观众在观赏的过程中能够深刻感受到妈祖的伟大与崇高。

（二）正直之福的社会价值

妈祖音乐舞蹈中的正直之福不仅仅是一种艺术表现，更具有较高的社会价值。在当今社会，正直品质仍然是我们所追求的重要价值观之一。妈祖音乐舞蹈通过其独特的艺术形式，将正直之福传递给更多的人，激发人们对正直品质的追求和崇尚。这种正直的精神不仅可以引导人们走向正确的道路，还可以为社会带来更多的和谐与稳定。妈祖音乐舞蹈中的正直之福给我们带来了深刻的启示。它告诉我们，无论身处何种环境，都应该坚守自己的信仰和原则，不畏强权，不媚世俗。同时，我们也应该像妈祖一样，用我们的正直和无私去关爱他人，帮助他人。只有这样，我们才能真正地实现自我价值，为社会做出更大的贡献。

第三节　工艺美术中的"福"文化

一、工艺美术中的家风之福

妈祖工艺美术，作为妈祖文化的重要组成部分，不仅展现了精湛的技艺和独特的审美，更蕴含着深厚的家风之福。这些工艺作品不仅是对妈祖精神的传承与颂扬，也是中华优秀传统家风的生动体现。以下将从妈祖工艺美术的特点、家风之福的体现以及对现代社会的启示三个方面进行阐述。

（一）妈祖工艺美术的特点

妈祖工艺美术种类繁多，包括绘画、雕塑、刺绣、陶瓷等多种形式，每一种形式都独具特色，共同构成了妈祖文化的艺术宝库。这些工艺作品在创作过程中，不仅注重技艺的精湛与材料的选用，更强调对妈祖精神的深刻理解和表达。因此，妈祖工艺美术作品往往具有高度的艺术价值和深厚的文化内涵。

（二）家风之福的体现

在妈祖工艺美术中，家风之福得到了生动的体现。这种家风之福主要体现在以下几个方面。忠孝传家：妈祖文化深受儒家思想影响，强调忠孝节义[①]。在妈祖工艺美术作品中，经常可以看到以忠孝为主题的创作。这些作品通过生动的形象和富有感染力的画面，传递出忠孝传家的家风理念，引导人们树立正确的家庭观念和价值观。和谐美满：妈祖作为海上和平女神，其形象本身就蕴含着和谐美满的寓意。在妈祖工艺美术作品中，这种和谐美满的家风理念得到了进一步的强化和展现。无论是绘画中的温馨场景，还是雕塑中的祥和姿态，都让人感受到家庭的温暖和幸福。勤劳善良：妈祖在世时以勤劳善良著称，这种品质也在妈祖工艺美术作品中得到了充分体现。许多作品通过描绘妈祖的日常生活和救难事迹，展现了她的勤劳与善良，从而激励人们树立勤劳善良的家风。仁爱包容：妈祖精神中的仁爱包容也是家风之福的重要体现。在妈祖工艺美术作品中，这种仁爱包容的精神被赋予了更加丰富的表现形式。无论是细腻的刺绣图案，还是精致的陶瓷装饰，都透露出一种宽容与包容的气息，引导人们以仁爱之心对待家人和社会。

---

① 张天清.中华好家风[M].南昌：百花洲文艺出版社，2018：84.

德化白瓷塑造的妈祖艺术作品

资料来源：搜狐网。

德化地方人文特色的白瓷艺术作品

资料来源：搜狐网。

（三）对现代社会的启示

妈祖工艺美术中的家风之福对现代社会具有重要的启示意义。首先，它提醒我们要重视家庭教育和家风传承。一个家庭的家风直接影响着家庭成员的品德和行为习惯，因此我们应该从小培养孩子树立正确的家庭观念和价值观[1]。其次，妈祖工艺美术中的家风之福也启示我们要以仁爱之心对待家人和

---

[1] 曹威威.社会主义核心价值观的文化阐释[M].北京：社会科学文献出版社，2023：52.

社会。在快节奏的现代生活中，人们往往容易忽视对他人的关爱和包容，而妈祖精神中的仁爱包容则为我们提供了有益的借鉴。最后，妈祖工艺美术中的家风之福还告诉我们要注重传统文化的传承与创新。妈祖文化作为中华优秀传统文化的重要组成部分，其工艺美术作品不仅是对传统文化的传承，更是对传统文化的创新和发展[①]。我们应该在传承中创新，在创新中传承，让传统文化焕发出新的生机和活力。

二、工艺美术中的国风之福

妈祖工艺美术中的国风之福，是一个融合了传统美学、文化寓意与时代精神的概念。妈祖工艺美术作为妈祖文化的重要载体，不仅展现了中华民族独特的审美追求和工艺水平，更蕴含了深厚的国风底蕴和福祉寓意。

（一）妈祖工艺美术的国风特色

妈祖工艺美术品种繁多，包括雕刻、绘画、刺绣、陶瓷等多种形式，每一种形式都独具国风特色。雕刻艺术：妈祖的石雕、木雕等雕刻作品，以精湛的技艺和生动的形象展现了中华民族对妈祖信仰的虔诚。这些作品往往造型庄重、线条流畅，既体现了雕刻师的高超技艺，也反映了中华民族对和谐、美好生活的向往。绘画艺术：妈祖的绘画作品以妈祖形象为主题，通过细腻的笔触和丰富的色彩描绘了妈祖的慈悲与威严。这些绘画作品不仅具有高度的艺术价值，还承载了中华民族对妈祖文化的传承与颂扬。刺绣艺术：妈祖刺绣作品以其精美的图案和细腻的工艺赢得了广泛的赞誉。这些刺绣作品往往以妈祖故事为题材，通过针线的穿梭展现了中华民族对妈祖精神的崇敬与传承。陶瓷艺术：妈祖陶瓷作品将妈祖形象与陶瓷工艺相结合，创造出了独具特色的艺术品。这些陶瓷作品不仅造型美观、釉色温润，还蕴含了深厚的

---

① 董阳.中国传统福文化的理论研究与当代设计转化[D].天津：天津美术学院，2022：8.

文化寓意和福祉期盼[①]。

妈祖木雕

资料来源：360doc 个人图书馆。

（二）国风之福的体现

在妈祖工艺美术中，国风之福主要体现在以下几个方面。文化寓意：妈祖工艺美术作品往往蕴含着丰富的文化寓意。这些作品通过妈祖形象的展现和故事情节的叙述，传达了中华民族对和谐、美好、幸福生活的向往和追求。这种文化寓意不仅增强了作品的艺术感染力，也赋予作品深厚的国风底蕴。审美追求：妈祖工艺美术作品在审美上追求自然、和谐、典雅的美学风格。这种审美追求与中华民族的传统美学观念相契合，展现了中华民族独特的审美情趣和艺术追求。同时，这种审美追求也使得妈祖工艺美术作品在国际上具有较高的认可度和影响力。工艺水平：妈祖工艺美术作品以其精湛的工艺水平赢得了广泛的赞誉。这些作品在制作过程中注重细节的处理和技艺的传

---

① 郑新胜.审美文化视域中的民俗：以福州民俗为例[M].北京：北京大学出版社，2021：72.

承与创新,体现了中华民族在工艺美术领域的卓越成就和深厚底蕴①。这种工艺水平不仅提升了作品的艺术价值,也增强了人们的文化自信和民族自豪感。

(三)对现代社会的启示

妈祖工艺美术中的国风之福对现代社会具有重要的启示意义。首先,它提醒我们要珍视和传承中华优秀传统文化。妈祖工艺美术作为中华优秀传统文化的重要组成部分,其独特的艺术魅力和文化价值值得我们深入挖掘和传承。其次,妈祖工艺美术中的国风之福也启示我们要注重文化自信和民族自豪感的培养②。在全球化背景下,我们要坚定文化自信,弘扬中华民族优秀传统文化,让世界更加了解中国、认识中国。最后,妈祖工艺美术中的国风之福还告诉我们要注重工艺水平的提升和创新能力的培养。只有不断提升工艺水平,加强创新能力培养,才能推动中华优秀传统文化的传承与发展走向新的高度。

第四节 电影电视中的"福"文化

一、电影电视中的亲情之福

与妈祖有关的电视与电影系列,作为深入人心的文化作品,不仅展现了妈祖这一传奇女神的济世故事,更在细腻的情感描绘中,特别是亲情层面,给予观众深刻的感动与启示。

(一)亲情的温暖与力量

在《妈祖》电视剧中,亲情被赋予了极高的地位。剧中通过林默娘(即

---

① 刘映廷.海峡两岸彩绘艺术口述史[M].福州:福建教育出版社,2022:64.
② 福建省政协文化文史和学习委员会.加强"福"文化的宣传推广[J].甘肃政协,2023(5):76-79.

妈祖）与家人之间的深厚情感，展现了亲情在个体成长与信仰形成过程中的重要作用。林默娘从一个普通渔家女成长为万众敬仰的海上女神，这一过程中，家人的支持与鼓励是她不断前行的动力源泉。父母的无私奉献、兄长的保护关爱，以及家族间的相互扶持，共同构建了一个充满爱与温暖的成长环境，为妈祖日后的济世情怀奠定了坚实的基础。

在电视剧《妈祖》的故事中，亲情的力量往往能够超越生死界限。面对灾难与困境，家人之间的相互守望与牺牲精神尤为感人。例如，在电视剧中，当村庄遭遇海难时，林默娘不顾个人安危，挺身而出，用自己的智慧和勇气拯救了无数生命。这种超越个人利益的壮举，正是对亲情之爱的最高诠释。同时，剧中也不乏家人为了保护妈祖或他人而甘愿牺牲自己的情节，这些情节无不让人动容，深刻体现了亲情之爱的伟大与无私。

（二）亲情与信仰的交织

在《妈祖》系列作品中，亲情与信仰紧密相连，互为支撑。妈祖的信仰不仅仅是对海神力量的崇拜，更是一种对美好生活的向往与追求。这种信仰在家族内部得到了广泛的传播与传承，成为家族成员之间共同的精神寄托。家人对妈祖的虔诚信仰不仅加深了彼此之间的情感联系，也促使他们在日常生活中积极践行妈祖的济世精神，帮助他人、关爱社会。因此，亲情在妈祖信仰的传承与发展中起到了不可替代的作用[1]。

（三）电影《妈祖回家》中的亲情跨越

特别值得一提的是电影《妈祖回家》，该作品以两岸亲情为背景，通过一段跨越山海的故事展现了妈祖文化在连接两岸同胞情感方面的重要作用。影片中，福建小船主吴天桂为了保全家中三位老婆的"善缘"，与台籍老兵林奇伟共同渡海的经历充满了曲折与艰辛。在妈祖的庇佑下，他们最终克服重重困难回归故乡。这段故事不仅展现了亲情的力量与坚韧，更深刻揭示了妈祖文化在两岸同胞心中的共同地位与深厚情感。影片中的亲情跨越不仅限于

---

① 罗素.幸福之路[M].北京：中央编译出版社，2024：45.

地域的界限，更超越了时间与空间的阻隔，成为连接两岸人民情感的桥梁与纽带。

（四）亲情之福的深刻内涵

《妈祖》系列作品中的亲情之福具有丰富的内涵与深远的意义。它不仅是家庭成员之间相互关爱与支持的具体体现，更是对人性美好品质的高度颂扬。亲情的力量能够激发人们的潜能与勇气，促使他们在面对困境时勇往直前；同时，亲情也是人们心灵的归宿与慰藉，在人生的旅途中给予我们无尽的力量与温暖。在妈祖文化的熏陶下，亲情之福得到了进一步的升华与拓展，成为连接个人、家庭与社会的强大纽带。亲情之福的现代意义，在于它为我们提供了一个温暖而坚实的情感港湾。在这个快节奏、高压力的社会中，人们常常忙于工作与生活，容易忽视与家人之间的情感交流。然而，亲情作为人类最基本的情感之一，其力量是无法替代的。它不仅能够给予我们精神上的慰藉与支持，还能在我们遭遇挫折与困难时，成为我们最坚强的后盾。亲情之福的现代意义，更在于它提醒我们要珍惜与家人相处的每一刻，用心去理解、去关爱、去回报。在这个瞬息万变的世界里，唯有亲情是永恒不变的。因此，我们应该更加重视亲情的培养与维护，让这份宝贵的情感成为我们人生中最坚实的支撑，也让我们在忙碌的生活中，不忘家的温暖，不忘亲情的力量[1]。

二、电影电视中的友情之福

在与妈祖相关的电影电视作品中，友情往往与亲情、爱情并列，成为推动剧情发展、深化人物性格的重要元素。这些作品通过生动的故事情节和鲜明的人物形象，展现了友情之福的多种面向和深远意义。

（一）共患难的友情力量

在《妈祖》电视剧中，友情的力量被赋予了极高的地位。剧中人物在面

---

[1] 毕淑敏.毕淑敏自选集幸福卷[M].北京：国际文化出版公司，2016：130.

对困境和挑战时，往往能够依靠朋友的支持与帮助，共同渡过难关。这种共患难的友情不仅增强了彼此之间的信任与依赖，更激发了每个人内心的勇气与潜能①。例如，当林默娘（妈祖）在救助海难遇险人员、惩治邪恶的过程中遭遇重重阻力时，她的朋友们总是毫不犹豫地站在她的身边，为她出谋划策、保驾护航。这种无私的友情支持，让林默娘在成长的道路上更加坚定与自信。

（二）相互成就的友情之光

除共患难的友情力量外，《妈祖》系列作品还展现了友情之间相互成就的美好景象。在剧中，人物之间的友情往往能够促使他们共同成长、共同进步。林默娘的朋友们在与她相处的过程中，不仅学到了许多为人处世的道理和智慧，更在妈祖精神的感召下，逐渐成长为有担当、有爱心的人。同时，林默娘也在与朋友的交往中不断完善自己的人格魅力，展现出更加崇高与伟大的妈祖形象。这种相互成就的友情之光，让妈祖文化更加生动鲜活，充满人性光辉。

（三）跨越界限的友情桥梁

在与妈祖相关的电影作品，如《妈祖回家》中，友情更是跨越了地域、身份甚至时空的界限，成为连接不同人物之间情感的重要桥梁。影片中，福建小船主吴天桂与台籍老兵林奇伟在共同的经历中结下了深厚的友情。他们相互扶持、共同面对生活的艰辛与挑战，最终实现了心灵的回归与情感的融合。这种跨越界限的友情不仅展现了人性的美好与善良，更深刻地揭示了妈祖文化在连接两岸同胞情感方面的重要作用②。它告诉我们，无论身处何方、无论身份如何，只要心中有爱、有友情，就能够跨越一切障碍与隔阂，实现心灵的相通与共鸣。

---

① 曾旻.感受亲密：在关系中获得幸福的艺术[M].北京：人民邮电出版社，2023：49.
② 彭榕华，陈嘉莉，王聪远.闽台民俗"福"文化与交流[J].两岸终身教育，2024，27（3）：57–65.

电影《妈祖回家》海报

资料来源：网易。

（四）友情之福的深刻内涵

在与妈祖相关的电影电视作品中，友情之福的深刻内涵得到了充分的展现。首先，友情是一种无私的支持与帮助。在朋友需要帮助的时候伸出援手、给予关爱与支持是友情的本质所在。这种无私的付出不仅能够让朋友感受到温暖与力量，还能够增进彼此之间的情感联系与信任。其次，友情是一种共同成长与进步的过程。在与朋友相处的过程中相互学习、相互启发、相互成就，不仅能够让个人的能力与素质得到提升，还能够让友情之树更加茁壮成长、枝繁叶茂。最后，友情是一种跨越界限的情感纽带。它能够打破地域、身份、时空等种种限制，将不同背景、不同经历的人们紧密地联系在一起，共同书写人类情感的美好篇章。

（五）友情之福的现实启示

与妈祖相关的电影电视作品中的友情之福，不仅具有深刻的艺术价值，还具有重要的现实启示意义。它告诉我们应该珍惜身边的友情，用心去经营与维护这份宝贵的情感财富。在快节奏的现代生活中,人们往往因为忙碌而忽略了与朋友的交流与沟通,导致友情逐渐淡化甚至消失。然而,真正的友情是需要用心去呵护与珍惜的。我们应该抽出时间陪伴朋友,倾听他们的故事,分享彼此的快乐与忧伤,让友情之花在岁月的洗礼中更加绚烂多彩。同时,我们也应该学会感恩与回报,对于那些在我们生命中给予我们帮助与支持的朋友,我们应该铭记于心,并在他们需要帮助的时候伸出援手,让友情之链在传递中不断延伸与加固。

三、电影电视中的爱情之福

在与妈祖相关的电影电视作品中,爱情之福虽然并非主要叙事线索,但却以独特的方式融入其中,为这些作品增添了丰富的人文色彩与情感深度。

(一)爱情与信仰的交织

在与妈祖相关的影视作品中,爱情往往与信仰交织在一起,形成了一种独特的情感表达。例如,在电视剧《妈祖》中,林默娘(妈祖)的爱情故事虽然并非主线,但却深刻反映了她在成为女神之前作为普通人的情感经历。剧中,妈祖与青梅竹马杨生全之间有着深厚的感情基础,然而杨生全的早逝让这段感情无疾而终。随后,吴宗伦的出现为妈祖带来了另一段感情经历。吴宗伦深爱妈祖,但为了尊重妈祖的信仰与追求,他甘愿成为妈祖名义上的丈夫,共同守护海疆与百姓。这种爱情与信仰交织的叙事方式,不仅展现了妈祖作为女神的圣洁与无私,也揭示了爱情在信仰面前的坚韧与牺牲。

(二)爱情的小爱与大爱升华

在与妈祖相关的影视作品中,爱情之福还体现在小爱到大爱的升华过程中。妈祖作为海神与民间信仰的象征,她的爱情经历不仅仅是个人情感的抒发,更是对大爱精神的颂扬。剧中,妈祖在面对个人感情与苍生福祉之间的抉择时,总是能够毅然决然地选择后者。这种选择不仅体现了妈祖作为女神的高尚情操与伟大使命,也深刻揭示了爱情在更高层次上的价值与意义。当爱情与大爱相融合时，它便超越了个人情感的局限，成为推动社会进步与文明发展的重要力量。

（三）爱情之福的现代启示

与妈祖相关的影视作品中的爱情之福，不仅具有深刻的历史与文化内涵，还具有重要的现代启示意义。首先，它告诉我们爱情需要建立在相互尊重与理解的基础上。无论是妈祖与杨生全之间的纯真初恋，还是与吴宗伦之间的深厚情谊，都离不开彼此之间的尊重与理解。这种尊重与理解不仅是爱情长久发展的基石，也是现代社会中人际关系和谐共处的重要前提。其次，与妈祖相关的影视作品中的爱情之福，还启示我们要正确看待爱情与责任的关系。在现实生活中，爱情往往伴随着责任与担当。妈祖作为女神在享受爱情的同时也肩负着守护海疆与百姓的重任，这种责任感让她在爱情面前更加坚定与成熟，也让我们意识到在享受爱情带来的甜蜜与幸福时也要勇于承担起应有的责任与义务。最后，与妈祖相关的影视作品中的爱情之福还提醒我们要珍惜眼前的幸福与美好。爱情是人生中最为珍贵的情感之一，它给予我们温暖与力量，让我们在人生的旅途中不再孤单。然而爱情也需要我们用心去呵护与珍惜。在忙碌的生活与工作中，我们往往容易忽视与伴侣之间的情感交流，导致感情逐渐淡化甚至消失。因此我们应该学会珍惜眼前的幸福与美好，用心去经营与维护这份宝贵的情感财富，让爱情之花在岁月的洗礼中更加绚烂多彩[①]。

（四）爱情之福与妈祖文化的融合

在与妈祖相关的影视作品中，爱情之福与妈祖文化实现了完美的融合。这种融合不仅丰富了妈祖文化的内涵与外延，也让观众在欣赏影视作品的同时更加深入地了解了妈祖文化的精神实质与人文价值。通过讲述妈祖或其身边人物的爱情故事，这些作品展现了爱情在妈祖文化中的独特地位与作用，揭示了爱情与信仰、责任、担当等价值观念之间的紧密联系与相互作用。这

---

① 韩永华.幸福关系[M].北京：北京日报出版社，2023：62.

种融合不仅让观众在情感上得到了满足与升华，也让妈祖文化在更广泛的范围内得到了传承与弘扬。与妈祖相关的影视作品中的爱情之福是一种宝贵的精神财富，它不仅展现了爱情的多样性与美好，还深刻揭示了爱情在信仰、责任、担当等价值观念面前的价值与意义。同时这些作品也将爱情与妈祖文化实现了完美的融合，为观众呈现了一幅幅动人心魄的情感画卷。让我们在欣赏这些影视作品的同时，也更加珍惜与呵护身边的爱情与亲情，共同书写人类情感的美好篇章。

第五节　民谚童谣中的"福"文化

一、民谚童谣中的儿童之福

在探讨与妈祖相关的民谚童谣中的儿童之福时，我们不难发现，这些流传于民间的口头文学不仅承载着丰富的历史文化信息，还深刻反映了儿童在传统文化中的幸福与乐趣。

（一）童谣中的儿童形象与幸福生活

妈祖文化作为中华民族传统文化的重要组成部分，广泛流传于沿海地区，深受民众尤其是儿童的喜爱。在与妈祖相关的民谚童谣中，儿童往往被赋予特殊的地位与角色，成为传承与弘扬妈祖文化的重要力量。这些童谣以生动活泼的语言、朗朗上口的韵律，讲述着妈祖的传奇故事与美好品德，让儿童在轻松愉快的氛围中感受到妈祖文化的魅力与温暖。

在与妈祖相关的童谣中，儿童形象丰富多彩、栩栩如生。他们或跟随妈祖学习善良、勇敢的品质，或在妈祖的庇佑下享受无忧无虑的童年生活。这些童谣通过描绘儿童的天真烂漫、活泼可爱以及他们在妈祖文化中的独特体验，展现了儿童之福的多个方面。①安全与健康。妈祖作为海神与民间信仰的象征，常被视为保护儿童安全与健康的神祇。在童谣中，儿童在妈祖的庇佑下远离疾病与灾难，享受着健康成长的幸福时光。例如，"三月十五风吹头巾，三月廿三沃花粉"这句民谚虽未直接提及儿童，但却暗示了妈祖在特定时节对自然环境的掌控与调节能力，从而间接保障了儿童的生活安全与身体健康[1]。②快乐与游戏。与妈祖相关的童谣中不乏描述儿童快乐游戏场景的语句。这些童谣通过生动的比喻与夸张的手法展现了儿童在游戏中的欢声笑语与无忧无虑。例如泉州童谣"戽虾戽加蚤，三升二米斗。大尾捉来烤，细尾放它走……"就生动地描绘了儿童在河边捉虾捉虫的欢乐场景。这种快乐的游戏体验不仅丰富了儿童的童年生活，也让他们在妈祖文化的熏陶下学会了关爱自然与珍惜生命。③教育与成长。与妈祖相关的童谣还承担着教育儿童的重要使命。这些童谣通过讲述妈祖的传奇故事与美好品德引导儿童树立正确的价值观与人生观。例如，台湾童谣"你要食清？或要食浊？要食清，送你去妈祖宫。要食浊，送你云落膏"，就巧妙地借用了妈祖的形象来教育儿童要分清是非善恶，选择正确的道路成长。这种寓教于乐的方式不仅让儿童在轻松愉快的氛围中接受了道德教育，也让他们在妈祖文化的滋养下茁壮成长。

（二）儿童之福的现代意义

与妈祖相关的民谚童谣中的儿童之福不仅具有深刻的历史文化内涵，还具有重要的现代意义。首先，它提醒我们要关注儿童的健康成长与安全保障，为他们创造一个和谐稳定的成长环境。其次，它强调了快乐游戏在儿童成长中的重要性，鼓励我们为儿童提供更多的游戏机会与空间，让他们在游戏中释放天性、发展潜能。最后，它揭示了教育与成长之间的紧密联系，提醒我们要注重儿童的思想道德教育，引导他们树立正确的价值观与人生观，成为有责任感、有担当的新时代少年。与妈祖相关的民谚童谣中的儿童之福是一种宝贵的精神财富，它不仅展现了儿童在传统文化中的幸福与乐趣，还深刻揭示了妈祖文化对儿童成长的积极影响与现代意义。让我们在传承与弘扬妈祖文化的同时，更加关注儿童的健康成长与全面发展，共同书写人类文明的

---

[1] 江玉平.漳台闽南方言童谣[M].厦门：厦门大学出版社，2011：35.

新篇章①。

二、民谚童谣中的中年之福

在与妈祖相关的民谚童谣中，虽然中年之福不是主要描绘的对象，但细细品味，仍能从中发现中年人在妈祖信仰与生活智慧中的独特幸福。

（一）民谚童谣中的中年形象与生活智慧

妈祖文化，根植于沿海民众的生活之中，不仅为儿童带来欢乐与启迪，也为中年人提供了精神寄托与生活智慧。在妈祖的庇佑下，中年人经历了青春的磨砺，步入了人生的另一个重要阶段，不仅更加深刻地体会到生活的酸甜苦辣，也更加珍惜那份来自妈祖的庇护与指引。①家庭与责任。在与妈祖相关的民谚童谣中，中年人往往是家庭的支柱，他们肩负着养育子女、赡养老人的重任。这些民谣通过生动的语言，描绘了中年人在家庭中的辛勤付出与无私奉献，如"家有千口，主事一人"，强调了中年人在家庭中的核心地位与责任担当。同时，妈祖作为家庭的守护神，也给予了中年人面对困难时的勇气与力量，让他们在家庭与社会的双重压力下，仍能保持坚韧不拔的精神风貌。②事业与奋斗。中年是人生的黄金时期，也是事业发展的关键阶段。在妈祖的庇佑下，中年人更加坚定地追求事业的成功与家庭的幸福。民谚童谣中的"三分天注定，七分靠打拼"便是对中年人奋斗精神的最好诠释。他们相信，在妈祖的指引下，只要勇于拼搏、不懈努力，就一定能够创造出属于自己的辉煌人生。③人生哲理与智慧。与妈祖相关的民谚童谣还蕴含着丰富的人生哲理与智慧，为中年人提供了宝贵的生活指南。如"船到桥头自然直"，这句民谣鼓励中年人在面对生活困境时，要保持乐观的心态与坚定的信念，相信一切都会迎刃而解。同时，"好心有好报"等民谣也教导中年人要以善为本、积德行善，相信善行终会得到善报②。

---

① 刘金田.幸福中国[M].长沙：湖南教育出版社，2012：152.
② 闫洪丰.幸福在哪儿：情感篇[M].北京：求真出版社，2014：74.

（二）中年之福的现代启示

与妈祖相关的民谚童谣中的中年之福不仅具有深厚的历史文化底蕴，还为现代中年人提供了宝贵的生活启示。①家庭与事业的平衡：在现代社会中，中年人往往面临着家庭与事业的双重压力。妈祖文化提醒我们，要在两者之间找到平衡点，既要为家庭付出关爱与责任，也要在事业上追求成功与实现自我价值。②乐观与坚韧的精神。生活总是充满挑战与变数，但妈祖文化教导我们要以乐观的心态去面对一切困难与挫折。中年人更应该保持这种精神风貌，用坚韧不拔的毅力去战胜生活中的每一个难关。③积德行善的人生追求。在妈祖的信仰中，善行是获得幸福与福报的重要途径。现代中年人也应该将积德行善作为自己的人生追求，用善良与爱心去温暖他人、照亮社会。

三、民谚童谣中的老年之福

在与妈祖相关的民谚童谣中，老年之福是一个充满温情与智慧的主题。这些流传于民间的口头文学，不仅承载着丰富的历史文化信息，还深刻反映了老年人在传统文化中的幸福体验与精神追求。以下是对与妈祖相关的民谚童谣中老年之福的深入探讨，旨在揭示这一群体在妈祖信仰与生活智慧中的独特幸福。

（一）民谚童谣中的老年形象与生活智慧

对于老年人而言，妈祖不仅是信仰的寄托，更是生活的智慧与精神的慰藉。在妈祖的庇佑下，老年人经历了人生的风风雨雨，步入了人生的黄昏阶段，他们更加珍惜那份来自妈祖的庇护与指引，也更加深刻地体会到生活的真谛与幸福的内涵[①]。①晚年的安宁与满足。在与妈祖相关的民谚童谣中，老年人往往被描绘为安享晚年的幸福形象。他们经历了人生的起伏与变迁，如今在妈祖的庇佑下，享受着安宁与满足的生活。如"晚年享福，妈祖保佑"

---

① 袁昕，袁牧，王建文.健康中国，幸福养老[M].北京：社会科学文献出版社，2017：56.

这句民谚，就表达了老年人在妈祖的庇佑下，晚年生活幸福美满的愿景。这种安宁与满足，不仅来自物质生活的丰盈，更来自精神世界的充实与宁静。②家庭的温暖与亲情。在妈祖文化中，家庭是老年人晚年生活的重要依托。民谚童谣中常常描绘老年人享受家庭温暖、与子孙共聚一堂的欢乐场景。如"儿孙满堂，笑语盈盈"这句民谣，就展现了老年人在家庭中的幸福时光。在妈祖的庇佑下，老年人更加珍惜与家人相处的每一刻，享受着亲情带来的温暖与快乐。③人生的智慧与经验。老年人是人生的智者，他们经历了无数的风雨与坎坷，积累了丰富的人生智慧与经验。在与妈祖相关的民谚童谣中，老年人常常被赋予传授智慧与指导后辈的角色。如"老人言，胜似经"这句民谚，就强调了老年人智慧的重要性。在妈祖的信仰中，老年人也更加注重将自己的智慧与经验传授给后辈，希望他们能够从中受益，过上更加美好的生活。④精神的寄托与信仰的坚守。对于老年人而言，妈祖不仅是信仰的寄托，更是精神的慰藉。在妈祖的庇佑下，老年人更加坚定地坚守自己的信仰，从中汲取力量与勇气。如"妈祖在心，无所畏惧"这句民谣，就表达了老年人在妈祖信仰中找到了精神的寄托与力量的源泉。这种信仰的坚守与精神的寄托，也让老年人在晚年生活中更加坚定与从容。

（二）老年之福的现代启示

与妈祖相关的民谚童谣中的老年之福不仅具有深厚的历史文化底蕴，还为现代老年人提供了宝贵的生活启示。①珍惜晚年时光。现代社会的快节奏与高压力往往让老年人感到无所适从。但妈祖文化提醒我们，要珍惜晚年的每一刻时光，享受生活的美好与宁静。老年人应该学会放慢脚步，品味生活的点滴幸福[①]。②注重家庭与亲情。在物质丰富的现代社会中，家庭与亲情显得尤为重要。妈祖文化教导我们要注重家庭与亲情的维护，让老年人在晚年生活中能够享受到家庭的温暖与亲情的陪伴。③传承智慧与经验。老年人是人生的智者，他们的人生智慧与经验是宝贵的财富。现代社会应该更加注重老年人的智慧传承与经验分享，让后辈能够从中受益成长。④坚守信仰与精

---

① 朱渊澄.老年幸福：研究与实践[M].上海：上海交通大学出版社，2014：23.

神寄托。在物质主义盛行的现代社会中，信仰与精神寄托显得尤为重要。妈祖文化鼓励老年人坚守自己的信仰与精神寄托，从中汲取力量与勇气面对生活的挑战与困境①。

---

① 姚巧华.幸福中国[M].北京：北京工业大学出版社，2012：90.

第七章

闽台妈祖礼俗中的"福"文化

　　闽台妈祖礼俗中的"福"文化源远流长，是两地文化交融的重要体现。妈祖信仰在闽台地区深受尊崇，不仅因为她被视为海上保护神，更因为她代表着平安、和谐与幸福。在妈祖礼俗中，人们通过祭祀、祈福等活动，表达对美好生活的向往和追求。这些活动不仅丰富了闽台地区的文化内涵，也加深了人们对"福"文化的理解和认同。妈祖信仰与"福"文化相辅相成，共同构成了闽台地区独特的文化景观。

第一节　服饰习俗中的"福"文化

一、日常生活服饰

　　闽台日常生活服饰，作为两地民俗文化的重要组成部分，深受历史、地理、气候以及文化交流的影响，形成了独特而丰富的风格。以下将从材质、款式、色彩、配饰以及社会变迁对服饰的影响等方面，对闽台日常生活服饰进行详细阐述。

（一）服饰材质

　　由于地处亚热带，闽台地区气候温暖湿润，四季常青，因此服饰材质多选用透气性好、吸湿性强的天然纤维。古代，苎麻、葛藤、蕉麻等植物纤维曾是闽台民间服饰的主要原料，这些材质不仅适应当地温暖湿润的气候，而且易于获取和加工而被广泛使用。随着纺织技术的发展，棉布凭借其透气亲肤、舒适易洗的特点逐步普及，成为闽台民众日常服饰的主流材质。此外，丝绸、锦缎等高档面料则多用于制作节日庆典或礼仪场合的盛装，以彰显身份与场合的隆重。

（二）服饰款式、色彩、配饰

闽台男性日常服饰以简洁实用为主。传统上，男性多穿着宽袖长袍或短衫，搭配长裤和布鞋。清代以后，随着西方文化的传入，西装、中山装等外来服饰逐渐进入闽台地区，成为男性的新选择。然而，在乡村和偏远地区，传统汉装仍占据主导地位。男性服饰的款式变化相对较小，更注重实用性和耐用性。闽台女性日常服饰则更为丰富多彩。传统上，女性上身穿大襟衫（俗称"大刀衫"），下穿长裤或裙子，上下同色，以青、黑布为主[①]。大襟衫圆低领，衣长常达膝，衣裙均较人体宽大，穿起来舒适自然。随着时代的变迁，女性服饰逐渐融入时尚元素，款式更加多样。现代闽台女性在日常生活中可选择穿着连衣裙、衬衫、牛仔裤等多种款式的服饰，以展现出不同的风格和气质。

闽台传统服饰"大刀衫"

资料来源：新浪网。

闽台日常生活服饰的色彩选择往往与当地气候、文化以及个人喜好密切相关。传统上，闽台民众偏爱素雅的色彩，如青、黑、蓝等，这些色彩不仅耐脏易洗，而且符合当地人的审美。然而，在节日庆典或重要场合，人们会

---

① 孟萍萍.妈祖文化对闽台沿海地区传统服饰的影响[J].福建轻纺，2017（5）：27-30.

穿上色彩鲜艳、装饰华丽的服饰，以表达喜庆和尊重。现代闽台民众在服饰色彩的选择上更加自由多样，根据个人喜好和场合可灵活搭配。

闽台日常生活服饰中的配饰也是不可或缺的一部分。传统上，女性常佩戴各种首饰，如项链、耳环、手镯等，这些首饰不仅具有装饰作用，还寄托了人们对美好生活的向往和追求。此外，头巾、围巾等也是常见的配饰，它们不仅具有保暖功能，还能为整体造型增添亮点。现代闽台民众在服饰配饰的选择上同样丰富多样，既有传统风格的饰品，也有时尚潮流的配饰，满足了不同人群的需求。

闽台特色首饰

资料来源：搜狐网。

闽台特色头巾

资料来源：搜狐网。

（三）社会变迁对服饰的影响

随着社会的不断变迁和发展，闽台日常生活服饰也发生了显著的变化。一方面，西方文化的传入带来了全新的服饰理念和款式；另一方面，现代科技和工业的发展使得服饰材质更加多样、制作工艺更加精湛。这些因素共同推动了闽台日常生活服饰的现代化进程。同时，随着人们生活水平的提高和消费观念的转变，服饰不再仅仅是蔽体保暖的工具，更成为展示个性、追求时尚的重要载体。

二、节庆服饰

闽台节庆服饰，作为两地民俗文化的重要组成部分，承载着丰富的历史底蕴和深厚的文化内涵。在重要的节日或庆典场合，闽台民众会穿上特别准备的服饰，以表达喜庆、尊重和传承文化的意愿。

（一）服饰特点

闽台节庆服饰最显著的特点之一便是色彩鲜艳。在节日庆典中，人们往往选择红色、黄色、金色等鲜艳亮丽的色彩，这些色彩不仅符合节日的喜庆氛围，也寓意着吉祥、幸福和繁荣。例如，台湾民间以红为瑞，每有庆贺，皆着红裙，即使老年妇女也不例外。除色彩鲜艳外，闽台节庆服饰还注重装饰的华丽。人们会在服饰上绣上各种吉祥图案，如龙凤、牡丹、莲花等，这些图案不仅美观大方，也寄托了人们对美好生活的向往和追求。同时，金银线、亮片等装饰材料的运用也使得服饰更加闪耀夺目。闽台节庆服饰的款式多样，既有传统的汉服、旗袍等，也有融入现代元素的改良服饰。这些服饰在保留传统元素的基础上，结合现代审美和穿着习惯进行创新设计，使得服饰既具有传统韵味又不失时尚感。

闽台节庆服饰

资料来源：淘宝网。

（二）服饰款式

闽台女性节庆服饰款式尤为丰富多彩。在重要节日或庆典中，女性多穿着精美的旗袍或传统汉服。旗袍以其独特的剪裁和流畅的线条展现了女性的优雅身姿；而传统汉服则以其宽袖长袍、束腰系带的款式体现了古代服饰的韵味。此外，女性还会佩戴各种首饰以增添节日气氛。相对于女性服饰的华丽多样，闽台男性节庆服饰则显得更为简洁大方。男性多穿着长衫、马褂等传统服饰或西装革履的现代服饰。在颜色选择上，男性也倾向于深色系如黑色、蓝色等以显得庄重沉稳。然而在一些特定场合如婚礼等，男性也会选择色彩鲜艳、装饰华丽的服饰以表达喜庆之情。

（三）文化内涵

闽台节庆服饰不仅仅是一种物质文化的体现，更是一种精神文化的传承。这些服饰中所蕴含的吉祥图案、色彩寓意以及款式设计都反映了闽台人民对生活的热爱和对未来的美好憧憬[1]。同时这些服饰也是闽台地区历史文化的重

---

① 黄清敏.历史地理环境对闽台服饰的影响[J].广西科技师范学院学报，2017，32（1）：106-109，140.

要载体之一，通过穿着这些服饰，人们能够感受到浓厚的文化氛围和历史底蕴。随着社会的不断变迁和发展，闽台节庆服饰也在不断地变化和创新。一方面，现代科技和工业的发展使得服饰材质更加多样、制作工艺更加精湛；另一方面，人们生活水平的提高和消费观念的转变也使得节庆服饰的选择更加自由多样。然而无论时代如何变迁，闽台节庆服饰所承载的文化内涵和精神价值却始终如一地传承下来，成为连接过去与未来的重要桥梁。

三、婚嫁服饰

闽台婚嫁服饰，作为两地民俗文化的重要组成部分，承载着丰富的历史底蕴和深厚的文化内涵。在闽台地区的传统婚礼中，新人的服饰尤为讲究，不仅要求材质上乘、做工精细，还要寓意吉祥、幸福、美满。

（一）历史渊源与文化背景

闽台婚嫁服饰的历史可以追溯到古代，受中原文化及海洋文化的共同影响，逐渐形成了独有的地域特色。在明清时期，随着海上丝绸之路的繁荣，闽台地区与东南亚等地的文化交流日益频繁，这也为婚嫁服饰带来了更多的元素和灵感。同时，闽台地区的民间信仰、风俗习惯等也深深影响了婚嫁服饰的设计和制作。

（二）女性婚嫁服饰

1.传统服饰

中式嫁衣：在闽台地区，传统的中式嫁衣多以红色为主色调，象征着喜庆和吉祥。嫁衣的款式多样，有凤冠霞帔、绣花旗袍等。凤冠霞帔是古代贵族女子出嫁时的礼服，由凤冠和霞帔两部分组成，华丽而庄重[①]。绣花旗袍则是近现代以来流行的一种婚嫁服饰，以其修身的剪裁和精美的刺绣而受到新娘的喜爱。细节装饰：嫁衣上通常会绣有各种吉祥图案，如龙凤、牡丹、莲

---

① 聂晶，吴湘济.论中式嫁衣图案与纹样的寓意[J].戏剧之家，2020（5）：108-109.

花等，寓意着新人的婚姻美满、幸福长久。同时，嫁衣的领口、袖口、裙摆等处也会镶嵌金银线或珍珠等装饰，增添华丽感。

闽台绣花旗袍嫁衣

资料来源：淘宝网。

2.现代改良

随着时代的变迁，闽台地区的婚嫁服饰也在不断地改良和创新，在保留传统元素的基础上，更注重服饰的舒适性和时尚感。因此，许多设计师将传统与现代相结合，设计出既符合传统审美又符合现代穿着习惯的婚嫁服饰。例如：将传统的刺绣元素与现代剪裁相结合，制作出既修身又具有传统韵味的婚纱；或者将中式嫁衣与西式婚纱进行混搭，创造出独特的婚礼造型。

（三）男性婚嫁服饰

1.传统服饰

长袍马褂：在闽台地区的传统婚礼中，新郎多穿着长袍马褂作为礼服。长袍马褂是中国传统的男性服饰之一，以其庄重、典雅而受到新郎的喜爱。长袍一般为直筒形或微收腰形，长度及地或稍短；马褂则为对襟短上衣，通常与长袍配套穿着[1]。细节装饰：新郎的礼服上也会有一些细节装饰，如刺绣、

---

[1] 王东霞.从长袍马褂到西装革履[M].成都：四川人民出版社，2003：36.

纽扣等。刺绣图案多以吉祥花卉或动物为主，纽扣则多采用中式盘扣或金属扣等。

中式长袍马褂礼服

资料来源：淘宝网。

2.现代改良

与女性婚嫁服饰一样，男性婚嫁服饰也在不断地改良和创新。现代新郎在婚礼上可以选择穿着西装、中山装等现代服饰作为礼服。这些服饰不仅符合现代审美标准，而且穿着舒适、便于活动。同时，一些新郎也会选择在传统服饰的基础上进行改良和创新，如将长袍马褂与现代剪裁相结合，制作出更具时尚感的礼服。

（四）配饰与头饰

在闽台地区的传统婚礼中，新人的配饰和头饰也是不可忽视的一部分。女性通常会佩戴凤冠、珠翠、项链、耳环等首饰以增加华丽感；男性则会佩戴领带、胸花等配饰以点缀整体造型。此外，一些地区还有特殊的头饰习俗，如新娘佩戴红盖头、新郎佩戴红花等以象征喜庆和吉祥。

闽台婚庆服饰中的凤冠

资料来源：淘宝网。

（五）地域差异与习俗

需要注意的是，闽台地区由于地域广阔、民族众多且历史发展不同步等，导致婚嫁服饰存在一定的地域差异和习俗差异。例如，在某些地区新娘可能会穿着当地特色的民族服饰作为嫁衣，在某些地区则可能存在特殊的婚嫁习俗如"哭嫁""上头"等，这些习俗也会对婚嫁服饰的选择和搭配产生影响[1]。因此，闽台婚嫁服饰作为两地民俗文化的重要组成部分，具有丰富的历史底蕴和深厚的文化内涵。在传统与现代交融的今天，闽台婚嫁服饰不断展现出新的魅力和风采，成为新人婚礼中不可或缺的一部分。

四、祭祀服饰

闽台妈祖祭祀服饰作为妈祖文化的重要组成部分，承载着深厚的信仰和民俗文化内涵。这些服饰在妈祖祭祀活动中扮演着至关重要的角色，不仅体现了对妈祖的崇敬之情，也展现了闽台地区独特的服饰文化。闽台妈祖祭祀

---

① 李文环，林怡君.图解台湾民俗：传递台湾暖人情味[M].西安：陕西人民出版社，2016：92.

服饰是指在妈祖祭祀仪式中，主祭人员、陪祭人员、司礼生、礼乐生、舞生以及仪仗队等所穿着的特定服饰。这些服饰在设计上注重庄重、肃穆，色彩以蓝、红、黄等为主，寓意吉祥、平安和尊贵。同时，服饰的款式、材质和制作工艺也体现了闽台地区传统服饰文化的精髓[①]。

（一）服饰分类及特点

1.主祭与陪祭服饰

主祭与陪祭人员在妈祖祭祀活动中扮演着核心角色，他们的服饰最为庄重。一般穿着蓝色长衫搭配红色马褂，佩戴红色或黄色绶带，象征着权威与尊贵。这种服饰设计既体现了对妈祖的崇敬之情，也符合古代官员的着装规范，寓意着妈祖在信众心中的至高无上地位。

2.司礼生服饰

司礼生负责祭祀现场的通赞、引赞等司仪工作，他们的服饰仿照明代宫女风格，以浅黄色为主色调，简朴大方又不失庄重。这种设计既体现了对古代礼仪文化的传承，也展现了司礼生在祭祀活动中的重要作用。

祭祀活动中的司礼生

资料来源：搜狐网。

---

① 张光直.当代学术：美术、神话与祭祀[M].北京：生活·读书·新知三联书店，2023：51.

3.礼乐生服饰

礼乐生在祭祀活动中负责演奏音乐，他们的服饰以褐色仿唐宋宫廷乐官的服饰为主。这种服饰设计不仅符合古代乐官的着装规范，也体现了对古典音乐的尊重与传承。同时，褐色服饰的沉稳色调也与祭祀活动的庄重氛围相得益彰[①]。

4.舞生服饰

舞生在祭祀活动中负责在舞池中表演舞蹈，以表达对妈祖的崇敬和祈福。在湄洲妈祖祖庙的祭祀活动中，舞生通常穿着汉代的八佾舞服饰，以红色或金色为主色调，华丽而庄重。这种服饰设计不仅展现了古代舞蹈文化的魅力，也寓意着对妈祖的无限敬仰和美好祝愿。

5.仪仗队服饰

仪仗队在祭祀活动中负责护卫和展示威严，他们的服饰以身着古代将士铠甲、头戴盔帽为主。这种服饰设计充满了力量感和威严感，体现了对妈祖的崇敬和保护之意。同时，铠甲和盔帽的精细制作工艺也展现了闽台地区传统服饰文化的精湛技艺。

（二）服饰的文化内涵

闽台妈祖祭祀服饰不仅具有外在的审美价值，更蕴含着丰富的文化内涵。这些服饰在设计上注重与妈祖信仰的紧密结合，通过色彩、款式和材质的选择来传达对妈祖的崇敬和祈福之情。例如：蓝色长衫象征着大海的广阔与深邃，寓意妈祖作为海上保护神的崇高地位；红色马褂则寓意着吉祥、热情和活力，象征着信众对妈祖的无限敬仰和美好祝愿。此外，闽台妈祖祭祀服饰还体现了对传统文化的传承与创新，这些服饰在设计上既保留了古代服饰文化的精髓，又融入了现代审美元素和制作工艺，使得传统服饰文化得以在新的时代背景下焕发出新的生机与活力。

---

① 周金琰.非物质文化遗产记忆档案：妈祖祭典[M].济南：山东友谊出版社，2013：81.

五、服饰习俗中的"福"文化

闽台地区的服饰习俗作为妈祖文化的重要组成部分，蕴含着丰富的"福"文化元素。这些元素不仅巧妙地融合在服饰的图案、色彩和款式之中，更深刻地体现在人们穿着这些服饰时所寄托的美好愿望和祝福里。在传承与发展的过程中，闽台妈祖服饰习俗不断展现出其独特的魅力，既保留了传统文化的精髓，又融入了现代元素，实现了创造性转化与创新性发展。在闽台地区的传统服饰中，吉祥、幸福和长寿的图案，如莲花、蝙蝠、寿桃等比比皆是。这些图案通过寓意和象征的手法，巧妙地传达了人们对美好生活的向往和追求。莲花象征着纯洁与高雅，蝙蝠则寓意着福气满满，寿桃则代表着长寿与健康。这些图案不仅美化了服饰，更赋予服饰以深厚的文化内涵。

色彩在闽台服饰中同样扮演着重要的角色。红色作为喜庆和吉祥的象征，在闽台服饰中尤为常见。春节期间，人们会穿着红色的新衣来迎接新年，寓意着新年新气象，祈求来年吉祥如意。这种色彩的选择不仅体现了人们对幸福生活的渴望，更展示了中华民族对红色的深厚情感和文化认同。在特定的节日或庆典场合，人们还会穿着具有特定意义的服饰，以表达对幸福生活的庆祝和祝福[1]。

在闽台地区，新生儿的服饰习俗尤为讲究，体现了长辈对新生儿的深深祝福和美好期盼。孩子出生时，会被包裹在父亲或其他家庭成员的旧衣服中，这既是为了保暖，更是为了借这些旧衣服上的福气保佑新生儿免受邪恶侵犯。这种习俗不仅体现了家族的传承和联结，更寄托了长辈对新生儿健康成长、一生幸福的殷切期望。"洗三朝"之后，新生儿会穿上一种特殊的"和尚衫"。这种服饰形制简单、穿着方便，且蕴含着吉祥的寓意，希望借佛教的祥和之气为新生儿带来平安和福气。这种服饰习俗不仅展示了闽台地区对传统文化的尊重，更体现了人们在传承中不断创新的精神。

除了新生儿服饰，闽台地区的传统节日服饰也蕴含着丰富的"福"文化。以春节为例，闽台地区的人们会穿着新衣迎接新年，新衣通常选用红色等喜

---

① 卢新燕.福建三大渔女服饰文化与工艺[M].北京：中国纺织出版社，2014：41.

庆颜色，寓意新年新气象，祈求来年吉祥如意。在台湾地区，还有一种习俗是未婚女子在元宵节时会穿上有"葱"或"菜"图案的服饰，因为当地谚语有言："偷得葱，嫁好尪（老公）；偷得菜，嫁秀才。"这种服饰不仅美观，更承载着对未来美好婚姻的祈愿。此外，闽台地区的日常生活中也充满了带有"福"文化元素的服饰。闽台妇女喜欢佩戴各种有吉祥寓意的饰品，如"福禄寿"香佩。这种香佩通常由高级沉香木雕刻而成，图案包括蝙蝠（福）、鹿（禄）、桃（寿）等，寓意着多福多寿、吉祥如意。佩戴这样的饰品不仅可以熏香辟秽、美化生活，更是一种对美好生活的追求和寄托。这种习俗不仅体现了闽台妇女对美的追求，更展示了她们对传统文化的热爱和传承。

综上所述，闽台服饰习俗中的"福"文化体现了人们对美好生活的向往和追求。通过服饰上的图案、色彩、款式来表达祝福和愿望，体现了人们对幸福生活的渴望和追求。这种追求不仅是对物质生活的满足，更是对精神世界的丰富和升华。闽台服饰习俗在传承中不断创新发展，既保留了传统文化的精髓，又融入了现代元素。通过不断的创新和发展，闽台服饰习俗中的"福"文化得以在现代社会中焕发出新的活力，成为连接过去与未来的桥梁。闽台服饰习俗中的"福"文化是中华民族优秀传统文化的重要组成部分，它体现了中华民族的文化自信和民族认同。在全球化日益加深的今天，坚守和弘扬这种传统文化对于增强民族凝聚力和向心力具有重要意义。

第二节　妈祖道场中的"福"文化

一、妈祖祝寿道场

妈祖祝寿道场是闽台地区及海外华人信众为庆祝妈祖诞辰而举行的一种重要仪式。这一传统习俗不仅体现了对妈祖的崇敬和感恩之情，也承载着丰富的文化内涵和民俗特色①。妈祖祝寿道场作为庆祝活动的重要组成部分，通过祈福、祭祀等仪式，表达对妈祖的崇敬和感恩之情，祈求妈祖保佑家人平安、事业顺利、生活幸福。

妈祖祝寿道场的主要流程如下。安座请神：在妈祖诞辰前一天，信众们会提前将妈祖神像安放在主祭坛上，并献上斋菜、茶酒等供品，为道场的开始做准备。进表：在妈祖诞辰正日凌晨，道士或僧侣会向道教或佛教的诸位神灵进表，宣读"表章"，祈求风调雨顺、国泰民安。建坛：上午时分，道士或僧侣会在指定场地搭建祭坛，布置道场环境。祭坛上通常摆放着妈祖神像、香炉、供品等物品。迎神：随着鼓乐声响起，迎神仪式正式开始。道士或僧侣手持法器，引领信众们向妈祖神像行三跪九叩大礼，以示对妈祖的崇敬之情。上香祈福：信众们手持香火，依次向妈祖神像上香祈福。同时，还会献上鲜花、水果等供品以表敬意。念经诵咒：道士或僧侣会在道场中念诵经文和咒语，以祈求妈祖的庇佑和加持。午供与晚宴：中午时分举行午供仪式，向妈祖献上丰盛的供品。送神：随着夜幕降临送神仪式开始。道士或僧侣会引领信众们向妈祖神像行三跪九叩大礼以示感谢和告别。随后将妈祖神像送回主祭坛上并撤下供品和祭坛，结束当天的道场活动②。

二、妈祖元宵道场

妈祖元宵道场是闽台地区在元宵节期间为纪念和向妈祖祈福而举行的一种重要仪式。这一传统习俗源远流长，蕴含着深厚的民俗文化和民间信仰，成为连接海峡两岸及海外华人情感的重要纽带。元宵节，又称上元节，是中国传统的节日之一，象征着团圆和幸福。在闽台地区，将妈祖信仰与元宵节相结合，形成了独特的妈祖元宵道场仪式，旨在通过祈福和祭祀活动，祈求妈祖保佑家人平安、事业顺利、生活幸福。

妈祖元宵道场中的特殊环节包括妈祖金身巡安布福、摆棕轿、游灯、猜灯谜、乩童吃花、乩童转祖庙、送妈祖上宫等丰富多彩的妈祖信俗文化。其

---

① 王如，杨承清.中华民俗全鉴[M].北京：中国纺织出版社，2022：51.

② 叶明生.莆田贤良港妈祖回娘家信俗调查研究[M].北京：宗教文化出版社，2021：73.

中"耍刀轿""摆棕轿"较为出名,"耍刀轿"是湄洲祖庙及湄洲岛各行宫在元宵节日期间(初六至十八)表演的一种独特舞蹈①。表演者均为当地男性,他们在抬妈祖神像出宫的过程中进行表演。舞蹈队伍由抬妈祖神像的青年后生、各种陪神像的男童、驱妖避邪的"乩童"以及锣鼓队组成。舞蹈分为两部分:第一部分,"乩童"坐在装饰有利刀的轿子上,由四个精悍的青年后生抬起,沿途表演各种高难度动作,如"前俯后下板腰""左右拧身挥动令旗宝剑"等,其间用后背、脚、屁股碰撞轿上的利刀,展现出肃穆与威严;第二部分则在村子的广场上进行,由"乩童"与抬陪神的青年后生共同表演,场面气势宏大,动作雄壮有力,营造出撼人心魄的氛围。此外,不同地区的"摆棕轿"表演形式和风格各异,但都以表达对妈祖的敬仰和祈求平安幸福为主题。

三、妈祖升天道场

据传说,妈祖在农历九月初九这一天羽化升天,成为海神。这一传说为妈祖升天道场的形成提供了重要的历史背景。为了纪念妈祖的升天,闽台地区及海外华人信众开始在这一天举行各种纪念活动,其中就包括妈祖升天道场。妈祖升天道场中的重点环节有鼓手擂鼓、哨角号三起三落、渔民上供、舞生跳八佾舞、渔船燃放鞭炮庆贺等。参祭人行三跪九叩、六献之礼、放生之礼。其中放生之礼是妈祖信俗中一项重要且富有深意的仪式环节。这一仪式不仅体现了信众对妈祖的崇敬之情,还蕴含了深刻的生态伦理和慈悲为怀的精神。放生,作为一种古老的习俗,旨在通过释放生命来积累善德、祈求福报。在妈祖道场中,放生之礼更是被赋予了特殊的意义。首先,它象征着信众们对生命的尊重与爱护,同时也寄托了他们对妈祖的感激与祈愿。通过放生,信众们希望能够得到妈祖的庇佑,祈求家人平安、事业顺利、生活幸福。在妈祖升天道场或其他重要纪念活动中,放生之礼通常会在仪式的高潮部分进行。此时,主祭人、道士或僧侣以及信众代表会共同参与到这一神圣

---

① 黄明珠.浅论湄洲岛妈祖舞"耍刀轿"、"摆棕轿"的文化特征[J].北京舞蹈学院学报,2006(1):43-47.

而庄严的仪式中来。他们会将事先准备好的鱼、龟、鳖等水生生物小心翼翼地抬到海边或附近的水域边，然后逐一将它们放入水中，让它们重获自由。信众们通过自己的行动表达了对自然环境的关爱与保护之情①。其次，放生之礼也强调了慈悲为怀的精神。通过释放生命，信众们不仅能够积累善德、祈求福报，还能够培养自己的慈悲心与同理心。最后，放生之礼还体现了妈祖信仰的广泛影响力。无论是在闽台地区还是海外华人社区中，放生之礼都已经成为一种普遍的民间习俗和文化传统。

放生之礼

资料来源：中国新闻网。

四、妈祖道场中的"福"文化

妈祖道场，这一承载着深厚民俗文化与民间信仰的仪式，不仅仅是一场简单的信仰活动，更是一次充满"福"文化内涵的文化盛宴。它以其独特的魅力，将妈祖的慈爱、勇敢、无私等美德代代相传，激励着信众们不断追求更高的道德境界与精神追求。在妈祖道场的仪式活动中，我们不仅能够感受到妈祖信仰的庄严与神圣，更能深刻体会到其中蕴含的丰富"福"文化内涵和民俗特色。妈祖道场作为妈祖信仰的重要表现形式之一，其供品选择、仪式流程、音乐舞蹈等元素，无不体现着闽台地区的民俗文化特色。供品中的面食、金针菜等食材，不仅代表着丰收与富足，更寄托着信众们对美好生活

---

① 姚华，杨路明.佛教放生仪式中的空间意义[J].学术界，2013(6)：163-169，286.

的向往与期盼。而舞龙舞狮等表演形式，则以其生动的形象和欢快的节奏，展现了闽台人民乐观向上、勇于拼搏的精神风貌。这些元素的融入，使得妈祖道场不仅仅是一场信仰仪式，更成为一次展示闽台民俗文化、增进文化交流的盛会。在妈祖道场活动中，信众们共同祈福、交流情感，这不仅增强了彼此之间的认同感和归属感，更发挥了妈祖道场凝聚人心、促进社会和谐的功能。同时道场活动也吸引了众多游客前来观礼，促进了当地旅游业的发展和文化交流[①]。

2021年，习近平总书记在福建考察时指出："要推动中华优秀传统文化创造性转化、创新性发展，以时代精神激活中华优秀传统文化的生命力。"这一重要指示精神，为我们深化和细化妈祖道场及"福"文化的宣传推广工作提供了重要遵循。福建政协积极响应这一号召，对"福"文化资源进行了系统的梳理、甄别和分级，并从中精选出典型而鲜活的具体事例作为宣传推广重点。这些具体事例将"虚"的"福"文化具体化为"实"的"福人、福事、福物、福地"等，为深化和细化宣传推广工作提供了具体的方向和重点。在宣传推广过程中，我们尤其注重将有关人民幸福系列重要思想重要论述的精神、造福人民系列重大实践作为宣传弘扬"福"文化的重要组成部分。这些"福"文化精神的传承与弘扬，不仅有助于提升人们的幸福感与获得感，更有助于推动社会的和谐与进步。"和谐是福"这一理念，在妈祖道场及"福"文化的宣传推广中得到了充分体现。和谐不仅涵盖了谦和、和善、和顺、和睦、和美等方面内容，更体现了人们对美好生活的向往与追求。"福"文化倡导的是一种积极向上、追求美好生活的精神力量，它激励着人们在面对自然灾害等困境时保持乐观的心态，勇敢地追求幸福。在中国共产党的领导下，中国逐步实现从站起来、富起来到强起来的伟大飞跃，中国人民真正踏上了通往幸福的康庄大道。幸福不会从天而降，而是源自伟大的劳动创造。福建人民以敢为人先、爱拼会赢的精神，开拓创新、艰苦创业，推动福建民营经济不断发展壮大。这些民营经济实体不仅成为经济发展的重要支撑、科技创新的重要载体，更在国内国际双循环中发挥着重要作用，成为增进民生福祉的重

[①] 妈祖文化旅游研究课题组.妈祖文化旅游研究[M].北京：人民出版社，2011：69.

要力量。这些生动实践不仅展现了福建人民的勤劳与智慧,更彰显了"福"文化精神在推动经济社会发展中的重要作用。在妈祖道场及"福"文化的宣传推广中,我们还应注重加强文化交流与合作,促进不同文化之间的理解和尊重。通过举办各类文化交流活动,如妈祖文化节、民俗文化展等,让更多的人了解妈祖文化及"福"文化的深厚底蕴和独特魅力。同时,我们也应积极借鉴其他地区的优秀文化成果,不断丰富和发展妈祖文化及"福"文化的内涵与外延。

总之,妈祖道场及"福"文化的宣传推广是一项长期而艰巨的任务。我们需要以习近平新时代中国特色社会主义思想为指导,不断推动中华优秀传统文化创造性转化、创新性发展,以时代精神激活中华优秀传统文化的生命力。通过深化和细化宣传推广工作,让更多的人了解、认同并传承妈祖文化及"福"文化精神,为推动社会和谐进步、增进人民福祉贡献力量。

第三节　诞育礼俗中的"福"文化

一、三朝

闽台诞育礼俗中的"三朝"(或称"三旦")是婴儿出生后的重要仪式之一,它承载着家人对新生命的深切祝福与美好期许。"三朝"礼俗一般在婴儿出生的第三天,这一天在闽台民间被视为婴儿度过初生危险期、开始健康成长的重要标志。因此,家人会举行隆重的仪式来庆祝这一时刻,并祈求神灵保佑婴儿平安成长。

在婴儿出生的第三天,婆婆或祖母会小心翼翼地将水煮沸后微微放凉,再为婴儿进行洗浴。这一过程称为"洗三朝"或"借胆",寓意着为婴儿洗去污秽、增添胆量,使其能够健康成长、勇敢面对未来的挑战。洗三朝时,年长的婆婆或祖母会提前准备好洗浴用的腰桶,桶内放入花心、柑橘叶、龙眼叶等具有象征意义的植物，以及一枚或三枚鹅卵石与十二枚铜钱。这些物品寓意着吉祥、健康与财富，为婴儿的未来祈福①。洗浴后，家人会为婴儿换上全新的衣物，以示庆祝与祝福。同时，还会准备"鸡酒""油饭"等传统佳肴来祭祖、宴请左邻右舍，共同分享这份喜悦与祝福。在"三朝"这一天，亲朋好友会前来探访，为婴儿送上祝福与礼物。这些礼物通常包括衣物、饰品、食品等，寓意着对婴儿健康成长的美好祝愿。娘家作为重要的亲眷，也会在这一天送来丰厚的礼品，如鸡、面、蛋、油糯米、红糖等，以供产妇在哺乳育儿期间食用。这些礼品不仅体现了娘家的关爱与支持，也寓意着对婴儿未来的美好期许。

二、满月

闽台诞育礼俗中的"满月"是一个极为重要的仪式，它标志着婴儿自出生以来已安全度过了一个月的时间，是家人和社会对新生命健康成长的美好祝愿与庆祝。满月，即婴儿出生后的第三十天，被视为婴儿成长过程中的一个重要里程碑。在这一天，家人会举行一系列庆祝活动，以表达对婴儿的祝福和对未来的美好期许。

满月主要仪式包括：剃胎毛、满月宴、赠送礼物。在满月这一天，家人会提前准备好剃发工具，并邀请有经验的理发师或长辈为婴儿剃除胎毛。同时，还会准备一些具有象征意义的物品，如红蛋、石头、铜钱、葱等，放在脸盆中备用。剃发时，理发师或长辈会边剃边念诵吉利童谣，如"鸡蛋身，鸡蛋面，剃头莫变面，娶某得好做亲"等，寓意婴儿聪明伶俐、未来婚姻美满。剃下的胎毛通常会用红纸包裹起来保存，有的家庭还会将胎毛制作成毛笔等纪念品。剃发后，家人会用红蛋在婴儿头顶滚三次，以示祝福。同时，还会将事先准备好的葱汁蛋黄涂抹在婴儿头皮上，既寓意婴儿聪明健康，也有滋润头皮的作用②。

---

① 林蔚文.中国民俗大系·福建民俗[M].兰州：甘肃人民出版社，2003：62.
② 钟年，吴彩霞.生育文化与民俗心理学[J].湖北大学学报（哲学社会科学版），2002（3）：8-12.

三、四月日

闽台诞育礼俗中的"四月日",也称为"四月旦",是婴儿出生后第四个月的一个重要庆祝仪式。在"四月日"这一天,娘家会准备丰富的礼品送给婴儿及其家庭。这些礼品通常包括衣物、饰品、食品等,旨在表达娘家对婴儿的关爱与祝福。衣物方面,外祖母家会送新生儿从头到脚一整套新衣服,包括帽子、衣服、裤子、袜子、鞋等,以确保婴儿穿戴整齐、温暖舒适。此外,还会准备一些寓意吉祥的食品,如红桃糕、酥饼等,供家人和宾客享用。收到娘家的礼品后,婴儿家庭也会准备相应的回礼以示感谢。这些回礼通常根据当地习俗和双方家庭的关系而定,但一般都包含了对娘家的感激之情和对婴儿未来的美好祝愿。此外,家人还会为婴儿举行一些祈福仪式。这些仪式可能因地区和家庭的不同而有所差异,但一般都包含了对婴儿健康成长的祈求和对未来的美好期许。例如:有的家庭会在家中设坛祭祖,向祖先祈求保佑;有的则会邀请道士或僧侣来家中做法事,为婴儿驱邪避灾、祈福纳祥。除互赠礼品和祈福仪式外,"四月日"还会伴随着一系列的庆祝活动。家人会邀请亲朋好友前来家中做客,共同分享这份喜悦。在宴席上,大家会品尝各种美味佳肴,畅谈家常琐事,气氛温馨而热烈。此外,有的家庭还会为婴儿准备一些特别的庆祝节目或游戏,以增添节日的欢乐气氛。

四、度晬(周岁)

闽台诞育礼俗中的"度晬"(周岁),是婴儿出生后第一个生日的隆重庆祝仪式,它不仅标志着婴儿已平安度过一年的成长时光,也寓意着对未来的美好祝愿与期待。在"度晬"这一天,家人会提前在厅堂或庭院中布置好抓周现场。八仙桌上会摆满各种物品,如书、笔、算盘、秤、尺、剪刀、玩具等,寓意着不同的职业与前途。同时,还会准备一个特制的"度晬龟"或"四脚龟"(一种以糯米或面粉为原料制成的糕点),让婴儿双脚踏在上面进行抓周。在婴儿沐浴更衣后,家人会将其抱到八仙桌旁,让其在"度晬龟"上自由抓取桌上的物品。根据婴儿所抓取的物品,家人会预测其未来的职业与性格特征，并给予相应的祝福与期望①。例如：如果婴儿抓取到书或笔，则预示着将来可能喜爱读书、从事文化事业；如果抓取到算盘或秤，则预示着将来可能善于经商、成为理财高手等。

婴儿抓周场景

资料来源：网易。

在"度晬"这一天，家人还会设宴邀请亲朋好友前来共庆。宴席上的菜品丰富多样，通常以寓意吉祥、健康、长寿的食材为主，如长寿面、红鸡蛋、甜汤等。通过这些菜品的选择与搭配，家人不仅表达了对婴儿健康成长的美好祝愿，也向宾客展示了自家的热情与好客。宴席上，亲朋好友会向婴儿赠送各种礼物以示祝福与关爱。这些礼物通常包括衣物、饰品、玩具等实用物品以及寓意吉祥的金银饰品等。这些礼物的赠送不仅加深了彼此之间的情感联系与友谊，也为婴儿的成长之路增添了更多的温馨与祝福。除抓周礼和宴请宾客外，"度晬"这一天还可能伴随着其他庆祝活动，如祈福仪式、表演节目等。这些活动旨在增添节日的欢乐气氛，并表达对婴儿未来的美好祝愿与期待。

---

① 卞梁，连晨曦.传统与变革：生育风俗与台湾社会生育状况互动研究[J].汉江师范学院学报，2020，40（4）：64-71.

五、诞育礼俗中的"福"文化

闽台地区的诞育礼俗，作为中华文化的重要组成部分，不仅承载着丰富的历史记忆与文化内涵，而且深刻体现了人们对于生命、家庭和社会的深切关怀与祝福。这些礼俗中的"福"文化，与习近平新时代中国特色社会主义思想中关于家庭、社会和谐及美好生活的论述，形成了共鸣。

闽台诞育礼俗的核心在于对家庭的重视与尊崇，从婴儿诞生到周岁庆典，每一环节都充满了家人对新生命的期盼与祝福。这种家庭观念，强调了家庭作为社会基本单元的重要性，以及家庭成员之间深厚的情感联结与责任担当。家庭不仅是个人成长的摇篮，更是社会稳定与和谐发展的基石。闽台诞育礼俗通过一系列仪式与习俗，强化了家庭成员间的情感联系，促进了家庭内部的和谐与团结，为构建和谐社会奠定了坚实基础。家庭是社会的基本细胞，是落实基层社会治理的"神经末梢"、最小单元，正是无数个家庭的幸福构成了社会的和谐稳定[1]。习近平新时代中国特色社会主义思想强调了对家庭的责任感和对亲情的珍视，闽台诞育礼俗中的"福"文化就体现了这一点。党在尊重这些传统礼俗的基础上，鼓励对其进行创新，使其更加符合现代社会的发展和人们的需求。例如，提倡简约而不失庄重的庆祝方式，避免铺张浪费，引导人们树立文明、健康的诞育观念。

闽台诞育礼俗不仅局限于家庭内部，还通过邻里间的互动与交流促进社区的和谐与团结。这种对社会和谐的追求，符合习近平新时代中国特色社会主义思想中的"和谐社会"理念。通过诞育礼俗中的祈福仪式、邻里互助等习俗，闽台地区形成了独特的社区文化，增强了居民的归属感与认同感，促进了社会的稳定与繁荣。无论是闽台诞育礼俗中的祈福仪式，还是家人对婴儿未来的美好期许，都体现了人们对美好生活的向往与追求。这种追求不仅仅局限于物质层面，更多地体现在精神层面的富足和满足[2]。近年来，党和国家通过加强社会治理、保障和改善民生、促进人的全面发展等方式，构建了

---

① 牛新原.莆田妈祖信仰与社会治理关系研究[D].福州：福建师范大学，2022：12.

② 林莹，谢紫薇.福文化的创造性转化与创新性发展路径研究[J].福建商学院学报，2023（6）：82-87.

一个更加美好的社会。在尊重与传承闽台诞育礼俗的基础上，党和政府积极推动相关政策的制定与实施，为这些传统礼俗的良性发展提供政策保障。同时，随着生育政策的调整与完善，如"二孩政策"与"三孩政策"的相继出台，政府还配套出台了一系列支持措施，如延长产假、支持托育服务发展等，为家庭生育与养育提供了更加有利的环境。这些政策的实施，不仅有助于提高生育率，也促进了诞育礼俗在新时代的传承与创新发展。通过简约而不失庄重的庆祝方式，避免了铺张浪费，引导人们树立了文明、健康的诞育观念。

闽台诞育礼俗作为两岸文化的重要组成部分，对于促进两岸同胞的心灵契合与命运共同体意识的形成具有重要作用。在传承与发展闽台诞育礼俗的过程中，我们应注重文化的创新与发展，以适应现代社会的需求。这既是对民族文化的保护与弘扬，也是增强民族认同感和文化自信的重要途径。通过与现代文明的融合与交流，我们可以进一步推动中华优秀传统文化的创造性转化与创新性发展，为构建中国特色社会主义文化强国贡献力量。同时，闽台诞育礼俗的创新发展也有助于推动社会经济的全面发展，提升人民群众的文化生活水平，为构建和谐社会提供强大的精神动力与文化支撑。

第四节　社交礼俗中的"福"文化

一、日常交往礼俗

闽台日常交往礼俗丰富多彩，这些习俗不仅体现了闽台地区人民的热情好客和礼仪之邦的传统，也反映了深厚的文化底蕴和地域特色。

（一）拜访礼仪

在拜访亲友时，闽台地区的人们也遵循着一定的礼仪规范。首先，他们会提前与亲友约定好拜访时间，以免打扰对方的正常生活和工作。在到达亲友家后，他们会轻轻敲门或按门铃，等待对方开门迎接。进入室内后，他们会主动向主人问好，并脱下外套或帽子等物品，以免弄脏室内环境。在交谈过程中，他们会注意言行举止得体大方，避免谈及敏感话题或做出不礼貌的行为。离开时，他们会主动向主人道别，并感谢对方的款待和照顾。

（二）餐桌礼仪

闽台餐桌礼仪，尤其是闽南地区的餐桌礼仪，承载着丰富的文化传统和深厚的人文情怀。在闽台地区，餐桌上的座次安排十分讲究长幼尊卑。一般来说，年长者或身份尊贵的人会被安排在主位上，以示尊重。在特定的场合，如红事（喜事）的"母舅桌"，母舅会被视为最尊贵的客人，通常坐在厅堂向大门左边的第一桌，享受最高礼遇。在用餐过程中，晚辈应等待长辈先动筷，以示恭敬。这一习俗体现了尊老爱幼的传统美德。用餐时，手不能放在桌下或托腮，吃饭不能吧唧嘴，喝汤不能发出"吸溜"的声音。这些规范旨在维护餐桌上的和谐与文雅氛围。夹菜时，只能夹自己面前的菜，不能伸到别人的地盘；不能拨弄菜肴，专挑自己喜欢的菜类；不能在汤里"猛龙过江""翻江倒海"。这些规定旨在避免给他人带来不便或不适。

在闽台地区，筷子被视为成双成对的象征，使用时必须成双成对，不能用一根筷子或不同颜色、不同长短的筷子。同时，不能用筷子指人或咬筷子，这些行为被视为不礼貌。吃饭时，不能将筷子竖立插在饭碗中，因为这在风俗中代表"辞生"之礼，会让主人感到不快和厌恶。此外，筷子掉下后不能捡起来继续使用，应向主人再要一双新的筷子。在闽台地区，上菜的数量通常取双数，寓意好事成双。同时，避免上四道或六道菜，因为四道菜在闽南语中与"死"谐音，而六道菜则被视为给临刑（死）之人的"辞生饭"。宴席上菜品的顺序也有严格规定，但各地略有差异。一般来说，会先上凉菜、热菜、汤品等，最后上甜品或水果。在特定的场合，如婚宴，首尾一定是甜品，寓意新人永远甜蜜。

（三）称谓礼节

在闽台地区，亲属称谓尤为讲究，体现了家族关系的亲疏远近。例如，对于父母的称谓，除直接称呼"爸爸""妈妈"外，还有"阿爸""阿母"等亲切叫法。对于祖父母，则称为"阿公""阿嬷"。这种称谓方式不仅拉近了家庭成员之间的距离，也体现了尊老爱幼的传统美德。闽台地区的人们还根据职业特点形成了特定的称谓习俗。例如，称呼教师为"先生"或"老师"，称呼医生为"医师"或"大夫"，称呼工匠为"师傅"，称呼工人为"工友"，称呼农民为"农友"等。此外，闽台地区还有一些特殊的称谓习俗。例如，在婚礼场合中，新郎和新娘会分别被称为"新郎官"和"新娘子"，以示喜庆和庄重。在丧葬场合中，逝者会被称为"先人"或"亡灵"，以示哀悼和缅怀。这些特殊称谓在特定的文化语境中具有特定的含义和象征意义。

二、婚姻礼俗

闽台婚姻礼俗，作为中国传统文化的重要组成部分，不仅承载着深厚的历史底蕴，还体现了闽台地区人民对婚姻关系的重视与尊重。

（一）婚姻缔结前的准备

在闽台地区，婚姻的缔结往往遵循一系列烦琐而庄重的程序。首先，男女双方的家庭会通过媒人的介绍相互了解，这一过程被称为"相亲"。如果双方家庭对彼此的条件满意，便会进入下一个阶段——探家风[①]。在这一阶段，女方家庭会到男方家中考察其家庭环境、经济条件及家庭成员情况，以确保女儿能够嫁入一个可靠的家庭。双方家庭会提供新人的出生年月日时，请算命大师或风水先生进行占卜，看双方的生辰八字是否相合，以确保婚姻美满幸福。若八字相合，双方家长会进一步商议婚礼的细节，如聘金的多少、聘礼的准备等。

---

① 何绵山.闽台五缘简论[M].郑州：河南人民出版社，2018：63.

（二）议婚与订婚

议婚是婚姻缔结过程中的关键环节，双方家庭会就聘金、聘礼等具体事项进行协商。一旦议婚成功，男方家庭会按照约定向女方家庭赠送聘礼，这一过程被称为"订婚"。订婚标志着男女双方婚姻关系的初步确立，双方家庭会开始为婚礼做准备。聘礼一般包括聘金、首饰、猪腿（特别是"轿前猪脚"）、面线、糖果、饼干等。这些聘礼象征着男方对女方的尊重和诚意。聘礼必须用红布袋或红藤篮装放，以示喜庆。运送时，通常会用双数的扁担挑来，寓意好事成双。女方嫁妆品种繁多，包括吃的（如四果甜、压房粿等）、穿的（新娘的衣服、鞋子等）、用的（如彩电、冰箱、摩托车等日常用品）以及祭拜祖先与神明的供品。嫁妆中的每一样物品都有其特殊的寓意，如"子孙桶"内装红枣、花生等，寓意早生贵子。

（二）婚礼筹备与举行

婚礼是闽台婚姻礼俗中的高潮部分，其筹备过程复杂而精细。男方家庭需要选定吉日良辰，并通知女方家庭。同时，双方家庭都会忙于准备婚礼所需的物品和布置婚礼现场。婚礼当天，新郎前往女方家中迎娶新娘，这一过程充满了喜庆和热闹的气氛。新娘在离开娘家前会进行一系列的仪式，如上头、开脸等。上头指的是婚礼前一天或当天清晨，男女双方会进行"上头"仪式，即请长辈用梳子为新人梳头，寓意白头偕老、早生贵子，新人即将开始新的生活阶段。开脸是女子出嫁时去除脸部和脖子上的汗毛的美容仪式，使脸部光洁明净，象征新娘的美丽与纯洁。开脸时，通常由公婆、丈夫、子女俱全的所谓"全福妇女"进行操作，并念说一些押韵的吉祥话，寓意新娘婚后生活幸福美满，富贵吉祥。

（三）婚礼仪式

迎亲环节中，新郎在父母和亲友的陪同下，乘坐装饰华丽的迎亲车队前往新娘家接亲。车队中常有鼓乐仪仗增添喜庆气氛。到达新娘家后，新郎需经过一系列考验（如唱歌、跳舞、回答问题等）才能进入新娘的房间。新娘进夫家门时，有的地方还会安排跨火盆、踩瓦片等仪式，寓意驱邪避害、祈求平安。在司仪的主持下，新人进行拜堂仪式，向天地、祖先和双方父母行礼，以示婚姻的正式和庄重。在双方亲友的见证下，新郎和新娘交换婚戒，并宣读对彼此的誓言，表达对婚姻生活的忠诚和承诺。此外，闽台地区还保留着一些传统仪式，如"合茶""合卺"等。"合茶"是指新人共饮一杯茶，寓意同甘共苦；"合卺"则是指新人交杯而饮，象征永结同心。新人需分别向双方父母和长辈敬茶，以表达对他们的尊敬和感激之情。这一环节体现了闽台地区重视家庭伦理和孝道文化的传统。婚礼结束后，双方家庭会举办盛大的婚宴来庆祝这一重要时刻。婚宴上通常有丰盛的美食和精彩的节目（如歌舞、戏曲等），为新人增添喜庆气氛。

（四）婚后习俗

婚后第三天，新娘会携新郎回娘家，这一习俗称为"回门"。回门的时间在各地可能有所不同，但一般都选在婚后不久的一个吉日。回门是新婚夫妇婚后首次回娘家认门拜亲，具有认祖归宗的意义。同时，这也是新娘向娘家展示自己婚姻生活美满的方式之一。在回门之后不久，男方家庭会邀请女方父母及亲属来家中做客，这一习俗称为"请亲家"。通过请亲家，男方家庭向女方家庭表达感激之情，感谢他们将女儿嫁入自家。同时，这也是双方家庭进一步加深了解和交流的机会。

在闽台地区，新婚期间有许多禁忌，例如：新娘不宜参与家中的重活累活，以免破坏新婚的喜庆气氛；新房内不宜放置利器或尖锐物品，以免伤及新人或破坏家庭和谐等。新婚夫妇在婚后一段时间内，需要遵守一些特定的生活习俗，如共同祭拜祖先、共同参与家务劳动等。这些习俗旨在培养新婚夫妇的默契和责任感，促进家庭和睦。随着社会的发展和进步，闽台婚后的许多传统习俗也在逐渐发生变化。一些烦琐的仪式和禁忌逐渐被简化或摒弃，而一些具有积极意义的习俗则被保留和传承下来。同时，现代年轻人也越来越注重个性化和创新性的婚礼和婚后生活方式。

（五）特色习俗

闽台婚姻礼俗中还有一些独具特色的习俗。例如：在厦门地区，婚礼前男女双方会在各自家中进行"上头"仪式，新娘则由家中女眷为其梳头并系上象征吉祥的肚裙；在婚礼当天，新娘会撑着红伞跨过燃香火炉的米筛以辟邪；而在婚后第三天，新娘的兄弟或其他亲人会到男家探房并请新娘回娘家做客等。这些习俗不仅增添了婚礼的喜庆氛围和文化内涵，也体现了闽台地区人民对婚姻关系的重视和祝福[①]。

三、丧葬礼俗

闽台丧葬礼俗作为中国传统文化的重要组成部分，蕴含着深厚的文化底蕴和地域特色。这些礼俗不仅体现了人们对逝者的缅怀与尊重，也反映了他们对生命和死亡的独特理解。

（一）临终关怀

当家中老人或长辈病危时，家人会开始准备丧事，俗称"后事"。在闽台地区，有一个重要的习俗叫作"搬铺"或"移厅"。这意味着将病危者从卧室移至正厅或祖公厅（正厅），用两板凳和几块床板或门板搭起简易床铺，让其在正厅"寿终正寝"。正厅被视为家庭最神圣的地方，让病危者在此离世是一种礼遇和尊重。这一过程中，家人会轮流守候在旁，给予老人最后的关怀与陪伴。在病危者即将断气之前，家人会为其穿上寿衣。寿衣的件数通常为3、5、7件不等，且需反穿在孝男或其他亲人身上后再正穿在病危者身上。

（二）初丧与报丧

老人一旦去世，家人会立即设灵堂、报丧。灵堂通常设在正厅，也称"孝堂"，用于供奉逝者的遗像或牌位，并挂上孝帘（白色帏幕）。死者用白布蒙面，盖上天地被。同时，家人会在门前摆放供桌，供上米饭、鸭蛋等物品，

---

① 林玉山.闽台文化大辞典[M].北京：商务印书馆，2018：71.

俗称"脚尾饭",点上油灯或白蜡烛(俗称"长明灯"),以示对逝者的祭奠。家人会派人分头去告诉亲朋好友老人逝世的消息,称"报丧"。报丧的方式多样,有的由孝子孝孙亲自告知,有的在门首贴"丧报"(又称"报丧帖")。

(三)入殓与停枢

入殓是丧葬礼俗中的重要环节,包括给逝者"乞水"净耳、整容等步骤。在闽台地区,入殓前通常会进行"乞水"净身仪式,由孝男孝女到附近溪边、河边取水为逝者擦洗身体。入殓时,家人会将逝者放入棺材中,盖上"天地被",并举行"辞生"祭祀仪式,向逝者告别。停枢则是将棺材停放在家中或祠堂内,供亲友吊唁。设置灵堂后,家人会轮流守灵,俗称"守铺"或"守灵"。守灵期间,家人需穿麻衣孝服,鞋头罩麻,俗称"披麻戴孝"。同时,亲朋好友会前来吊唁,送来挽联、花圈等慰问品,表达对逝者的哀思与不舍[①]。

(四)出殡与安葬

闽台丧葬礼俗中的出殡与安葬是丧礼中最为庄重和复杂的环节,充满了浓厚的传统色彩和地方特色。出殡,亦称"出葬",俗称"出山",是指将灵枢送至安葬地点的仪式。出殡当天,孝男孝女等丧家亲属披麻戴孝,手执丧仗(俗称哭丧棒)扶棺恸哭。棺夫将灵枢扛出宅外,俗称"转枢"。随后举行"起柴头"的祭仪,也称"启灵",即送棺出葬之祭。接下来进行"绞棺",用粗绳将棺材缚于"独龙杠"之上,盖上棺罩,由送葬队伍护送前往墓地。安葬是将灵枢下葬入土的仪式,标志着丧礼的结束。在安葬前,丧家会根据风水先生的建议选择吉地作为墓地。墓地的选择往往与家族的兴衰、子孙的福祉紧密相连。到达墓地后,送葬队伍会围绕墓穴进行一系列祭祀仪式。随后将灵枢缓缓放入墓穴中,盖上石板或封土成堆。

---

① 刘芝凤,邱晓东,林江珠,等.闽台文化概论[M].厦门:厦门大学出版社,2024:85.

（五）做七与守孝

"做七"是指从逝者去世之日起，每隔七天举行一次祭奠仪式，共进行七次，直至四十九天结束。这一习俗在闽台地区尤为盛行，每个"七日"的祭奠都有其特定的意义和仪式。在佛教生死观的影响下，人们相信逝者每七日会经历一次重要的转折，通过"做七"可以为逝者超度亡灵，减轻其罪业，助其投生善道。同时，这也是生者对逝者表达哀思和敬意的一种方式。每个"七日"的祭奠仪式都相当隆重，包括设坛诵经、焚烧纸钱、供奉祭品等。其中，"头七""三七""五七"和"七七"尤为重要，通常由逝者的直系亲属或出嫁的女儿、孙女等主持。

守孝是指生者为逝者服丧并遵守一系列禁忌和礼仪的行为。在闽台地区，守孝期间有着严格的规定和习俗。守孝的时间长短因地区和家庭而异，但通常至少为一年，有的地区甚至要求守孝三年。在这段时间内，丧家需要遵守各种守孝礼仪和禁忌。守孝期间，丧家不得参与喜庆活动，如婚嫁、庆生等；不得穿着华丽或鲜艳的衣服；不得剃发、剪指甲等。同时，丧家还需要定期到墓地祭拜逝者，并为其焚烧纸钱、供奉祭品等。此外，在一些地区，守孝期间还有特定的饮食禁忌和居住要求。

（六）特色习俗

闽台丧葬礼俗中还有一些独具特色的习俗。例如，在厦门地区有"敲棺材头"和"跳过棺"的习俗。前者是指逝者尚有父母健在时，入殓后父母手持木棒敲打棺材头以示谴责；后者则是指妻子先死时丈夫准备再娶需身背包袱、手持雨伞从棺上跳过以示诀别。此外，在闽台地区还有请僧道做法事超度亡魂的习俗以及拾骨重葬的传统等。

四、社交礼俗中的"福"文化

闽台地区的社交礼俗中蕴含着丰富的"福"文化元素，这些元素不仅体现在具体的仪式和习俗中，更深深植根于人们的思想观念和行为方式中。"福"文化强调对美好生活的向往和追求，以及人与人之间的和谐共处与相互帮助。

在闽台社交礼俗中，这种"福"文化体现在多个方面。热情好客：闽台人民以热情好客著称，无论是家庭聚餐还是朋友聚会，都讲究待客之道，让客人感受到家的温暖和幸福。这种热情好客的精神正是"福"文化的一种体现，它传递出闽台人民对生活的热爱和对幸福的追求。尊老爱幼：在闽台地区，尊老爱幼是一种传统美德，也是社交礼俗中的重要组成部分。人们尊重长辈、关爱晚辈，通过实际行动践行孝道和家庭伦理。这种尊老爱幼的精神与社会主义核心价值观中的"友善"相契合，共同促进了社会的和谐与稳定。团结互助：闽台人民在社交活动中注重团结互助，无论是面对自然灾害还是生活困难，都能够携手共进、相互扶持。这种团结互助的精神正是"福"文化所倡导的和谐共处与共同发展的理念在现实中的具体体现[①]。

闽台婚姻与丧葬礼俗中蕴含着丰富的"福"文化，这些习俗不仅体现了人们对美好生活的向往和追求，也承载着深厚的历史文化底蕴。闽台婚姻礼俗强调夫妻间的和谐与家庭的美满，通过一系列烦琐而庄重的仪式，如议婚、嫁娶、闹洞房等，不仅增进了双方家庭的了解和认同，也为新婚夫妇的生活奠定了良好的基础。这些仪式和习俗都寄托了人们对婚姻美满、家庭幸福的深深祝福。婚姻不仅是两个人的结合，更是两个家族的联姻。闽台地区的婚姻礼俗中，往往包含了对家族传承和血脉延续的重视。通过婚礼的举行，不仅实现了家族间的联姻，也象征着家族血脉的延续和繁荣。在婚礼过程中，人们会通过各种方式祈福纳祥，如贴喜字、放鞭炮、挂灯笼等，这些习俗都寓意着吉祥如意、幸福美满。同时，婚礼上的祝福语和吉祥话也充满了对新人未来生活的美好祝愿。

闽台丧葬礼俗体现了对生命的尊重和敬畏。通过一系列庄重的仪式，如搬铺移厅、设置灵堂、报丧等，人们为逝者送上了最后的尊重和告别。这些习俗不仅让逝者得到了应有的安息，也让生者得到了心灵的慰藉。在闽台地区，人们相信通过超度亡灵可以减轻逝者的罪业，助其投生善道。因此，在丧葬礼俗中往往包含了许多超度仪式，如请僧道诵经、做法事等。这些仪式不仅体现了人们对逝者的关爱和怀念，也寄托了人们对逝者来世的美好祝愿。

---

① 邢占军.中国幸福指数报告（2016—2020）[M].济南：山东大学出版社，2022：48.

丧葬礼俗不仅是对逝者的告别和缅怀，也是对家族历史和文化的传承。通过举行丧葬仪式，人们不仅表达了对逝者的哀思和怀念，也向后人传递了家族的历史和文化传统。这些习俗和仪式成为家族文化传承的重要载体和方式。通过遵循这些习俗和仪式，人们不仅实现了对生命的尊重和缅怀，也传承和弘扬了中华民族的优秀传统文化。

在新时代背景下，闽台社交礼俗中的"福"文化与社会主义核心价值观不断融合与发展，共同推动闽台地区社会的全面进步。一方面，"福"文化为社会主义核心价值观提供了深厚的文化底蕴和广泛的社会基础；另一方面，社会主义核心价值观则引领着"福"文化不断与时俱进、创新发展。具体来说，闽台地区可以通过加强文化教育、传承优秀传统文化等方式弘扬"福"文化精神；同时也可以通过推进法治建设、加强社会治理等方式践行社会主义核心价值观要求。在两者的共同作用下，闽台地区将不断构建更加和谐美好的社会环境和发展格局。社会主义核心价值观是新时代中国特色社会主义的思想精髓和价值引领，它强调富强、民主、文明、和谐、自由、平等、公正、法治、爱国、敬业、诚信、友善等价值理念。这些理念与闽台社交礼俗中的"福"文化相互呼应，共同构成了闽台地区社会发展的精神支柱[①]。闽台社交礼俗中"福"文化中的内涵与社会主义核心价值观中的"和谐"与"友善"高度契合。"福"文化强调人与人之间的和谐共处与相互帮助，而社会主义核心价值观则进一步将这种理念提升到社会层面，倡导构建和谐社会和友善人际关系。在闽台社交礼俗中，人们往往通过实际行动表达对国家和家庭的热爱与责任。这种爱国与敬业的精神与社会主义核心价值观中的相应理念不谋而合，共同激励着闽台人民为实现中华民族伟大复兴的中国梦而努力奋斗。诚信与公正是社会主义核心价值观中的重要内容，也是闽台社交礼俗中所倡导的重要品质。在闽台地区，人们注重诚信经营、公正处事，通过实际行动维护社会公平正义和良好秩序。

① 胡献政，何燊，曾飞凡.推动福建省"福"文化资源转化利用的路径研究[J].厦门特区党校学报，2023（4）：70-75.

第五节　生产礼俗中的"福"文化

一、怀孕礼俗

孕妇在怀孕期间，家中会充满喜庆氛围，称怀孕为"有喜""有身"或简称"有了"。家人对孕妇十分关心和照顾，重视孕妇的作息和饮食，有许多关于孕妇营养和禁忌的习俗，如增加营养、服用安胎补胎的中药等。闽台地区有一些传统方法预测胎儿性别，如观察孕妇的肚形是尖是圆，起步先动哪只脚，或者抽签算卦等。这些方法虽然缺乏科学依据，但反映了人们对新生命的好奇和期待。在封建社会，闽台地区的人们认为女人怀孕后就有胎神存在，因此需要经常敬奉胎神，并遵守各种禁忌，以保护胎儿不受惊动和伤害。孕妇在怀孕期间，要求其思想、视听、言行必须谨守礼仪，循规蹈矩，给胎儿以良好的影响。

二、临产月礼俗

临产月，俗称"顺月"，家人会预先请好专司助产的"拾子婆"或"接生婆"，以确保生产过程的顺利进行。虽然旧时接生条件较差，但家人仍会尽力准备相应的接生设备和物品，以应对可能的突发情况。在现代社会，居民生活基本都达到小康水平，对于产前准备的物品已经相当齐全，相关医疗设施也得到了强有力的保障。在临产过程中，家人会通过各种方式祈求母子平安，如烧香求妈祖保佑、望祖先保佑等，这些仪式体现了家人对生产的重视和对新生命的期待。

三、做月内礼俗

在闽台地区，产妇分娩后的一段时间被视为身体恢复的关键时期，通常称为"做月内"或"坐月子"。这段时间内，产妇需要得到充分的休息和营养补充，以促进身体的恢复和乳汁的分泌，确保母婴健康。传统上，闽台地区的"做月内"时间至少为一个月，有的地方甚至更长，如四十二天。这段时间内，产妇需要遵守一系列特定的习俗和禁忌，以确保身体的顺利恢复。

闽台地区的月内饮食调养非常讲究，主要以温补为主，注重食物的营养价值和易消化性。产妇需要摄入富含蛋白质、维生素、矿物质等营养成分的食物，以促进身体的恢复和乳汁的分泌。麻油鸡：麻油鸡是闽台地区月内饮食中的经典菜品之一，具有温补气血、促进乳汁分泌的功效。猪肝：猪肝富含铁质和维生素A，有助于补血和明目，是月内饮食中的重要食材。米酒：米酒具有行气益血、温胃健脾的作用，常用于烹调月内餐食，如米酒炖鸡、米酒猪肝等。姜：姜具有驱寒暖身的功效，常用于月内饮食中的调味料或药材。在月内期间，产妇需要避免食用生冷、辛辣、刺激性食物以及过于油腻的食物，以免影响身体的恢复和乳汁的质量。产妇在月内期间需要充分休息，避免过度劳累和吹风受凉。家人应为产妇提供良好的休息环境，保持室内空气流通和适宜的温度湿度。产妇在月内期间还需要注意个人卫生，定期洗头、洗澡、更换衣物和床单被褥等。但洗澡时应注意水温适中、时间不宜过长，避免受凉感冒。母乳喂养的产妇需要注意乳房的清洁和护理，定期排空乳汁以防止乳腺炎的发生。同时，家人应给予产妇足够的支持和帮助，减轻其哺乳负担。

闽台地区的做月内礼俗不仅是一种身体调养的传统习俗，更是一种文化传承和家族凝聚力的体现。通过这一习俗的遵循和传承，家族成员之间能够加深情感联系和相互扶持的意识，共同为新生命的健康成长和家族的繁荣兴旺贡献力量。

四、生产礼俗中的"福"文化

闽台地区的生产礼俗作为中华文化的重要组成部分，蕴含着深厚的"福"文化元素，这些元素与习近平新时代中国特色社会主义思想之间存在着深刻的内在联系。这种联系不仅体现在对美好生活的共同追求上，更在于对中华优秀传统文化和人文关怀的继承创新上。

闽台地区的生产礼俗丰富多彩，蕴含着深厚的"福"文化。从怀孕到生产，再到婴儿的成长，每一个环节都充满了家人对新生命的祝福和期待。这些礼俗不仅体现了对生命的尊重和珍视，更蕴含了对幸福生活的向往和追求。在闽台生产礼俗中，家人会通过各种方式祈求母子平安、婴儿健康成长，如烧香拜佛、准备特定的食物和物品等[①]。这些习俗都是对传统文化的传承，更是对幸福生活的美好祝愿。这些仪式和习俗背后，是对生命的敬畏和对未来的美好憧憬，体现了闽台民众深厚的"福"文化情怀。此外，闽台民众还非常注重婴儿的成长环境和教育。他们希望通过良好的家庭教育和社会环境，为孩子的未来奠定坚实的基础。这种对子女成长的关注和重视，不仅体现了家人的关爱和责任感，也反映了闽台民众对美好生活的向往和追求。

习近平新时代中国特色社会主义思想是以习近平同志为核心的党中央提出的重大战略思想，是马克思主义中国化的最新成果[②]。这一思想强调以人民为中心的发展思想，把人民对美好生活的向往作为奋斗目标，致力于实现全体人民共同富裕和中华民族伟大复兴的中国梦。在这一思想中，人民被置于发展的核心地位。新时代中国特色社会主义思想强调尊重人民主体地位和首创精神，认为人民是推动发展的根本力量。同时，这一思想还强调文化自信和价值观引领，认为中华优秀传统文化是中华民族的精神命脉，是涵养社会主义核心价值观的重要源泉。因此，必须传承和弘扬中华优秀传统文化，推动其创造性转化和创新性发展。

闽台生产礼俗中的"福"文化符合习近平新时代中国特色社会主义思想中强调的以人民为中心的发展理念，主要体现在以下方面。一是对美好生活的追求。闽台生产礼俗中的各种习俗和仪式，都是为了祈求母婴平安、婴儿健康成长和家庭幸福。这些习俗和仪式背后，是对美好生活的向往和追求。习近平新时代中国特色社会主义思想则把人民对美好生活的向往作为奋斗目标，致力于实现全体人民共同富裕和中华民族伟大复兴的中国梦。二是以人民为中心的发展思想。闽台生产礼俗中的各种习俗和仪式，都体现了家人对新生命的关爱和重视。这种关爱和重视不仅体现在对生命的尊重和珍视上，

---

① 邢莉.摇篮边的祝福：中国诞生礼[M].上海：上海文艺出版社，2001：59.

② 邓晓君，刘强.马克思社会学说与"福"文化的价值平衡与精神耦合[J].黑河学院学报，2023，14（7）：19-21，51.

更体现在对子女成长的关注和培养上。习近平新时代中国特色社会主义思想强调以人民为中心的发展理念，把人民放在心中最高位置，尊重人民主体地位和首创精神。三是传承和弘扬中华优秀传统文化。闽台生产礼俗作为中华传统文化的重要组成部分，蕴含着丰富的"福"文化元素。这些元素不仅体现了对生命的尊重和珍视，更体现了对幸福生活的向往和追求。习近平新时代中国特色社会主义思想强调文化自信和价值观引领，认为中华优秀传统文化是中华民族的精神命脉和涵养社会主义核心价值观的重要源泉。因此，必须传承和弘扬中华优秀传统文化，推动其创造性转化和创新性发展。

在新时代背景下，我们应该继续传承和弘扬中华优秀传统文化，特别是以闽台生产礼俗中的"福"文化元素为例，这些元素不仅体现了对生命的尊重和珍视，更体现了对幸福生活的向往和追求。通过传承和弘扬这些文化元素，我们可以更好地凝聚人心、汇聚力量，为实现中华民族伟大复兴的中国梦贡献力量。同时，我们也应该推动中华优秀传统文化的创造性转化和创新性发展。在新时代背景下，我们应该结合现代社会的特点和需求，对传统文化元素进行创新和改造。例如，可以通过现代科技手段来传承和弘扬这些文化元素，使其更加符合现代社会的审美和需求。同时，我们也应该注重培养年青一代对传统文化的认同感和归属感，让他们成为传承和弘扬中华优秀传统文化的重要力量。此外，我们还应该加强两岸文化交流与合作。闽台两地文化同源、血脉相连，有着共同的文化传承和历史记忆。通过加强两岸文化交流与合作，我们可以更好地传承和弘扬中华优秀传统文化，推动两岸文化的共同繁荣和发展。同时，这也有助于增进两岸同胞的相互了解和信任，为构建两岸命运共同体贡献力量。

第八章

闽台妈祖信俗"福"文化要义

妈祖信俗不仅是一种信仰，更蕴含了深厚的道德内涵。妈祖以立德、行善、大爱为核心精神，成为广大信众的道德楷模。这种信仰激励人们追求真善美，传承和弘扬中华民族的传统美德。闽台妈祖信俗"福"文化的要义在于其深厚的道德内涵、促进两岸和谐与团结的重要作用、祈福与保佑的美好愿望以及文化传承与创新的精神。这些要素共同构成了闽台妈祖信俗的独特魅力和深远影响。

第一节 闽台妈祖信俗"福"文化的内涵与作用

一、闽台妈祖信俗"福"文化内涵

（一）以民生幸福为基础

闽台妈祖信俗"福"文化的核心在于对人民平安幸福的祈愿。这种信仰不仅仅是对自然的敬畏，更是对家人、对生活的深深关怀。妈祖信仰中的这种民生关怀，体现在信俗活动的方方面面。每年的妈祖诞辰，闽台地区的妈祖庙都会举行盛大的庆典活动。信众们通过进香、祭拜等方式，向妈祖表达他们的敬意和祈愿。这些活动不仅仅是一种仪式，更是一种文化的传承和民生的关怀。信众们在活动中交流感情，分享生活的喜怒哀乐，共同祈求妈祖保佑家人平安、事业顺利。此外，妈祖信仰还倡导慈善公益精神。许多妈祖庙都会用信众捐赠的资金开展慈善公益活动，如捐资助学、扶贫济困等。这些慈善行为不仅体现了妈祖信仰的人文关怀，也改善了受助者的生活条件，促进了社会公平正义的实现。妈祖信仰不仅仅是一种精神寄托，还对经济发展产生了积极的推动作用。妈祖信俗活动吸引了大量游客前来参观妈祖庙、体验妈祖文化，从而带动了当地旅游业的繁荣。以福建莆田湄洲岛为例，每年因妈祖文化而吸引的游客数量众多,为当地带来了可观的经济收入。旅游业的发展不仅增加了就业机会,还促进了相关产业链的完善,为当地民众提供了更多的创业和增收机会①。

妈祖祖庙"慈善之光"活动

资料来源:搜狐网。

台湾妈祖义诊义卖活动

资料来源:新浪网。

(二)以文化传承为脉络

妈祖信俗还推动了文化产业的发展。随着妈祖文化的传播和影响力的扩大,相关的文化产业也逐渐兴起。以妈祖为主题的文创产品、文艺演出等受到市场的欢迎,不仅丰富了民众的精神文化生活,也为文化传承带来了新

---

① 刘献祥,何国辉,江登峰,等.关于福建省加强"福"文化宣传推广的调研报告[J].发展研究,2023,40(10):17-24.

的契机。湄洲妈祖祖庙位于福建莆田湄洲岛，是妈祖文化的发祥地，也是妈祖信俗的重要传承地。2006年，妈祖祭典入选国家级非物质文化遗产名录；2009年，妈祖信俗被列入联合国教科文组织《人类非物质文化遗产代表作名录》，成为中国首个信俗类世界遗产。湄洲妈祖祖庙建立了系统性的保护机制，将妈祖信俗项目分为抢救类、扶持类、综合类和科研类进行保护。例如：对妈祖信俗表演、技艺传承等抢救类项目，通过录音、视频制作等方式加以保护；对妈祖糕制作工艺等扶持类项目，通过改进加工工艺，维护其传统工艺不致失传。湄洲妈祖祖庙提供古渔具、古服饰等与妈祖信俗有关的实物，在妈祖信俗博物馆内进行陈列展示，供游客参观学习。同时，通过开设"妈祖信俗"专业班、将妈祖信俗列入乡土教材等方式，在青少年中普及妈祖信俗基本知识，培养传承骨干。妈祖信仰也是闽台地区文化交流的重要桥梁，妈祖信仰跨越了地域和民族的界限，成为全球华人共同的精神家园。通过妈祖信仰，闽台地区与全球华人之间建立了紧密的文化联系，促进了文化的交流和融合。

妈祖信俗博物馆内古渔具

资料来源：百度百科。

妈祖信俗博物馆内传统轿子

资料来源：百度百科。

（三）以信仰坚定为核心

妈祖作为闽台地区乃至全球华人社群的共同信仰，其深厚底蕴和广泛影响力源自信仰的坚定。这种信仰不仅仅是对妈祖神灵的崇敬和祈求，更是一种对美好生活、平安健康和和谐社会的深切向往。无论是渔民出海前的祭拜，还是商贾远行时的祈福，都体现了人们对妈祖的深深依赖和无尽信任。这种信仰不仅仅是一种情感的表达，更是一种文化认同和民族精神的体现。在闽台地区，妈祖信仰已经融入了人们的日常生活，成为他们面对困难、挑战时的重要精神支柱。妈祖信俗的传承，也是信仰坚定的体现。一代又一代的信众，通过口耳相传、祭祀活动、文化交流等方式，将妈祖信仰不断发扬光大。他们不仅传承了妈祖的神奇故事和崇高精神，更将妈祖信仰中的慈善、勇敢、智慧等品质融入了自己的日常生活和工作中。这种传承不仅仅是对历史的尊重，更是对未来的期许和憧憬。

在妈祖信俗中，信仰坚定还体现在对社会的贡献上。许多妈祖庙都会组织慈善公益活动，如捐资助学、扶贫济困等，用实际行动践行妈祖的慈悲精神。这些活动不仅帮助了需要帮助的人，也传递了妈祖信仰的温暖和力量。同时，妈祖信仰还促进了社会的和谐与稳定，通过共同的信仰和价值观，人们更加团结、互助，共同面对生活的挑战。在当代社会，妈祖信俗中的信仰坚定仍然具有重要意义。只要我们坚定信仰，就能在面对困难时保持勇气和智慧，就能在社会中传递正能量和温暖。同时，妈祖信俗中的信仰坚定也为我们提供了一种文化认同和民族自豪感的源泉，让我们在全球化的浪潮中更加自信地前行[①]。

二、闽台妈祖信俗"福"文化作用

（一）推动建设幸福社会

建设幸福社会是一个复杂而系统的工程，它涉及经济、政治、文化、社会、生态等多个方面的协调发展。首先，促进经济持续健康发展。经济是幸福社会的基础。要建设幸福社会，必须促进经济持续健康发展，提高人民生活水平。推动产业结构升级，大力发展现代服务业和高新技术产业，提高经济质量和效益。同时，注重农业、工业、服务业的协调发展，形成多元化的经济体系。通过提高最低工资标准、完善税收制度、促进就业创业等措施，增加居民收入，缩小收入差距。特别要关注低收入群体和弱势群体的生活保障，确保他们共享经济发展成果。鼓励科技创新和创业活动，培育新的经济增长点。加强知识产权保护，营造公平竞争的市场环境，激发全社会的创新活力。其次，加强社会保障体系建设。完善的社会保障体系是幸福社会的重要标志。要加强社会保障体系建设，提高人民的安全感和幸福感。完善城镇职工基本养老保险和城乡居民基本养老保险制度，实现养老保险制度的全覆盖。逐步提高养老金水平，确保退休人员的基本生活。提高医疗保障水平，减轻群众看病负担。同时，加强公共卫生体系建设，提高疾病预防和控制能力。完善最低生活保障制度，提高救助标准，确保困难群众的基本生活。加强孤儿、残疾人等弱势群体的福利保障工作，为他们提供更多的关爱和帮助。最后，推进社会治理创新。社会治理创新是建设幸福社会的重要保障。要加强社会治理体系建设，提高社会治理水平。推动政府治理和社会调节、居民自治良性互动，构建全民共建共享的社会治理格局。加强基层社会治理体系建设，发挥社区、社会组织等在社会治理中的积极作用。坚持依法治国基本

---

① 李玉林. 慈善之福[M]. 北京：中国社会出版社，2017：60.

方略，全面推进科学立法、严格执法、公正司法、全民守法。加强法治宣传教育，提高全民法律素质①。同时，加强社会治安综合治理，维护社会和谐稳定。坚持法律面前人人平等原则，保障人民依法享有广泛的权利和自由。加强司法公正建设，维护社会公平正义②。

（二）参与保障幸福民生

保障幸福民生的含义是确保人民群众在物质、精神、环境和社会等方面都能获得幸福感和满足感③。首先，促进经济稳定与发展。经济是民生之本，保障幸福民生首先要促进经济的稳定与发展。推动产业结构升级，大力发展现代服务业和高新技术产业，提高经济质量和效益。通过科技创新和产业升级，创造更多高质量就业机会，提高人民收入水平。实施就业优先政策，政府应把稳就业放在更加突出的位置，落实落细就业优先政策，重点抓好高校毕业生、退役军人、农民工等群体的就业工作。支持开展公共就业服务能力提升项目，加强职业技能培训，提高劳动者的就业能力和竞争力。通过税收、社会保障等手段调节收入分配，缩小收入差距，提高低收入群体的收入水平。同时，扩大中等收入群体，形成橄榄型收入分配格局，让人民群众共享经济发展成果。其次，提升公共服务水平。加强教育服务，坚持教育优先发展战略，加大教育投入力度，提高教育质量。推动教育公平发展，缩小城乡、区域、校际之间的教育差距。同时，加强职业教育和继续教育发展，提高劳动者的综合素质和就业能力。深化医药卫生体制改革，建立健全覆盖城乡的基本医疗保障体系。加强基层医疗卫生机构建设和服务能力提升工作力度和效果评估体系建设工作力度；推动优质医疗资源下沉基层；加强公共卫生体系建设提高疾病预防和控制能力；加强医德医风建设提高医疗服务水平。加强公共文化服务体系建设提高公共文化服务供给能力和水平；推动文化惠民工

---

① 杜若.部门回应守正创新共同做好"福"文化文章[J].政协天地，2023（10）：10-12.

② 周濂.正义与幸福[M].北京：中国人民大学出版社，2018：28.

③ 卢俊卿.幸福城市才是最好的城市[M].北京：东方出版社，2015：38.

程深入实施丰富群众精神文化生活；加强文化遗产保护传承利用工作力度和效果评估体系建设工作力度；推动文化产业高质量发展培育新型文化业态和文化消费模式。最后，加强生态环境保护。推进生态文明建设，坚持绿水青山就是金山银山的理念，加强生态环境保护工作力度和效果评估体系建设工作力度；推动形成绿色发展方式和生活方式；加强大气、水、土壤等污染防治工作力度和效果评估体系建设工作力度；推进生态修复工程实施力度和效果评估体系建设工作力度；提高生态系统质量和稳定性。倡导绿色生活方式，加强生态文明宣传教育力度和效果评估体系建设工作力度；引导人们树立尊重自然、顺应自然、保护自然的生态文明理念；倡导简约适度、绿色低碳的生活方式；反对奢侈浪费和不合理消费等行为方式；促进人与自然和谐共生。

（三）驱动幸福体制

驱动幸福体制即构建中国特色社会管理体制，能够实现社会的和谐稳定与持续发展。首先，必须坚持以习近平新时代中国特色社会主义思想为指导，全面贯彻党的基本路线和各项方针政策。其基本原则包括以下几个方面。坚持党的领导：党的领导是中国特色社会主义最本质的特征，也是中国特色社会管理体制的根本保证。必须确保党在社会管理各领域的全面领导，发挥党总揽全局、协调各方的核心作用。以人为本：社会管理的出发点和落脚点都是人民群众的利益。必须坚持以人民为中心的发展思想，尊重人民主体地位，保障人民各项权益，促进人的全面发展。依法治理：法治是社会管理的基本方式。必须加强法治建设，完善法律法规体系，推进依法行政，确保社会管理的各项工作都在法治轨道上运行。多方参与：鼓励和支持政府、社会、市场、公众等多方力量共同参与社会管理，形成共建共治共享的社会治理格局[①]。

完善社会管理组织体系，明确党委在社会管理中的领导地位，发挥党委的统筹协调作用，确保社会管理的正确方向。政府应切实履行社会管理职能，加强政策制定、执行和监督，提高社会管理的效率和效果。鼓励和支持社会

---

① 许维勤.闽台建制与两岸关系[M].北京：社会科学文献出版社，2015：67.

组织、企事业单位等社会力量参与社会管理，形成政府与社会协同治理的良好局面。拓宽公众参与社会管理的渠道和方式，提高公众的参与意识和能力，实现社会管理的民主化、科学化。健全社会管理制度体系，加强社会管理领域的立法工作，完善相关法律法规体系，为社会管理提供坚实的法律保障。针对社会管理中的突出问题，建立长效机制进行预防和治理，确保社会管理的持续性和有效性。建立健全监督问责机制，对社会管理中的失职渎职行为进行严肃查处，确保社会管理的公正性和权威性。创新社会管理机制，注重从源头上预防和化解社会矛盾和问题，加强风险评估和预警机制建设，提高应对突发事件的能力。加强对社会动态的监测和分析，及时发现和处置社会问题，确保社会管理的及时性和针对性。建立健全应急处置机制，提高应对自然灾害、公共卫生事件等突发事件的能力，保障人民群众的生命财产安全。加大公共服务投入力度，提高公共服务水平和质量，满足人民群众日益增长的美好生活需要[1]。利用现代信息技术手段提高社会管理的智能化水平，实现社会管理的精准化和高效化。加强社会管理专业人才队伍建设，提高社会管理队伍的专业素质和综合能力[2]。

第二节　闽台妈祖信俗"福"文化体现的区域文化特征

一、多元复合性

妈祖信俗在闽台地区的发展过程中，与当地民俗紧密结合，形成了丰富多彩的民间活动。如妈祖诞辰庆典、绕境巡游、进香朝拜等，这些活动不仅

---

① 水木森.党员干部必修的中国风度[M].北京：中国言实出版社，2020：40.

② 王淑梅，王光宇，何序哲，等.幸福城市之研究[M].北京：清华大学出版社，2019：101.

丰富了民众的文化生活，也促进了地方文化的传承与发展。同时，妈祖信俗还与其他民间信仰相互渗透，形成了独具特色的区域文化景观。闽台地区的宗教信仰体系多元复杂，妈祖信仰作为其中的重要组成部分，与其他信仰体系如佛教、道教等存在着广泛的交融。这种交融不仅体现在信仰内容的相互借鉴上，还反映在信仰仪式、祭祀活动的相互影响中。妈祖信仰的多元复合性，使得它能够与其他信仰体系和谐共存，共同构建闽台地区独特的宗教文化生态。妈祖信俗与"福"文化紧密相连，体现了闽台民众对美好生活的向往和追求。在闽台地区，人们通过祭拜妈祖来祈求平安、顺遂和幸福。妈祖被赋予了赐福祉、保平安的神圣使命，成为闽台民众心中的守护神。在重大节日和人生重要时刻，如结婚喜庆、乔迁入厝、弥月庆生等，人们都会前往妈祖庙祭拜祈福，寄托对未来的美好祝愿。这种祈福与求福心理是闽台妈祖信俗"福"文化的重要体现之一。随着时代的发展，妈祖信俗在保持传统特色的同时，也不断与现代社会生活互动融合。一方面，妈祖信仰被赋予了新的时代内涵，如促进两岸文化交流、推动海洋经济发展等；另一方面，现代社会也为妈祖信俗的传承与发展提供了更加广阔的空间和平台。这种互动融合不仅增强了妈祖信仰的生命力，也丰富了闽台地区多元复合性的区域文化特征[①]。

二、本土认同性

闽台妈祖信俗还具有鲜明的地域特色和强烈的认同感。福建和台湾一衣带水，文化相通，习俗类同。妈祖信仰作为两地共同的民间信仰之一，成为连接闽台民众情感的重要纽带。无论是福建人还是台湾人，都对妈祖怀有深厚的感情和崇高的敬意。这种地域特色和认同感使得妈祖信俗在闽台地区具有独特的文化价值和社会意义。闽台地区的妈祖信俗具有鲜明的地域特色，如妈祖庙的建筑风格、祭祀仪式、民间习俗等，都融入了当地的文化元素和生活习惯。这些具有本土特色的文化符号，成为闽台民众共同的文化记忆和

---

① 刘登翰.中华文化与闽台社会[M].北京：人民出版社，2013：62.

身份标识。每当举行妈祖祭祀活动时，人们聚集在一起，共同缅怀妈祖的恩德，分享彼此的故事和情感，这种集体参与和共同体验进一步强化了他们的本土文化认同感。妈祖信仰在闽台地区不仅具有宗教意义，还承担着重要的社会功能。它作为社区凝聚力的象征，将不同阶层、不同职业的人群紧密联系在一起。在妈祖庙的祭祀活动中，人们不分彼此，共同祈求妈祖的庇佑和赐福，这种共同的精神追求使得闽台民众在心灵上得到了极大的慰藉和满足。尽管闽台两地因历史原因分隔多年，但妈祖信仰作为共同的精神纽带，始终将两地民众紧密联系在一起。每当有重大的妈祖祭祀活动或文化交流活动时，闽台民众都会积极参与其中，共同传承和弘扬妈祖文化。这种跨地域的认同感和归属感，使得闽台民众在内心深处更加珍视和热爱自己的本土文化。他们通过妈祖信仰这一桥梁，加强了彼此之间的联系和沟通，共同书写着闽台文化的新篇章。随着时代的发展和社会的进步，闽台妈祖信俗也在不断创新和发展。现代科技手段的应用、文化交流活动的增多以及年青一代的积极参与，都为妈祖文化的传承注入了新的活力。然而，无论时代如何变迁，闽台民众对妈祖信仰的本土认同感始终如一。他们通过各种方式传承和弘扬妈祖文化，让这一传统信仰在现代社会中焕发出更加璀璨的光芒。这种在传承与创新中不断强化的本土认同性区域文化特征，正是闽台妈祖信俗"福"文化的独特魅力所在[①]。

妈祖庙中的飞檐造型

资料来源：新浪网。

---

① 须弥.中华福文化[M].济南：山东大学出版社，2012：72.

妈祖庙木结构建筑风格

资料来源：新浪网。

三、历史传承性

闽台妈祖信俗"福"文化体现出的历史传承性区域文化特征，是这一地区悠久历史与深厚文化底蕴的集中展现。妈祖信仰起源于北宋时期的福建莆田湄洲岛，由当地渔民对海神林默的崇拜逐渐发展而来。林默生前常于海上救助遇险船只，逝世后被尊为"海上女神"，受到广大渔民的敬仰和供奉。随着航海业的发展和对外交流的增多，妈祖信仰逐渐传播至闽台各地及海外，成为连接海内外华人的重要精神纽带。这一起源与早期传播过程，体现了妈祖信俗深厚的历史根基和广泛的影响力。自宋代以来，历代朝廷对妈祖的封赐不断，从"夫人""天妃""天后"到"天上圣母"，封号逐步升级，体现了妈祖信仰在官方层面的认可和推崇。这些封赐不仅提升了妈祖的地位和影响力，也促进了妈祖信俗在民间的广泛传播和深入发展。同时，妈祖信仰在传承过程中不断融入儒家思想、道教元素等，形成了独具特色的文化体系，进一步升华了其信仰内涵。闽台地区的妈祖庙宇众多，建筑风格各异，但均体现了对妈祖信仰的虔诚和尊重。这些庙宇不仅是祭祀妈祖的场所，也是传承和弘扬妈祖文化的重要载体。在祭祀仪式方面，闽台地区形成了独特的妈祖祭典文化，包括春祭、秋祭等大型祭祀活动以及日常的小规模祭祀活动。这些祭祀仪式不仅承载着民众对妈祖的敬仰和祈求，也传承着丰富的历史文化和民俗传统。闽台妈祖信俗还体现在丰富多彩的民间习俗和故事传说中。如妈祖诞辰、妈祖升天等节日的庆祝活动，妈祖游灯、演戏酬神等民俗活动，以及关于妈祖显灵救难的各种故事传说等。这些民间习俗和故事传说不仅丰富了妈祖信俗的文化内涵，也加深了民众对妈祖信仰的理解和认同，通过口耳相传、代代延续的方式，将妈祖信仰的历史传承性展现得淋漓尽致。

在现代社会中，闽台妈祖信俗依然保持着旺盛的生命力。随着两岸交流的日益频繁和全球化进程的加速推进，妈祖信仰不仅在国内得到广泛传承和发展，还逐渐走向世界舞台。世界各地纷纷建立妈祖庙宇和文化交流中心，举办各种形式的妈祖文化活动，共同传承和弘扬妈祖文化。这种跨越时空的传承与发展不仅体现了妈祖信仰的历史传承性区域文化特征，也展示了其强大的生命力和影响力。因此，闽台妈祖信俗"福"文化体现出的历史传承性区域文化特征是多方面的、深层次的，它不仅体现在妈祖信仰的起源与早期传播、历代朝廷的封赐与信仰的升华等方面，还体现在庙宇建筑与祭祀仪式的传承、民间习俗与故事传说的传承以及现代社会的传承与发展等方面。这些特征共同构成了闽台地区独特的文化景观和精神家园。

第三节　闽台妈祖信俗"福"文化的现代价值

一、闽台妈祖信俗"福"文化的现代经济、政治、社会、生态价值

在妈祖信俗的熏陶下，人们懂得尊重传统、珍视家庭、关爱他人，这些价值观与社会主义核心价值观相契合，为社会的稳定和发展提供了有力的文化支撑。习近平新时代中国特色社会主义思想强调和谐、团结、互助等积极的社会关系。这一思想提倡以人为本、全面协调可持续发展，注重保障和改善民生，推动经济社会全面发展。这与妈祖信俗中蕴含的传统美德相呼应，

都体现了对人民的深切关怀和对社会和谐的追求①。

（一）经济发展

习近平新时代中国特色社会主义思想中的经济建设思想，强调以人民为中心的发展理念，致力于实现经济持续健康发展和社会全面进步。首先，坚持创新、协调、绿色、开放、共享的新发展理念。这是新时代经济建设的重要指导原则，旨在推动经济高质量发展，实现经济、社会和环境的协调发展。其次，注重供给侧结构性改革。通过改革提高供给体系的质量和效率，推动经济发展质量变革、效率变革、动力变革，从而实现经济的可持续发展。再次，强调创新驱动发展。新时代经济建设思想鼓励科技创新和制度创新，以创新驱动为引领，推动产业升级和转型，提升国家核心竞争力。最后，倡导区域协调发展。通过实施区域协调发展战略，优化区域经济布局，促进不同地区之间的优势互补和协同发展。

闽台妈祖信俗中的"福"文化在经济发展方面的现代价值主要体现在以下几个方面。一是促进旅游业发展。闽台地区的妈祖庙是吸引大量游客的重要景点，尤其是湄洲妈祖祖庙，作为妈祖信仰的发源地，更是吸引了众多海内外信众和游客前来参拜和观光。这不仅带动了当地的餐饮、住宿、交通等相关产业的发展，还促进了旅游业的繁荣。二是推动文化产业交流。妈祖信俗作为一种独特的文化现象，不仅具有深厚的历史底蕴，还蕴含着丰富的文化内涵。闽台两地在妈祖文化交流方面有着悠久的传统和广泛的合作，通过举办妈祖文化节、妈祖祭典等活动，不仅增进了两岸同胞的文化认同和情感交流，还推动了文化产业的发展与交流。三是助力经贸合作。妈祖信俗在闽台经贸合作中也发挥着重要作用。两岸妈祖信众通过妈祖文化搭建起沟通的桥梁，促进了经贸往来的频繁和深入。许多台商在大陆投资时，往往会选择有妈祖庙的地方作为落脚点，这不仅是因为他们对妈祖信仰的认同和信赖，还因为妈祖庙所在地往往具有较为完善的基础设施和较好的投资环境。四是

---

① 周兵.新时代中国特色社会主义道路实践与发展[M].北京：北京日报出版社，2020：35.

带动地方经济发展。妈祖信俗对地方经济发展的带动作用不容忽视。在闽台地区，许多地方都因妈祖庙而吸引了大量游客和投资者。这不仅为当地带来了可观的经济收入，还促进了当地基础设施的完善和产业结构的优化升级。

湄洲妈祖祖庙节日灯光秀

资料来源：莆田网。

（二）政治建设

习近平新时代中国特色社会主义思想中的政治建设是全面从严治党的根本所在，它明确了政治建设在新时代党的建设中的战略定位。这一思想强调，要加强党的政治领导，坚定政治信仰，提高政治能力，并努力净化政治生态，以实现全党的团结统一和行动一致。政治建设是党的根本性建设，它关乎党的先进性和纯洁性。只有确保党在政治上的先进性，才能保持党的整体先进性和纯洁性。因此，习近平新时代中国特色社会主义思想将政治建设放在极其重要的地位，以此作为推动全面从严治党向纵深发展的关键点。

闽台妈祖信俗中的"福"文化在政治建设方面的现代价值主要体现在以下几个方面。在闽台两地，通过共同传承和弘扬妈祖信俗"福"文化，可以增强两岸同胞的民族认同感和凝聚力，为政治建设提供坚实的民意基础。妈祖信俗在闽台两地的广泛传播和深入影响，为两岸和平交流与合作搭建了重要平台。通过举办妈祖文化节、妈祖祭典等活动，两岸同胞可以增进相互了解和信任，推动两岸关系和平发展。这种基于共同文化信仰的交流与合作，有助于化解政治分歧，增进两岸同胞的福祉。妈祖信俗"福"文化中蕴含的立德、行善、大爱等精神内涵，与社会主义核心价值观高度契合。通过弘扬妈祖信俗"福"文化，可以引导人们树立正确的世界观、人生观和价值观，提升人们的道德水平和文明素养。这对于维护社会稳定、促进政治建设具有重要意义。

（三）社会建设

习近平新时代中国特色社会主义思想强调以人民为中心的发展思想，在社会建设中同样得到了充分体现，这意味着社会建设的出发点和落脚点都是为了满足人民群众的需求和利益。通过改善民生、提高社会保障水平、促进教育公平等措施，确保人民群众共享改革发展的成果，实现社会的公平正义。在新时代背景下，社会治理面临着诸多新的挑战和机遇。因此，需要不断创新社会治理方式，推动社会治理体系和治理能力现代化。这包括加强社区建设、推动多元共治、强化科技支撑等，以提高社会治理的效能和精准度。

闽台妈祖信俗中的"福"文化在社会建设方面的现代价值主要体现在以下几个方面。妈祖信俗"福"文化中蕴含的立德、行善、大爱等精神内涵，与社会主义核心价值观高度契合。通过弘扬妈祖信俗"福"文化，可以引导人们树立正确的世界观、人生观和价值观，培养社会公德、职业道德、家庭美德和个人品德，提升人们的道德水平和文明素养，推动社会建设的进步。妈祖的大爱精神强调无私奉献与舍己为人。在社会建设中，这种精神激励着人们为公共利益而奋斗，不计个人得失，勇于担当社会责任。它倡导的是一种超越个人利益的价值观，鼓励人们在面对社会问题时，能够以更广阔的视野和更长远的眼光去思考与行动。妈祖的大爱精神还体现了对弱势群体的关爱与扶助。在当今社会，弱势群体往往需要更多的关注与支持。妈祖精神鼓励人们伸出援手，帮助那些在生活中遇到困难的人，从而促进社会的和谐与稳定。

（四）生态建设

习近平新时代中国特色社会主义思想中的生态文明建设，强调以人民为中心的发展理念，致力于构建人与自然和谐共生的现代化。生态文明建设不仅关乎经济社会的长远发展，更关乎人民群众的福祉和生活质量。因此，必须坚持以人民为中心的发展思想，把满足人民日益增长的对优美生态环境的需求作为出发点和落脚点，推动形成绿色发展方式和生活方式。同时，生态文明建设还需要坚持创新、协调、绿色、开放、共享的新发展理念。要通过科技创新和制度创新，推动绿色低碳循环发展，加强生态环境保护和治理，促进经济社会发展与自然环境相协调。此外，还要加强国际合作，共同应对全球性环境问题，推动全球生态文明建设。

闽台妈祖信俗中的"福"文化在生态文明建设方面的现代价值主要体现在以下几个方面。妈祖信仰中蕴含着深厚的生态伦理思想，强调人类与自然的和谐共生。这一理念引导人们在利用自然资源的同时，尊重自然、保护自然，避免过度开发和破坏生态环境。这种生态伦理的引导，有助于提升环保意识，推动生态文明建设。妈祖信俗中的"福"文化鼓励人们在追求幸福生活的同时，注重生态平衡和可持续发展。这一理念促使人们在经济活动中采取绿色、低碳、循环的发展方式，减少对环境的影响和破坏。通过实践可持续发展，人们能够更好地保护生态环境，实现经济、社会和环境的协调发展。妈祖信仰在民间具有广泛的基础和深厚的影响力。通过妈祖信俗活动，可以激发社区居民对生态保护的积极性。

二、闽台妈祖信俗"福"文化的现代文化价值

闽台妈祖信俗"福"文化中以民生幸福为基础、以文化传承为脉络的内涵与党的二十大精神中的"文化强国"等理念相互融通。党的二十大精神，作为习近平新时代中国特色社会主义思想的重要体现，为我们指明了前进的方向，也为包括闽台妈祖信俗在内的非物质文化遗产的传承与发展提供了根本遵循。

（一）坚持文化自信，传承优秀文化基因

文化自信是一个国家、一个民族发展中更基本、更深沉、更持久的力量。

闽台妈祖信俗作为中华优秀传统文化的重要组成部分，蕴含着丰富的道德理念和人文精神[①]。我们应该深入挖掘妈祖信俗的文化内涵，加强对其的研究和传播，让更多人了解和认同这一文化遗产。同时，要结合时代特点，对妈祖信俗进行创新解读和推广，使其在新时代背景下焕发新的生机与活力。在新时代，坚持文化自信是关乎国家文化软实力和民族精神独立性的重要任务。

首先，要深刻理解文化自信的内涵。文化自信是一个国家、一个民族对自身文化价值的充分肯定和对自身文化生命力的坚定信念。这种自信不仅源于文化的历史积淀，也基于对文化现实状况的深刻认识和未来前景的信心。因此，坚持文化自信需要我们不断加强对自身文化的认知和理解，认识到中华文化的独特魅力和价值。其次，要积极传承和弘扬中华优秀传统文化。中华文化博大精深，蕴含着中华民族的精神追求和价值观念。通过传承和弘扬这些优秀传统文化，我们可以更好地彰显民族特色，增强民族自豪感和归属感。同时，这也有助于在世界文化之林中展现独特的东方智慧，提升我国文化的国际影响力。再次，要推动文化创意产业的发展。创意产业是新时代文化产业发展的重要方向，通过融合科技创新和传统文化元素，可以打造出更具吸引力的文化产品和服务。这不仅有助于满足人民群众日益增长的文化需求，也能在国际市场上展示中华文化的创新活力。最后，要加强文化教育，培养人民的文化自觉和文化自信。通过教育，我们可以从小培养孩子的文化素养和文化自信心，让他们成为传承和发展中华文化的重要力量。同时，对于成年人来说，也要通过各种渠道加强文化教育，提高整个社会对中华文化的认同感和自豪感。

---

① 郭丹.福建传统文化概论[M]].福州：福建教育出版社，2023：63.

妈祖文创绣旗

资料来源：新浪网。

妈祖文创日用品

资料来源：新浪网。

（二）强化交流互鉴，促进两岸文化融合

妈祖信俗在福建和台湾两地具有广泛的群众基础，成为两岸民众共同的精神寄托和情感纽带。我们应充分利用这一文化资源，加强两岸之间的文化交流与合作，推动闽台文化的深度融合。可以通过举办妈祖文化活动、开展

学术研讨会、推动两岸青年文化交流等方式，增进两岸人民的相互了解和信任，为祖国的统一大业贡献力量。新时代促进两岸文化交流与融合，是增进两岸同胞相互了解、信任和认同的重要途径。首先，应加强两岸教育领域的交流与合作。通过互派交流学生、教师交流、合作办学等方式，增进两岸青年学生对彼此文化、历史和社会制度的了解。同时，推动两岸教科书和学术著作的交流，让更多人了解彼此的文化底蕴和发展历程。这不仅有助于增进两岸同胞的相互了解和信任，还能为两岸文化的深度融合打下坚实基础。其次，要丰富两岸文化交流活动。可以举办各类文化展览、艺术表演、学术研讨会等，展示各自的文化魅力，并共同探讨文化传承与发展的问题。此外，还可以利用现代科技手段，如互联网和社交媒体，打造两岸文化交流的新平台，让文化交流更加便捷和广泛。通过这些活动，可以促进两岸民众在文化上的相互了解和认同，为两岸文化的深度融合创造有利条件。再次，要尊重并保护两岸文化的多样性。通过互相学习和借鉴，实现文化的共同繁荣和发展。两岸文化各有千秋、各具特色，只有相互尊重、相互包容，才能实现真正的文化融合。最后，政府和社会各界应积极推动两岸文化交流与融合的进程。政府可以提供政策支持和资金保障，鼓励两岸文化机构和企业加强合作。社会各界也可以积极参与其中，通过民间交流、商业合作等方式，推动两岸文化的深度交流与融合。这不仅可以促进两岸文化的共同繁荣和发展，还能为两岸关系的和平稳定贡献力量。

（三）坚持与时俱进，推动文化创新发展

党的二十大精神强调要坚持创新、协调、绿色、开放、共享的新发展理念，这对于文化传承同样具有重要意义。在传承闽台妈祖信俗的过程中，我们要注重与现代社会的结合，推动其与时俱进地发展。首先，要利用现代科技手段对妈祖信俗进行数字化保护和传播。通过数字化技术，可以实现对妈祖信俗文化的真实记录和永久保存，同时也可以通过互联网等新媒体平台，将妈祖信俗文化传播到更广泛的受众群体中。这不仅可以提高妈祖信俗文化的知名度和影响力，还能为妈祖信俗文化的传承和发展提供新的动力。其

次，要将妈祖信俗文化与文化旅游、文化创意产业等相结合，打造特色文化品牌。通过开发妈祖文化旅游线路、举办妈祖文化旅游节等活动，可以吸引更多的游客前来参观和体验妈祖文化。同时，也可以将妈祖信俗文化元素融入文化创意产品中，开发出具有独特魅力的文创产品，满足消费者的多元化需求。这不仅可以推动地方经济的发展，还能为妈祖信俗文化的传承和发展注入新的活力。再次，要注重文化内容的创新。在传承妈祖信俗文化的过程中，要深入挖掘和阐发其时代价值，使文化产品更加贴近人民群众的实际生活。例如，可以通过创作反映妈祖精神的影视作品、文学作品等，让更多的人了解和感受妈祖文化的魅力。同时，也可以将妈祖信俗文化与现代科技相结合，开发出具有互动性和趣味性的文化产品，提高受众的参与度和体验感。最后，要注重培养具有创新精神和创新能力的文化人才。人才是文化创新发展的核心资源，只有拥有高素质的文化人才，才能推动妈祖信俗文化的创新发展。因此，我们要加强文化教育和培训，提高文化人才的专业素养和创新能力。同时，也要完善激励机制和政策保障，为文化人才提供良好的成长环境和发展平台。

（四）加强法律保护，确保文化安全传承

在全球化背景下，文化遗产的保护与传承面临着诸多挑战。为了确保闽台妈祖信俗的安全传承，我们需要加强相关法律法规的制定与执行，明确其在社会生活中的法律地位，制定保护措施。首先，要完善非遗文化保护相关法律法规的建设。通过制定和完善相关法律法规，明确非遗文化的保护范围、保护措施和法律责任等，为非遗文化的保护提供法律保障。同时，也要加大执法力度，对破坏非遗文化的行为进行严厉打击和处罚。其次，要加强文化市场监管。文化市场是非遗文化传承与发展的重要载体，但同时也是非遗文化被滥用和扭曲的潜在风险点。因此，我们要加强文化市场监管力度，防止商业利益驱使下的文化扭曲和滥用。通过建立健全文化市场监管机制、加强执法检查等方式，确保妈祖信俗文化的传承不偏离其原本的文化内涵和价值导向。再次，要建立有效的非物质文化遗产传承机制。通过支持代表性传承

人开展传承活动、鼓励师徒传授、团体传承等传承方式，确保非遗文化的活态传承。同时，也要加大对传承人的培养和支持力度，提高他们的社会地位和经济待遇，激发他们的传承热情和积极性。此外，将非遗文化纳入教育体系，让年青一代了解并传承这一宝贵财富。加强非遗文化保护相关法律法规的建设，为非遗文化的保护提供法律保障。同时，将非遗保护工作纳入国民经济和社会发展整体规划，加大经费投入力度，为非遗文化的传承发展提供有力支持。鼓励和支持非遗传承人和相关企业在保护传统的基础上进行创新，推动非遗文化与现代生活相融合，开发具有市场潜力的非遗文创产品，让非遗文化在创新中焕发新的生机与活力。最后，要加强非遗文化的宣传与教育。通过广播影视、报刊、互联网等大众传媒以及举办展演、论坛、讲座等活动，广泛宣传非遗文化的重要性和价值意义。同时，也要将非遗文化纳入教育体系，让年青一代了解并传承这一宝贵财富。通过加大宣传与教育力度，提高公众对非遗文化的保护意识和参与度。

"海神妈祖"剪纸艺术作品

资料来源：搜狐网。

结　语

　　本书以拓宽闽台妈祖信仰的大众化为归旨，从中国共产党为人民谋幸福的初心理念、构建人类命运共同体等视角展开阐述"福"文化内涵，落实到具体的"福"文化精神、理念、价值等，展现了妈祖信俗在历史长河中的演变与发展以及妈祖信俗与"福"文化的深厚关系。"福"文化，不仅是一个字眼，更是一种深植于民族血脉中的信仰与寄托。"福"字最早出现在甲骨文中，其形态如同双手捧酒坛祭天，象征着向天祈福的美好愿望。随着时间的推移，"福"字的内涵不断丰富，从最初的祭祀祈福演变为对幸福生活的全面追求。在传统文化中，"福"常常与"禄、寿、喜、财"并称，构成了"五福"的概念，代表着长寿、富贵、康宁、美德和善终，涵盖了人们对美好生活的所有向往。"福"文化不仅体现在文字和符号上，更渗透到了社会的方方面面。从地名到物品，从书画到瓷器，"福"字的影子无处不在。它不仅是个人幸福的象征，更是家庭和睦、社会和谐的体现。从古老的祭祀仪式到现代的节庆活动，从口耳相传的民间故事到丰富多彩的文艺创作，"福"文化以多种多样的形式融入人们的日常生活，成为连接过去与现在、物质与精神的重要纽带。

　　妈祖信俗不仅仅是一种表面的祈福求安活动，其蕴含着深刻的哲学思想与道德观念。其教导人们要心怀善意、积德行善，相信善行终会得到善报。这种积极向上的生活态度与价值观念，与"福"文化的精神内涵相辅相成。同时，妈祖信俗与"福"文化都体现了人与自然、人与社会之间的和谐共生。在妈祖的庇佑下，人们更加珍惜海洋资源，尊重自然规律，努力实现人与自然的和谐相处。这种生态智慧不仅对于沿海地区的可持续发展具有重要意义，也为全球生态文明建设提供了有益借鉴。此外，妈祖信俗与"福"文化都具有强烈的凝聚力和向心力。它像一座无形的桥梁，将沿海民众紧紧连接在一起，共同传承与弘扬这一独特的文化遗产。

　　妈祖信俗中的"福"文化，不仅体现在人们对平安、吉祥的祈求上，更体现在妈祖立德大爱、拯危救难、济世助人、惩恶扬善等崇高品质和高尚人格上。妈祖的故事传说，如"窥井得符""机上救亲""化草救商"等，都体现了妈祖的慈悲和智慧，这些故事在民间广为流传，进一步丰富了妈祖信俗中的"福"文化内涵。进入近现代，妈祖信俗中的"福"文化继续演变和发展。2009年，妈祖信俗被列入联合国教科文组织《人类非物质文化遗产代表作名录》，标志着妈祖文化得到了国际社会的认可。妈祖文化不仅在中国沿海地区广泛传播，在海外华人社群中也具有重要影响力。据统计，全世界共有妈祖宫庙5000多座，信众有两亿多人。妈祖信仰成为海外华人认同和凝聚的重要文化符号。在现代社会，妈祖信俗中的"福"文化呈现出多元化的特点。人们不仅在海上航行前祭拜妈祖，祈求平安，还将妈祖文化中的"福"文化传播到各个领域。例如，妈祖文化中的大爱精神被广泛应用于慈善事业中，许多妈祖信众积极参与公益活动，传递爱心和温暖。此外，妈祖文化还与旅游、文化交流等活动相结合，推动了当地经济的发展和文化交流。

中华民族的特质是坚韧不拔、永不放弃。为了造福人民，许多先贤用他们的生命写下了英勇的篇章。从鲁迅、田汉等人对封建礼教和封建专制进行无情批判而不改初衷，到毛泽东、周恩来等领导同志为中国革命事业鞠躬尽瘁死而后已，这些都是中国共产党人的伟大壮举。从神农品尝各种草药，到大禹治水三次路过家门却不进去，再到林则徐"苟利国家生死以，岂因祸福避趋之"——中华民族自古以来就有"福"文化，"福"字不仅是一种美德，更是一个民族生生不息的不竭动力。从林觉民在《与妻书》中发誓要"为天下人谋永福"的革命自觉，到"红军不怕远征难，万水千山只等闲"的豪情壮志，这种为民服务、为民谋福、为民造福的自悟自觉展示了一种无坚不摧的强大精神力量。2024年10月22日，由中共福建省委宣传部作为指导单位的福建文艺作品征集活动拉开序幕。在这个新的时代背景下，"福"文化使人们更加深刻地体验到追求理想、努力奋斗、帮助他人以及为人民提供服务的多重福分的重要性和价值。这本书全面而深入地探讨了"福"文化，深度挖掘了"福"文化所蕴含的丰富精神和现代价值，全面展示了新时代"福"文化的自尊和自觉，热情地描绘了在新时代和新征程上延续中华福文脉、坚定文化自信和创造美好幸福新生活的壮丽画面。

　　本书通过将福学研究与妈祖信俗研究相结合，将福学置于中华优秀传统文化大格局中加以考察。这本书用马克思主义学者的学术洞察力和文史研究者的广泛视角，对我国历史悠久的"福"文化进行了深入的整理、总结和升华，构建了框架，解释了概念，进行了详尽的论证，加深了理念并丰富了其内涵，其中重点论述了"福"文化与妈祖信俗之间的联系以及在新时期被赋予的更多时代意义。从这本书的结构来看，它详细探讨了"福"文化的起源背景，"福"文化思想的诞生、演变，在社会中的传播和与时代同频的进步，以及中国共产党人的初衷和使命，如何构建人类的命运共同体。此外，书中也对闽台习俗做了不同层次的阐述。本书是一部具有较高学术价值和应用前景的著作，也是一本有特色、有新意的好书。在本书的撰写过程中，我们深刻感受到了闽台妈祖信俗中"福"文化的博大精深与无穷的魅力，其不仅是一种历史文化的传承，更是一种精神力量的延续。我们相信，在未来的日子里，闽台妈祖信俗中的"福"文化将继续发扬光大，为中华民族的伟大复兴提供强大的精神支撑与文化动力。最后，愿每一位读者都能从本书中汲取闽台妈祖信俗中"福"文化的精髓与智慧，将其融入自己的生活。让我们共同传承与弘扬这一独特的文化遗产，让妈祖的信仰与智慧照亮我们前行的道路，也让我们在追求幸福生活的道路上收获更多的成长与感悟。

参考文献

一、专著

[1] 徐晓望.妈祖的子民：闽台海洋文化研究[M].上海：上海学林出版社，1999.

[2] 邢莉.摇篮边的祝福：中国诞生礼[M].上海：上海文艺出版社，2001.

[3] 林国平.闽台民间信仰源流[M].福州：福建人民出版社，2003.

[4] 林蔚文.中国民俗大系·福建民俗[M].兰州：甘肃人民出版社，2003.

[5] 王荣国.海洋神灵：中国海神信仰与社会经济——海洋中国与世界[M].南昌：江西高校出版社，2003.

[6] 王东霞.从长袍马褂到西装革履[M].成都：四川人民出版社，2003.

[7] 叶乃泊.修德立言：菜根谭[M].南宁：广西民族出版社，2003.

[8] 张珣.文化妈祖：台湾妈祖信仰研究论文集[M].台北：民族学研究所，2003.

[9] 李露露.妈祖神韵：从民女到海神[M].北京：学苑出版社，2003，

[10] 王达人.中国福文化[M].北京：北京工业大学出版社，2004.

[11] 朱基元.壁画百图[M].福州：福建美术出版社，2004.

[12] 殷伟，殷斐然.中国福文化[M].云南：云南人民出版社，2005.

[13] 王少安，周玉清.大爱精神与社会主义和谐文化建设[M].北京：人民出版社，2009.

[14] 林庆昌.妈祖真迹[M].广州：中山大学出版社，2010.

[15] 蒋维锬.湄洲妈祖志[M].北京：方志出版社，2011.

[16] 江玉平.漳台闽南方言童谣[M].厦门：厦门大学出版社，2011.

[17] 于国庆.天后圣母神迹录：妈祖传奇故事[M].北京：宗教文化出版社，2011.

[18] 刘福铸，周金琰.妈祖文献史料汇编：第四辑碑记卷[M].福州：海风出版社，2011.

[19] 刘福铸，周金琰.妈祖文献史料汇编：第一辑档案卷[M].福州：海风出

版社, 2011.

[20] 妈祖文化旅游研究课题组.妈祖文化旅游研究[M].北京：人民出版社,
2011.

[21] 刘金田.幸福中国[M].长沙：湖南教育出版社, 2012.

[22] 姚巧华.幸福中国[M].北京：北京工业大学出版社, 2012.

[23] 殷伟, 程建强.图说福文化[M].北京：清华大学出版社, 2012.

[24] 须弥.中华福文化[M].济南：山东大学出版社, 2012.

[25] 杨海艳.幸福的力量[M].北京：西苑出版社, 2012.

[26] 杨鹏飞.妈祖文化三十年[M].福州：海峡文艺出版社, 2012.

[27] 蔡国耀.开台妈祖：莆仙与台湾关系史[M].福州：海风出版社, 2013.

[28] 黄瑞国.妈祖学概论[M].北京：人民出版社, 2013.

[29] 刘登翰.中华文化与闽台社会[M].北京：人民出版社, 2013.

[30] 周金琰.非物质文化遗产记忆档案：妈祖祭典[M].济南：山东友谊出
版社, 2013.

[31] 林国良.妈祖文化简明读本[M].福州：海风出版社, 2014.

[32] 卢新燕.福建三大渔女服饰文化与工艺[M].北京：中国纺织出版社, 2014.

[33] 朱渊澄.老年幸福：研究与实践[M].上海：上海交通大学出版社, 2014.

[34] 闫洪丰.幸福在哪儿：情感篇[M].北京：求真出版社, 2014.

[35] 肖东发.闽合戏苑：福建戏曲种类与艺术[M].北京：现代出版社, 2014.

[36] 陈祖芬.妈祖信俗非物质文化遗产档案研究[M].北京：世界图书出版
公司, 2015.

[37] 林元桓.妈祖民俗表演欣赏与教程[M].北京：中国文史出版社, 2015.

[38] 许维勤.闽台建制与两岸关系[M].北京：社会科学文献出版社, 2015.

[39] 卢俊卿.幸福城市才是最好的城市[M].北京：东方出版社, 2015.

[40] 花千芳.做一个幸福的中国人[M].北京：作家出版社, 2015.

[41] 福建省妈祖文化传承与发展协同创新中心, 莆田市湄洲妈祖祖庙董事
会.妈祖文化研究论丛[M].北京：人民出版社, 2016.

[42] 李文环, 林怡君.图解台湾民俗：传递台湾暖人情味[M].西安：陕西人民

出版社，2016.

[43] 任清华.妈祖文化导论[M].厦门：厦门大学出版社，2016.

[44] 毕淑敏.毕淑敏自选集幸福卷[M].北京：国际文化出版公司，2016.

[45] 张国栋，柯力.妈祖文化与当代社会[M].厦门：厦门大学出版社，2016.

[46] 李玉林.慈善之福[M].北京：中国社会出版社，2017.

[47] 吉峰.闽台妈祖文化传播研究[M].厦门：厦门大学出版，2017.

[48] 莆田学院妈祖文化研究院.妈祖文化年鉴[M].北京：人民出版社，2017.

[49] 肖海明.妈祖图像研究[M].北京：文物出版社，2017.

[50] 林沄.古文字学简论[M].北京：中华书局，2017.

[51] 袁昕，袁牧，王建文.健康中国，幸福养老[M].北京：社会科学文献出版社，2017.

[52] 蔡相辉.台湾的妈祖信仰[M].台北：秀威资讯科技股份有限公司，2018.

[53] 何绵山.闽台五缘简论[M].郑州：河南人民出版社，2018.

[54] 刘芝凤，林江珠，曾晓萍，等.闽台海洋民俗史[M].北京：人民出版社，2018.

[55] 林玉山.闽台文化大辞典[M].北京：商务印书馆，2018.

[56] 妈祖文献整理与研究丛刊编纂委员会.妈祖文献资料整理与研究丛刊（第二辑）[M].福州：海峡文艺出版社，2018.

[57] 张天清.中华好家风[M].南昌：百花洲文艺出版社，2018.

[58] 周濂.正义与幸福[M].北京：中国人民大学出版社，2018.

[59] 曾光，赵昱鲲.幸福的科学[M].北京：人民邮电出版社，2018.

[60] 王淑梅，王光宇，何序哲，等.幸福城市之研究[M].北京：清华大学出版社，2019.

[61] 北京大学心理与认知科学学院，中航集团（在京）财务系统党建课题组.奉献：新时代党员健心实践篇[M].北京：世界图书出版公司，2019.

[62] 古小松，方礼刚.海洋文化研究（第3辑）[M].北京：世界图书出版公司，2024.

[63] 黄婕.文化妈祖研究[M].北京：中国文史出版社，2019.

[64] 叶明生, 李玉昆, 林蔚文.闽台民间信俗[M].厦门：鹭江出版社, 2019.

[65] 水木森.党员干部必修的中国风度[M].北京：中国言实出版社, 2020.

[66] 周兵.新时代中国特色社会主义道路实践与发展[M].北京：北京日报出版社, 2020.

[67] 卢美松.闽山庙会文化[M].福州：福建人民出版社, 2020.

[68] 黄明哲.大党风范[M].北京：民主与建设出版社, 2021.

[69] 宋建晓."一带一路"视野下妈祖文化传承发展研究[M].北京：人民出版社, 2021.

[70] 叶明生.莆田贤良港妈祖回娘家信俗调查研究[M].北京：宗教文化出版社, 2021.

[71] 郑新胜.审美文化视域中的民俗：以福州民俗为例[M].北京：北京大学出版社, 2021.

[72] 李虹.幸福是自己创造的[M].北京：中国纺织出版社, 2021.

[73] 祝跃容.幸福药方[M].深圳：深圳出版社有限责任公司, 2021.

[74] 福建省政协文化文史和学习委员会, 福建省炎黄文化研究会.福建传统的福文化[M].福州：福建人民出版社, 2022.

[75] 福建省炎黄文化研究会.福文化概论[M].福州：福建人民出版社, 2022.

[76] 李树杰, 林锋, 张俊林.中国福文化探源[M].北京：九州出版社, 2022.

[77] 殷伟.福：中国传统的福文化[M].福州：福建人民出版社, 2022.

[78] 中共福建省委宣传部.让中华福文化绽放璀璨的时代光芒[M].福州：福建人民出版社, 2022.

[79] 邢占军.中国幸福指数报告（2016—2020）[M].济南：山东大学出版社, 2022.

[80] 王如, 杨承清.中华民俗全鉴[M].北京：中国纺织出版社, 2022.

[81] 吴韩娴.新时期以来福建戏曲创作研究[M].北京：中国社会科学出版社, 2022.

[82] 刘映廷.海峡两岸彩绘艺术口述史[M].福州：福建教育出版社, 2022.

[83] 韩永华.幸福关系[M].北京：北京日报出版社, 2023.

[84] 陈吉.福文化简读.[M].福州：福建教育出版社，2023.

[85] 陈在正.闽台移民史与台湾民间信仰研究[M].北京：九州出版社，2023.

[86] 曹威威.社会主义核心价值观的文化阐释[M].北京：社会科学文献出版社，2023.

[87] 中国国学研究与交流中心.中华福文化[M].福州：福建教育出版社，2023.

[88] 张光直.当代学术：美术、神话与祭祀[M].北京：生活·读书·新知三联书店，2023.

[89] 曾旻.感受亲密：在关系中获得幸福的艺术[M].北京：人民邮电出版社，2023.

[90] 陈红敏.新时代中国生态文明建设：思想、制度与实践[M].上海：上海人民出版社，2023.

[91] 郭丹.福建传统文化概论[M].福州：福建教育出版社，2023.

[92] 吕健吉.闽台岁时年俗中的福文化[M].福建：鹭江出版社，2023.

[93] 刘芝凤，邱晓东，林江珠，等.闽台文化概论[M].厦门：厦门大学出版社，2024.

[94] 罗素.幸福之路[M].北京：中央编译出版社，2024.

[95] 蒲慕州.追寻一己之福：中国古代的信仰世界[M].上海：上海古籍出版社，2024.

二、期刊

[1] 钟年，吴彩霞.生育文化与民俗心理学[J].湖北大学学报（哲学社会科学版），2002（3）：8-12.

[2] 黄明珠.浅论湄洲岛妈祖舞"耍刀轿""摆棕轿"的文化特征[J].北京舞蹈学院学报，2006（1）：43-47.

[3] 高启新.新年纳余庆　嘉节号长春　温州博物馆馆藏名家楹联[J].收藏家，2007（5）：59-66.

[4] 肖雁，吴慧巧，叶涛.图说台湾妈祖进香祝寿仪式[J].世界宗教文化，2011（3）：2.

[5] 姚华，杨路明.佛教放生仪式中的空间意义[J].学术界，2013（6）：163-169，286.

[6] 卞梁，连晨曦.传统与变革：生育风俗与台湾社会生育状况互动研究[J].汉江师范学院学报，2020，40（4）：64-71.

[7] 刘璐.文化经济视角下的"福文化"[J].艺术科技，2015，28（7）：82.

[8] 郭静云.甲骨文用辞及福祐辞[J].甲骨文与殷商史，2017：137-175.

[9] 孟萍萍.妈祖文化对闽台沿海地区传统服饰的影响[J].福建轻纺，2017（5）：27-30.

[10] 黄清敏.历史地理环境对闽台服饰的影响[J].广西科技师范学院学报，2017，32（1）：106-109，140.

[11] 聂晶，吴湘济.论中式嫁衣图案与纹样的寓意[J].戏剧之家，2020（5）：108-109.

[12] 马小颖.福临中华：传统福文化试析[J].东方收藏，2021（13）：109-110.

[13] 中共福建省委宣传部.福建"福"文化[J].福建林业，2021（6）：50.

[14] 卢翠琬，刘建萍.闽台福文化的多维呈现与多元开发[J].闽江学院学报，2022，43（6）：8-15.

[15] 戴国芳.地域语境下的海陆丰妈祖文化探究[J].特区经济，2023（8）：156-160.

[16] 吴承祖.台湾地区妈祖信仰杂谈[J].团结，2023（5）：55-59.

[17] 张宁宁.构建文化认同：妈祖文化在海外传播的独特价值[J].福州大学学报（哲学社会科学版），2023，37（1）：29-37.

[18] 邓晓君，刘强.马克思社会学说与"福"文化的价值平衡与精神耦合[J].黑河学院学报，2023，14（7）：19-21，51.

[19] 张宁宁，张敏.妈祖文化传播与转型发展[J].宁德师范学院学报（哲学社会科学版），2023（2）：69-73.

[20] 潘志宏.发挥妈祖文化在两岸融合发展中的文化担当[J].台声，2023（24）：34-36.

[21] 陈亮贤，刘思锶，郑静.福建"福"文化特色与创新性发展探索[J].江西电力职业技术学院学报，2023，36（12）：163-165.

[22] 林阆希，于玉艳.让"福"文化更好造福于民[J].政协天地，2023（10）：5-7.

[23] 宋云，康杰."福"文化：表现形式、时代内涵和现实意义[J].湖南省社会主义学院学报，2023，24（2）：76-78.

[24] 刘中玉.民俗文化学视野下妈祖文化的近代化转型[J].中国社会科学院大学学报，2023，43（4）：115-128，167.

[25] 王鑫倪.新时代幸福文化的思考[J].秦智，2023（6）：46-48.

[26] 解码"福"文化赋能新发展[J].政协天地，2023（10）：4.

[27] 陈星韵，张兆文."福"文化：新时代文明的价值意蕴与传承弘扬[J].福建医科大学学报（社会科学版），2023，24（3）：1-4.

[28] 尚昊，章利新.感受台湾妈祖信俗的文化基因[J].两岸关系，2023（6）：57-58.

[29] 叶子申.传播"福文化"，助推非遗创新发展[J].东方收藏，2023（4）：8-11.

[30] 加强"福"文化的宣传推广[J].甘肃政协，2023（5）：76-79.

[31] 林旻雯.民俗生活中的掷筊实践与衍变[J].民俗研究，2023（3）：123-134.

[32] 林莹，谢紫薇.福文化的创造性转化与创新性发展路径研究[J].福建商学院学报，2023（6）：82-87.

[33] 胡献政，何燊，曾飞凡.推动福建省"福"文化资源转化利用的路径研究[J].厦门特区党校学报，2023（4）：70-75.

[34] 刘献祥，何国辉，江登峰，等.关于福建省加强"福"文化宣传推广的调研报告[J].发展研究，2023，40（10）：17-24.

[35] 杜若.部门回应守正创新共同做好"福"文化文章[J].政协天地，2023（10）：10-12.

[36] 福建省政协文化文史和学习委员会.加强"福"文化的宣传推广[J].甘肃政协，2023（5）：76-79.

[37] 丁宇.弘扬妈祖精神促进两岸融合发展[J].两岸关系，2024（7）：41-42.

[38] 台晟.两岸一家亲祈福妈祖诞[J].台声，2024（10）：26-28.

[39] 林群，何莉莉.融媒体语境下的电视直播创新路径：以莆田市广播电视台网络直播"2023年海峡两岸同胞护驾湄洲妈祖金身巡安莆田"活动为

例 [J].东南传播，2024（7）：25-27.

[40] 林澜.福文化视域下的福州地域文化探析[J].福州党校学报，2024（3）：92-96.

[41] 彭榕华，陈嘉莉，王聪远.闽台民俗"福"文化与交流[J].两岸终身教育，2024，27（3）：57-65.

三、学位论文

[1] 邓秋颖.福文化的运用与探析[D].大连：大连工业大学，2015.

[2] 潘志宏.妈祖文化思想研究[D].北京：中共中央党校，2018.

[3] 董阳.中国传统福文化的理论研究与当代设计转化[D].天津：天津美术学院，2022.

[4] 牛新原.莆田妈祖信仰与社会治理关系研究[D].福州：福建师范大学，2022.

[5] 王佳.中国传统吉祥汉字传承与创新应用研究[D].西安：西京学院，2023.

四、报纸

[1] 李艳.福文化：是传承，更是创造[N].福建日报，2021-12-01（6）.

[2] 林清智，林霞.激活"福"资源弘扬"福"文化[N].福建日报，2022-03-09（2）.

[3] 吴艳.妈祖文化：倡行"立德、行善、大爱"[N].中国民族报，2023-01-04（8）.

[4] 浮新才，邱凌，李可，等.弘扬妈祖文化当好两岸民间交流使者[N].团结报，2023-08-03（3）.

[5] 陈盛钟，何金，李美显，等.妈祖文化，千年传承远播五洲[N].福建日报，2023-11-17（7）.

[6] 郭斌.守护文化根脉谱写当代华章[N].福建日报，2023-11-30（1）.

[7] 廖瑜婷，刘婧.让"福"文化绽放璀璨光芒[N].闽南日报，2024-01-02（1）.

[8] 黄国勇."福"文化之花开在百姓生活里[N].中国文化报，2024-03-26（6）.